민주공화당 18년, 1962-1980년

—패권정당운동 실패의 원인과 결과

대우학술총서

624

민주공화당 18년, 1962-1980년

—패권정당운동 실패의 원인과 결과

김용호 지음

아카넷

차례

표 목록

제1장
서론:
민주공화당 분석 틀

이 장에서는 민주공화당을 연구하는 목적, 연구방법론, 그리고 분석 틀을 설명하고자 한다. 특히 민주공화당을 창당한 세력이 구상한 패권정당운동이 등장한 배경과 이러한 패권정당운동에 영향을 미치는 변수를 설명한다. 이를 바탕으로 이 책의 구성을 소개하고자 한다.

제1절 연구의 목적과 방법론

이 연구의 목적은 5·16 군부세력이 창당한 민주공화당의 18년간의 역사를 비교정치학적 시각에서 분석하는 것이다. 군부세력 중 박정희-김종필계열이 군정을 종식시키는 1963년 선거에 참여하기 위해 공화당을 사전조직하였다. 공화당은 우여곡절 끝에 1963년 선거에서 승리하여 박정희정권을 출범시킨 후 18년간 활동하다가 1980년에 신군부에 의해 해산되었다. 공화당은 우리나라 정당 역사상 가장 오래

존속한 정당이지만 그 실체가 제대로 밝혀지지 않았다. 그리하여 이 연구는 다음과 같은 핵심질문에 해답을 얻고자 한다. 첫째, 누가, 무슨 목적으로, 어떻게 공화당을 사전조직하였나? 둘째, 공화당을 창당한 정치세력이 구상한 새로운 정당정치질서는 무엇이었나? 셋째, 이러한 정치질서를 수립하기 위해 누가, 어떤 노력을 하였나? 넷째, 이러한 정치적 목적을 달성하지 못한 원인은 무엇이었나? 마지막으로 민주공화당이 오늘날의 정당정치에 남긴 정치적 유산은 무엇인가? 등이다.

1. 민주공화당 연구의 의의

민주공화당 연구는 한국 정당정치 이론과 현실을 이해하는 데 매우 중요한 의미를 가진다. 그 이유는 첫째, 오늘날 한국 정당정치의 뿌리는 1960년대 정당정치에서 비롯되었기 때문에 1960년대 여당의 역할을 맡았던 민주공화당에 대한 심층적인 연구는 민주화 이후 한국정당정치를 이해하고 분석하는 데 필수적이다. 일부 학자들이 오늘날 정당정치 파행의 원조를 1987년의 "보수적 민주화"라고 주장하고 있으나[1] 사실 그 뿌리는 1960년대부터 본격적으로 시작되었다.[2] 당시 한국의

---

1) 최장집, 『민주화 이후 민주주의: 한국 민주주의의 보수적 기원과 위기』, (후마니타스, 2010).

2) 장훈, 「한국 정당연구의 적실성 문제와 역사적 접근으로의 전환」, 『한국 정당정치 연구방법론』, (나남, 2012), 38쪽; 강원택은 민주공화당의 등장을 한국 정당정치 70년사에서 나타난 5대사건(1945년 해방 후 정당 출현, 1955년 민주당 창당, 1963년 민주공화당 창당, 민주화 직후 지역주의 정당 출현, 2002년 노무현의 당선과 2004년 열린우리당의 승리) 중의 하나로 보았다. 강원택, 「한국 정당 정치 70년」, 《한국정당학회보》, 17권 2호(2018), 5-31쪽.

권위주의정권은 행정관료 조직을 통해 고도경제성장을 추진하면서 탈정치화(de-politicization) 전략과 함께 정당, 국회, 시민사회를 정치적으로 배제하거나 억압하는 바람에 정당에 허용된 것은 주변적인 역할뿐이었다. 1960년대에 형성된 발전국가-허약한 정치사회-동원된 시민사회의 구조가 민주화 이후에 완전히 청산되지 못하여 정당이 여전히 정치적으로 주변적 역할에 머물고 있다.[3] 따라서 오늘날의 주변화된 정당정치의 경로의존적(path-dependent) 역사와 시간적 인과관계를 분석하려면 공화당의 역사를 반드시 이해해야 한다.

둘째, 공화당 연구가 비교정당연구에 기여할 것이다. 세계 각국의 권위주의정권이 수많은 정당을 만들어 운영하였는데, 이 중에서 오랫동안 정치적 정통성을 획득하여 70여 년간 장기집권에 성공한 정당은 멕시코의 제도혁명당(Institutional Revolutionary Party, PRI)이 대표적인 사례이다.[4] 사르토리(Sartori)는 제도혁명당처럼 멕시코혁명의 신화 속에 공무원, 군대, 농민, 노동자를 망라하는 조직을 만든 후 정기적인 선거에서 정상적인 방법(선거제도 변경 등)과 비정상적인 방법(부정선거, 회유, 암살 등)을 동원하여 장기간에 걸쳐 전체 유권자 중에서 절대다수의 지지를 획득한 정당을 패권정당(hegemonic party)이라고 분류하였다.[5] 초기에 민주공화당이 패권정당의 가능성을 보여주었으나 성공

3)   Yoonkyung Lee, "Democracy without Parties? Political Parties and Social Movements for Democratic Representation in Korea," *Korea Observer*, Vol. 40, No. 1, Spring 2009, pp. 27–52.

4)   Dale Story, *The Mexican Ruling Party: Stability and Authority*, (New York: Praeger, 1986).

5)   현존하는 패권정당은 싱가포르의 인민행동당(People's Action Party)으로 1968년 이래 40여 년간 집권하고 있다. 신명순·진영재, 『비교정치』, (제5판), (박영사, 2019), 289쪽. 그런데 일본의 자민당은 경쟁적 선거를 통해 장기집권을 하고 있기 때문에 패권정당이 아니라 일당우위정당(predominant party)이다.

하지 못하였다.[6] 이 연구는 멕시코 제도혁명당의 성공 사례와 민주공화당의 실패 사례를 비교 분석하여 패권정당의 성공 조건을 찾아봄으로써 비교정치학적으로 권위주의정치의 본질을 이해하는 데 큰 도움이 될 것이다.

셋째, 공화당 연구가 한국을 비롯한 신생민주국가의 정당정치를 비교 분석하는 데 기여할 것이다. 과거 군부 쿠데타가 자주 발생한 아시아, 중남미, 아프리카 신생국들이 최근 들어 민주화의 길을 걷고 있으나 거의 모든 나라에서 정당정치가 여전히 불안정하다. 이들 나라가 최근 대의제 민주주의제도를 도입하였지만 정당정치가 불안정하여 정치적 안정을 달성하지 못하고 있다. 국민들이 정당을 비롯하여 정치에 대한 불신이 여전히 높고 정치참여가 제도화되지 못하여 "민주주의 후퇴론"이 나오고 있다.[7] 이러한 정치적 불안정은 민주화 이전의 권위주의정치로부터 배태된 것이다. 특히 각국의 군부권위주의 정권은 다양한 방법으로 정당정치와 선거정치를 재편하려고 노력하였는데, 이러한 정치적 변화의 양상이 유사성과 함께 차이점을 가지고 있다. 예컨대 한국의 경우 남미와 달리 쿠데타를 일으킨 군부지도자들이 군복을 벗고 민간정치인으로 탈바꿈하면서 관제여당을 만들고 정기적으로 선거를 실시하였다. 이러한 차이가 이들 나라의 민주화 과정에도 반영되었다. 즉 남미의 경우 군복을 입고 통치하던 군인들이 민주화와 더불어 병영으로 돌아가거나 정치에서 은퇴하였으나 한

---

6)   Giovanni Sartori, *Parties and Party Systems: A Framework for Analysis*, (Cambridge, Cambridge University Press, 1973), p. 236.

7)   Joshua Kurlantzick, *Democracy in Retreat*, (Yale University Press, 2013); Doh Chull Shin, "The Deconsolidation of Liberal Democracy in Korea: Exploring its Cultural Roots," *Korea Observer*, Vol. 49, No. 1, Spring 2018, pp. 107-136.

국의 경우 민주화 이후에도 군부출신 민간정치인들이 상당기간 정당에 남아 대선과 총선에 출마하였다. 그 결과 민주화 이후 정당정치가 권위주의의 유산으로부터 벗어나는 데 어려움을 겪었다. 따라서 공화당 연구는 세계 각국의 권위주의정권에 대한 비교 분석을 바탕으로 이들 나라의 민주화 이후 정당정치를 이해하는 데 기여할 것이다.

마지막으로 이 연구는 박정희정권에 대한 객관적이고 올바른 평가에 큰 도움을 줄 것이다. 그동안 학계는 물론 우리 사회의 박정희정권에 대한 평가는 다양하고 매우 논쟁적이었다.[8] 예를 들면 관료적 권위주의 이론에 입각하여 1972년 유신을 설명하는 학자들은 1960년대 제3공화국을 "유사 민주주의(pseudo-democracy)" 내지 "반(半)민주주의(semi-democracy)"로 간주하는 경향이 있다.[9] 그러나 민주공화당이라는 미시적 관점에서 유신 이전의 제3공화국 정치를 분석해 보면 점차 권위주의적 통제가 강화되는 과정이라는 것을 알 수 있다. 예를 들면 1969년 3선 개헌과정이 대표적인 사례이다. 이처럼 정당, 선거, 시민운동, 학생운동을 비롯한 미시적 관점에서 박정희정권을 심층적으로 분석해야 비로소 당시의 정치를 객관적으로 올바르게 이해할 수 있다. 따라서 공화당 연구가 이 시기의 정치에 대한 객관적인 분석을 토대로 박정희정권을 올바르게 평가하는 데 기여할 것이다.

---

8) 임혁백, 『비동시성의 동시성: 한국 근대정치의 다중적 시간』 (고려대학교 출판부, 2014), 496-504쪽.

9) Hyug Baeg Im, "The Rise of Bureaucratic Authoritarianism in South Korea," *World Politics*, 39: 2, Jan. 1987, pp. 231-257; 한상진, 「사회위기와 관료적 권위주의」, 《신동아》, 1984년 10월호, 198-207쪽.

2. 선행연구에 대한 비판적 검토

정치학을 비롯한 사회과학의 과학화 추세에 따라 정치학자들이 수학적, 통계학적 방법론을 중시하는 바람에 최근 정치학도들이 역사에 대한 관심이 줄어들어 민주공화당의 역사를 비롯한 정당사 연구를 찾아보기 힘들 정도가 되었다. 공화당에 관한 연구는 이영조의 석사학위 논문이 유일하고[10] 심지연, 김민하, 김종훈 등이 한국정당사 서술의 일환으로 공화당을 다루고 있다. 이 외에 중앙선관위에서 편찬한 『대한민국정당사』와 언론인들의 리포트가 공화당에 관한 귀중한 2차 자료들이다. 이 연구는 이러한 학문적 공백을 채워줄 뿐만 아니라 다음과 같은 점에서 선행연구와 차이가 있다. 첫째, 선행연구는 개별정당사의 시각에서 공화당의 역사를 분석한 것이 거의 없다. 언론인 이성춘의 「민주공화당 17년의 드라마」 외에는 선행연구가 모두 박정희 집권시기의 정당정치를 설명하면서 민주공화당을 언급하고 있을 뿐이다.[11] 이 연구는 1962년 민주공화당의 사전조직으로부터 시작하여 1980년 해산될 때까지 전 과정을 1차 자료를 중심으로 심층적으로 분석하고 있다.

둘째, 선행연구는 공화당의 간행물, 신문기사, 정치인의 구술 등에 의존하여 공화당의 동태를 분석하였다. 그런데 당시 권위주의정권이 정보를 통제하였기 때문에 선행연구는 당내에서 벌어진 "눈에 보이지 않는 정치(invisible politics)"를 심층적으로 분석하는 데 한계를 보여주었다. 예를 들면 1960년대 중반에 박정희 대통령의 후계자 문제와 관

---

10) 이영조, 「민주공화당 창당 과정에 관한 연구」, 서울대학교 석사학위 논문, 1982.
11) 이성춘, 「민주공화당 17년의 드라마」, 《신동아》, 1980년 4월호, 436-500쪽.

련하여 김종필 지지자들의 "불충"사건이 있었으나 당시 신문에서는 자세한 내용이 나오지 않았다.[12] 그리고 공화당의 사전조직으로 알려진 "재건동지회"의 경우 지금까지 실체가 밝혀지지 않았으나 본 연구는 재건동지회 가입서를 입수하여 이 조직의 존재를 증명하였다. 이 외에 이 연구는 공화당의 창당관계철, 전당대회관계철, 시도 사무국장 회의철, 당정협의회 회의록, 부장회의 자료, 정당등록철, 기획관계철, 당 현황, 당무보고, 당헌관계철, 당규관계철, 선거관계철, 당무회의록을 비롯한 당의 공식문서를 토대로 정당 내부 활동을 자세히 분석하고 있다.

마지막으로 선행연구는 공화당 관련 역사적 사실의 발굴이나 서술에 치중하는 바람에 이론적 분석을 결여하고 있다. 예를 들면 이영조의 논문도 민주공화당의 사전조직과 창당과정에 관해서 알려지지 않은 사실을 파헤치는 데 치중하였다. 선행연구의 이러한 학문적 한계를 극복하기 위해 이 연구는 사르토리의 패권정당 이론의 관점에서 공화당의 흥망사를 분석하고자 한다. 그리고 멕시코의 제도혁명당이나 다른 권위주의정권의 정당과 비교 분석을 통해 정당 이론이나 비교정치학 이론의 수정 보완에 기여하고자 한다. 요약건대 이연구는 개별정당사의 관점에서 풍부한 1차 자료를 바탕으로 패권정당 이론을 활용하여 공화당의 18년 흥망사를 비교정치학적 시각에서 분석하였다.

---

12) 《동아일보》, 1966년 11월 7일자. 당시에는 관련자들을 익명으로 처리하면서 "불충사건"이라고 간단히 보도하였기 때문에 일반 독자들은 후계자 암투라는 것을 알 수 없었다.

3. 연구 내용의 핵심과 범위

이 연구의 출발은 "누가, 무슨 이유로 민주공화당을 만들었나?" 그리고 "공화당을 만든 세력은 어떤 정치질서를 창출하려고 의도하였나?"에 대한 해답을 찾는 것이다. 이 연구는 이러한 질문에 해답을 찾기 위해 세계 각국의 권위주의 군부세력이 계속집권을 위해 정치적 정통성을 확보하는 방안을 비교해 보았다. 당시 5·16세력 중에서 박정희-김종필계열은 계속집권을 위해 군복을 벗고 민간인 신분으로 선거에 나가기 위해 신당을 비밀리에 준비하기 시작했다. 이 연구는 "한국의 군부가 왜 이런 방식을 선택하였나?" 그리고 "관제여당을 만들어 어떤 정치질서를 수립하려고 의도하였나?" 등을 설명하고자 한다. 박정희-김종필계열이 공화당을 사전조직하면서 구상한 정치질서는 패권정당체제의 수립이라고 할 수 있다. 즉 정기적인 선거에서 관제여당이 유권자 다수의 강력한 지지를 얻어 패권정당을 수립함으로써 장기집권하려는 정치적 야심을 가지고 있었다. 1963년 군부가 군정을 종식하고 민정을 출범시키는 과정에서 박정희 의장을 비롯한 군인들이 일시적으로 공화당 지지를 철회하는 바람에 당은 정치적 위기를 겪었다. 그러나 우여곡절 끝에 공화당이 대선과 총선에서 승리하여 패권정당의 길을 열었다. 특히 1967년 대선과 총선에서는 야당(신민당)에 압도적인 승리를 거두어 패권정당의 가능성을 보여주었다. 그러나 박정희 대통령이 자신의 장기집권을 위해 1969년 3선 개헌을 추진하면서 공화당을 개인의 정치적 도구(political machine)로 만들어 버렸다. 공화당이 박정희에게 종속되는 바람에 패권정당의 꿈은 사라졌다. 결국 1972년 유신을 통해 박정희 대통령의 개인통치(personal rule)를 위한 새로운 체제가 도입됨에 따라 민주공화당의 정치적 역할은 더욱 미미해졌다.

그럼 왜 공화당은 패권정당체제를 수립하는 데 실패했는가? 이 질문에 해답을 얻기 위해 패권정당 수립에 성공한 멕시코의 제도혁명당과 비교 분석한 결과 공화당 창당 이전의 정당정치의 발전 상태, 공화당 엘리트의 이념성향과 응집성, 박정희 대통령의 리더십 성격과 당의 정책과 노선, 여당-행정부의 관계 등이 주요 변수라는 것을 발견하였다. 이러한 변수에 주목하면서 공화당의 흥망사를 크게 세 시기로 구분하여 설명하고자 한다. 첫째, 패권정당 구상이 등장한 시기(1962-1963)로서 공화당의 사전조직과 창당, 그리고 1963년 대선과 총선에서 승리하는 과정을 분석하였다. 둘째, 김종필계열이 패권정당을 수립하기 위해 노력한 시기(1963-1971)로서 1963년 대선과 총선 승리, 집권 이후 당내 갈등과 후계자 문제, 1967년 총선과 대선과정, 1969년 3선 개헌과정 등을 분석하였다. 셋째, 패권정당운동의 실패에 따른 정치적 결과로서 유신체제 등장 이후 공화당의 동태와 해산을 다룬 시기(1972-1980)로 나누어서 설명하였다.

4. 연구방법론: 비교역사적 접근론

이 연구는 비교역사적 접근법(comparative history approach)을 활용하여 1930년대 멕시코 제도혁명당과 1960년대 민주공화당의 패권정당운동을 비교 분석하였다. 양자 간에 역사적 맥락, 정당운동의 배경, 정치적 리더십, 국내외 환경 등에 차이가 있다는 점을 고려하여 전자의 성공과 후자의 실패를 비교하였다. 비교역사적 방법론은 둘 이상의 각기 다른 시간이나 장소에서 발생한 정치적 현상이나 사건을 비교 분석하여 원인이나 결과를 설명하려는 것이다. 그동안 수많은 사회과학자들이 비교역사적 방법론을 사용하여 여러 나라의 정치현상에 대한 인과분석을 시도하였다. 토크빌(Alexis Tocqueville)이 비교역사적 방법으로『미국 민주주의(*Democracy in America*)』를 설명한 이래 마르크스(Karl Marx), 뒤르켐(Emile Durkeim), 베버(Max Weber), 블로흐(Marc Bloch), 폴라니(Karl Polanyi) 등이 다양한 정치경제현상을 이런 방법론을 채택하여 설명하였다. 제2차 세계대전 이후 아이젠스타트(S. N. Eisenstadt), 벤딕스(Reinhard Bendix), 앤더슨(Perry Anderson), 틸리(Charles Tilly), 월러스타인(Immanuel Wallerstein), 무어(Barrington Moore Jr.), 스카치폴(Theda Skocpol) 등이 이런 전통을 이어오고 있다. 이들은 비교역사적 접근법을 통해 중앙집권적 관료제국의 흥망성쇠, 근대국가 건설과정, 절대국가의 계보, 민중봉기, 세계체제의 발전, 민주주의와 독재의 역사적 기원, 프랑스·러시아·중국의 사회혁명 등을 설명하였다.

이 연구는 비교역사학자들이 개발한 인과분석 방법론 중에서 주로 차이법(method of difference)을 원용하였다. 차이법은 일찍이 밀(John Stuart Mill)이 개발한 것으로 서로 다른 정치적 결과를 초래한 원인들을 여러 가지로 추정한 후 서로 다른 결과를 낳은 원인만을 찾아내는 방법이다. 이와 대조적으로 일치법(method of agreement)은 똑같은 정치현상이나 결과를 보여준 여러 사례들을 비교 분석하여 공통된 원인을 발견하는 것이다. 이러한 두 가지 인과분석 방법 중에서 차이법이 공화당의 패권정당운동 실패에 대한 인과적 추론을 하는 데 많은 도움을 주었다.

표 1에서 보는 것처럼 멕시코의 제도혁명당과 공화당의 패권정당운동에 서로 다른 요인이 작용하여 전자는 성공하였고, 후자는 실패한 것을 알 수 있다. 즉 어떤 요인들이 이러한 차이를 가져오게 되었

표 1 차이법을 통한 민주공화당과 멕시코 제도혁명당의 패권정당운동 비교

	1930년대 제도혁명당	1960년대 민주공화당
X1 = 정당 환경 요인	a	a′
X2 = 리더십 요인	b	b′
X3 = 정책 노선 요인	c	c′
X4 = 외부 요인	v	d′
Y = 패권정당운동의 결과	Y1 = 성공	Y2 = 실패

는지를 분석하여 일반화를 시도해 보고자 한다. 이처럼 차이법을 통한 인과분석은 서로 다른 정치적 결과가 어떤 요인에 의해 발생하였는지를 찾아내는 것이다. 그러나 이 방법론이 완벽한 것은 아니다. 왜냐하면 다른 변수들을 완벽하게 통제한 상태에서 비교하는 것이 불가능하기 때문에 인과 가설에 근본적인 한계가 있다. 그럼에도 불구하고 각국의 정치현상의 차별성을 설명함으로써 하나의 사례 연구에서 확인하기 어려웠던 인과관계를 찾아볼 수 있다.

제2절 민주공화당의 패권정당운동 분석 틀

지금은 상상하기 어렵지만 1950년대와 1960년대에 많은 신생국에서 군부 쿠데타가 발생하였다. 브라질, 아르헨티나, 페루, 칠레, 파키스탄, 태국, 버마, 그리스를 비롯하여 아프리카의 여러 나라에서도 군부 쿠데타가 빈번하게 일어났다. 쿠데타로 권력을 장악한 군부는 일반적으로 두 가지 중에서 하나의 길을 선택하였다. 즉 군부의 계속집권을 통해 정치적 감독자(director)의 역할을 맡거나 또는 단기간의 군부 통치 후 민간인에게 정권을 이양하는 정치적 중재자(arbitrator)의 역할을 맡았다.[13] 한국의 경우 군부가 2년 이내에 민간인에게 정권을 넘기겠다고 약속하였기 때문에 정치적 중재자의 역할을 맡을 것으로 믿었다. 그러나 군정의 핵심세력으로 등장한 박정희-김종필계는 감독자의 역할을 맡기 위해 은밀하게 계속집권을 위한 방안을 모색하였다.

군부는 1961년 8월, 앞으로 2년 이내에 "깨끗하고 참신한 민간인에게 정권을 이양하고" 군에 복귀할 것을 천명하였다. 많은 국민들은 군부의 이러한 약속을 믿고 1963년 8월에는 민간정부가 탄생할 것으로 기대하였다. 그러나 박정희 국가재건최고회의 의장은 김종필 당시 중앙정보부장에게 군정 이후의 정권 창출 방안에 대해 연구할 것을 지시하였다. 처음에는 박정희 의장을 비롯한 군인들에게 특별한 지위를 부여하여 군정 이후에도 실권을 장악하는 방안을 마련하려고 시도했으나 불가능하다는 결론을 얻었다.[14] 이 경우 민간정치세력과 미국의 반대가 거셀 것으로 판단했기 때문이다. 결국 군부지도자들이 군복을 벗고 선거에 나가서 승리하여 계속집권을 도모하는 방안을 채택하였다. 이러한 기본 방침에 따라 1961년 10월경에 중정(중앙정보부)이 구체적인 방안을 마련하였는데, 나중에 한국 언론들이 이를 흔히 "JP 플랜" 또는 "8·15계획서"라고 지칭하였다.[15] 이 계획의 핵

13)   Eric Nordlinger, *Soldiers in Politics*, (Englewood Cliffs, New Jersey: Prentice-Hall, 1977).

14)   C. I. Eugene Kim, "The Third Republic and the DRP," C. I. Eugene Kim and Young Whan Kihl, (eds.), *Party Politics and Elections in Korea*, (Silver Spring, Md.: The Research Institute on Korean Affairs, 1976), p. 26.

15)   《조선일보》, 「공화당 사전조직」, 1982년 2월 14일자. 1963년 8월 15일에 새 정부를 탄생시키는 것을 목표로 했기 때문에 "8·15계획서"라고 명명되었다. 그리고 JP는 김종필의 영문이름 머리글자를 따서 만들어졌다.

심 사항은 1) 혁명 과업을 완수하기 위해 계속집권이 필요한데, 이를 위해 군인들이 군복을 벗고 대선과 총선에 나가 승리해야 한다. 2) 군인들이 선거에서 이기려면 대중의 지지를 확보할 수 있는 정당을 만들어야 한다. 3) 정치에 때 묻지 않은 민간인들을 "군인 주도 정당"에 참여시킨다. 4) 선거에서 민간정치인들의 도전을 차단하는 방안이 필요하다. 5) 새로운 헌법과 선거 및 정당제도 등을 마련해야 한다. 박정희-김종필계가 군정 이후 새로운 정치질서를 창출하기 위해 이러한 계획을 비밀리에 마련하고 추진하였다. 이 계획을 분석해 보면 군부지도자들이 패권정당을 수립하려는 정치적 야심을 가졌다는 것을 알 수 있다. 패권정당이란 첫째, 군부가 만든 여당이 정기적인 선거에서 언제나 승리할 정도로 광범위한 지지기반을 가짐으로써 다른 정당을 모두 만년야당으로 만든다. 둘째, 여당은 계속집권을 위해 선거제도나 선거과정의 조작 외에 반대세력을 탄압하여 정치적 도전을 차단한다. 마지막으로 이 정당체제는 형식적으로는 다당제이지만 실질적으로는 야당의 집권이 불가능하기 때문에 본질적으로 비경쟁적(non-competitive)이다.[16] 그런데 패권정당 수립에 성공한 나라가 매우 드물다. 왜냐하면 정기적인 선거에서 적어도 유권자 다수의 지지를 얻을 정도로 튼튼한 지지기반을 만들어야 하기 때문이다. 성공 사례인 멕시코의 제도혁명당(Institutional Revolutionary Party)의 경우 멕시코혁명 직후 토지개혁을 통해 농민들의 절대적인 지지를 확보하였고, 또 노동자, 공무원, 군인들을 모두 여당의 기간조직으로 만들었기 때문에 가능했다. 그런데 한국의 군인 주도 정당이 이런 지지기반을 만들

---

16) Giovanni Sartori. op. cit., pp. 230-236; 이정복 교수도 패권정당 개념을 한국 정당정치 분석에 적용한 바 있다. 이정복, 「정당체계와 정치적 안정에 관한 연구」, 서울대 사회과학연구소, 《사회과학과 정책연구》, 5권 1호(1983), 291-313쪽.

어내지 못하면 결국 유동적 지배정당(fluid dominant party)에 불과하게
된다. 그럼 왜 박정희-김종필계열은 이러한 패권정당운동을 선택했는
지를 분석해 보자.

1. 군부는 왜 패권정당운동을 선택했나?

이제 비교정치학적 시각에서 한국 군부가 계속집권을 위해 패권
정당 방식을 도입한 배경을 살펴보자. 린스(Juan Linz)가 제시한 것
처럼 세계 각국의 군부가 쿠데타를 통해 권력을 잡은 후 계속집권
을 위한 정통성 획득방식을 보면 크게 네 가지로 구별해 볼 수 있다.
1) 카리스마(charisma) 지도자를 통한 정통성 획득 방식, 2) 조합주
의(corporatism) 방식, 3) 일당제(one party system) 방식, 4) 패권정당
(hegemonic party) 방식.[17] 그런데 군부지도자들은 이러한 방식 중에서
하나에만 의존하지 않고 여러 가지 방식을 혼합하는 경우도 있다. 다
시 말해 이러한 방식이 상호 배타적이라고 할 수 없다. 예를 들면 멕
시코혁명 직후 카리스마를 가진 카르데나스(Lazaro Cardenas)는 1934
년부터 1940년까지 통치하면서 일당독재체제와 조합주의적 방식을
결합시켰다. 그럼 한국의 박정희-김종필계는 왜 패권정당방식을 채택
했나?

안정된 군부권위주의 통치체제를 만들기 위한 첫 번째 방식은 카리
스마 지도자를 통한 정통성 획득 방식이다. 카리스마 지도자란 보통

---

17) Juan J. Linz, "The Future of an Authoritarian Situation or the Institution-
     alization of an Authoritarian Regime: The Case of Brazil," Alfred Stepan, (ed.),
     Authoritarian Brazil, (New Haven: Yale University Press, 1973), pp. 233–
     254.

사람이 가지지 못한 초인간적인 능력을 가진 지도자를 의미한다. 그런데 모든 국민이 믿지 않더라도 적어도 다수 국민이 카리스마 지도자에 대한 믿음이 있어야 하고, 본인이 나라와 국민을 이끌어가야 한다는 사명감을 가지고 있어야 한다. 일반적으로 카리스마 지도자가 오랫동안 권위주의체제를 유지하기 힘든 경우가 발생하기 때문에 권위주의정당이나 다른 정치제도를 도입하여 군부 권위주의체제를 안정시킬 수 있는 기반을 마련한다. 예컨대 멕시코혁명 직후 카르데나스는 자신의 카리스마를 활용하여 새로운 정당체제를 만들어내는 데 성공하였다. 터키의 케말(Kemal), 스페인의 프랑코(Franco), 이집트의 나세르(Nasser), 아르헨티나의 페론(Peron) 등이 자신의 카리스마를 활용하여 새로운 정치질서를 만들어낸 사례들이다.[18]

  그런데 카리스마 지도자는 자주 등장하는 것이 아니라 특수한 정치상황에서 출현한다. 군부는 위계질서가 강한 곳이고 조직의 특성상 카리스마 지도자가 출현하기가 쉽지 않다. 예를 들면 다른 나라와 전쟁을 하거나 내전이 발생했을 때 카리스마 지도자가 출현할 가능성이 있다. 군대조직은 매우 관료적이고, 선임자주의(seniority rule)가 철저하고 최고위급 장성도 전체 장교들의 동의를 얻어야 업적을 낼 수 있다. 한국의 경우에도 비록 한국전쟁을 겪었지만 군부에 대한 대중적 지지를 이끌어낼 수 있는 군부지도자가 없었다. 당시 군부 쿠데타 주역인 박정희와 김종필은 국민들로부터 카리스마 지도자로 추앙받을 수 있는 업적이나 능력을 아직 갖추지 못한 상태였다. 전자는 전형적인 관료주의적 지도자였고, 후자는 정치적 다이내믹스가 있었지만 대

---

18) Iliya Harik, "The Single Party as a Subordinate Movement: The Case of Egypt," *World Politics*, 26 (October, 1973), pp. 80-105.

중적인 호소력을 지니지 못하였다. 따라서 한국의 군부가 카리스마 지도자를 통한 정통성 획득방식을 채택하기는 매우 어려웠다.

두 번째 정통성 획득방식은 조합주의 방식인데, 군부지도자들이 국민의 사회활동을 전반적으로 재조직하여 통치하는 것을 의미한다. 군부지도자의 지휘 아래 경제단체, 노동조합, 농민단체, 도시빈민단체를 비롯하여 수많은 직능단체나 사회단체들이 자신들의 정치적 이해관계를 추구하는 방식을 재편하는 것이다. 군부지도자들의 승인을 받아 이들 단체 간부들에게 특권을 주고 거의 독점적으로 자기 단체의 이익을 대표하는 지위를 부여한다. 동시에 정부는 다양한 방식으로 이들의 활동을 모니터하고 통제하는데, 특히 정부를 상대로 한 집단적인 정치적 요구나 행동을 통제한다.

스테판(Alfred Stepan)은 조합주의 통치방식을 두 가지 형태로 구분하였다. 즉 포용적 조합주의(inclusive corporatism)와 배타적 조합주의(exclusive corporatism)인데, 전자는 경제단체, 전문직 단체, 도시노동자 단체, 농민단체 등을 포섭하여 통치하는 방식이다.[19] 멕시코의 카르데나스, 브라질의 바르가스(Vargas), 아르헨티나의 페론, 1968-1975년에 집권한 페루의 군부지도자들이 이런 포용적 조합주의 방식을 채택하였다. 이와 대조적으로 배타적 조합주의는 군부지도자들이 힘으로 이익집단들의 정치활동을 억압하고 통제하는 것이다. 1970년대 남미의 군부지도자들이 흔히 이런 배타적 조합주의 방식을 채택하였다.

군부지도자들의 조합주의적 통치방식은 이베리아반도와 남미국가에서 등장하는 경향이 강하다. 왜냐하면 그곳에는 가톨릭 정치문화와

---

19) Alfred Stepan, *State and Society: Peru in Comparative Perspective*, (Princeton, Princeton University Press, 1978), pp. 75-117.

함께 유기체적 국가론(organic statism)의 전통이 강하기 때문에 이익집단에 대한 조합주의 통제방식을 도입하기가 용이하다. 유기체적 국가론은 전체 유기체, 즉 국가를 구성하고 있는 개인이나 가족이나 집단을 비롯한 모든 부분이 따로따로 활동하는 것이 아니라 전체 유기체(국가)를 위해 제 기능을 발휘해야 하는 것을 강조한다.[20] 따라서 유기체적 국가론은 개인주의적, 다원주의적 민주주의를 배척하고 조합주의적 대표체계로 대체하려고 한다. 실제 "유기체적 민주주의(organic democracy)"는 정치참여방식을 재조직하고 국민을 대표하는 대의체계를 바꾼다.

한국은 이베리아와 남미 가톨릭국가들이 물려받은 유기체적 국가론의 전통이 거의 없기 때문에 한국 군부지도자들이 조합주의 통치방식을 도입할 여지는 전혀 없었다. 그러나 한국의 군부지도자들도 이익집단에 대해 관심을 가지고 있었으며, 실제 군정기간에 군부지도자들이 교원노조를 비롯하여 정부에 비판적인 이익집단을 해체하고 경제인 단체와 산업노조를 재편성하였다.[21] 이러한 노력에도 불구하고 군부는 체계적인 조합주의 통제방식 아래 이익집단을 재편성하지 않았다. 당시 한국은 사회경제적 발전 단계가 낮았기 때문에 이익집단이 정치적으로 영향력이 강한 집단이 아니었다.

세 번째 정통성 획득방식은 일당통치인데, 우파 파시스트나 좌파 사회주의자들이 채택하는 방식이다. 그런데 군부지도자들의 일당통치 방식은 매우 다양한데, 특히 이데올로기의 강도, 동원력, 영향력의

---

20) Ibid., p. 35.
21) Chang Jip, Choi, "Interest Conflict and Political Control in South Korea: A Study of the Labor Unions in Manufacturing Industries, 1961-1980," Ph. D. diss., University of Chicago, 1983.

범위, 억압과 강제력의 강도 등에서 차이가 있다. 예를 들면 제1차 세계대전과 제2차 세계대전 사이에 동구의 일당독재에서는 집권당의 역할이 막강하여 당이 대중을 정치적으로 동원하는 핵심기제였다.[22] 이와 대조적으로 스페인의 프랑코체제에서는 집권당이 동원조직으로 발전하지 못하고 정치적 역할이 매우 미미하였다. 더욱이 동일한 권위주의 정권하에서 집권당의 역할이 시간에 따라 달라질 수 있다. 예를 들면 그 나라가 사회경제적으로 발전함에 따라 초기와 달리 집권당의 정치적 역할이나 중요성은 떨어지고, 대신 행정부 관료들이 득세하는 경향이 있다.

과거에는 일당독재가 권위주의정권을 정의하는 중요한 요소로 생각하는 경향이 있었고 아직도 권위주의정권이 일당독재체제를 채택한 경우가 많다. 그러나 일당독재가 권위주의정권을 유지하는 유일한 방법이라고 말하는 사람은 이제 더 이상 없다. 헌팅턴(Samuel Huntington)·무어(Clement Moore)가 지적한 것처럼 "분명히 일당통치가 권위주의의 필수요소는 아니다. 정당의 수는 부차적인 것으로 일당독재가 결코 권위주의를 정의하는 요소가 될 수 없다."[23]

겉으로는 일당독재체제가 매우 단순한 것처럼 보이지만 군부지도자들이 일당독재체제를 도입하는 과정에서 심각한 국내외의 저항에 부딪치는 경우가 많다. 린스가 지적한 것처럼 "전통적인 사회에서 경쟁적, 반경쟁적 정당정치가 심각한 정치적 불안정을 초래한 경우에

---

22) Andrew Janos, "The One-Party State and Social Mobilization: East Europe between the Wars," in Samuel Huntington and Clement Moore, (eds.) *Authoritarian Politics in Modern Society*, (New York, Basic Books, 1970), p. 219.

23) Ibid.

군부가 권력을 장악한 후 일당독재를 수립할 기회가 생긴다."[24] 그러나 오늘날 우파 군부지도자들이 민간 엘리트와 대중에게 일당독재를 설득하기가 매우 어렵기 때문에 일당독재를 수립할 가능성은 매우 작다. 이와 대조적으로 좌파 군부지도자들은 우파지도자에 비해 사회주의 일당독재체제를 정당화하는 데 어려움이 적다. 한편 그 나라가 이미 서방의 자본주의세계와 경제적, 군사적으로 연계되어 있는 경우 좌파지도자가 기존의 경제적, 군사적 기득권을 해체하고 사회주의 일당독재체제를 도입하기가 쉽지 않다. 이런 경우 시민사회의 지지를 얻기 전에 군부 내 저항을 이겨내야 한다.

한국의 군부지도자들은 정권연장을 위해 일당통치방식을 도입하는 경우 다음과 같은 두 가지 커다란 저항에 부딪친다는 것을 잘 알고 있었기 때문에 엄두를 낼 수 없었다. 첫째, 미국을 비롯한 우방국의 반대가 심할 것이라는 점이다. 특히 한국에 엄청난 경제적, 군사적 원조를 제공하고 있는 미국이 일당통치방식을 허용하지 않을 것이라는 점은 너무나 분명하였다. 둘째, 국내의 저항을 이겨내는 것이 불가능하였다. 쿠데타 주동자들이 군부 내에서, 그리고 민간 엘리트들로부터 일당통치에 대한 지지를 얻어낼 가능성은 거의 없었다. 당시 한국이 북한의 일당독재 공산당과 대결 중인 상황에서 국민들은 일당통치를 공산당 통치와 동일시하는 경향이 강하였기 때문에 군부지도자들이 계속집권을 하려면 적어도 민주적 절차와 선거가 필요했다. 특히 군부지도자들이 비록 무력을 사용하여 민주적으로 탄생한 장면정권을 무너뜨렸지만 쿠데타 직후 2년간의 군정을 거쳐 민주적 절차에 따라 민간정부를 수립하겠다는 약속을 했기 때문에 군부지도자들이

---

24)   Juan Linz, op. cit., p. 244.

적어도 다당제 민주주의를 표방하지 않고 일당독재를 도입하는 것은 상상하기 힘들었다.

마지막 정통성 획득방식은 패권정당체제의 수립인데, 이 방식은 기본적으로 군부지도자들이 강하고 안정된 관제여당을 만들어 야당이 도저히 정치적으로 도전할 수 없을 정도로 유권자의 지지를 얻어서 장기집권을 도모하는 것이다. 이 방식은 두 개 이상의 정당을 허용하기 때문에 겉으로는 민주적 정당정치처럼 보이지만 실제로는 군부가 선거제도 조작, 부정선거, 강압적인 정치적 통제 등을 통해 야당의 정치적 도전을 차단시킨다. 이런 집권당이 근본적으로 군부를 포함한 집권세력의 힘으로 유지되지만 집권당에 대한 국민의 지지가 많다는 것을 정기적인 선거에서 투표로 보여주어야 한다. 군부출신 지도자나 집권당이 계속집권해야 할 이유로 적의 위협, 안보, 내부 분열 방지와 국민통합, 경제성장, 강대국 건설, 정의 실현 등을 강조하지만 정기적인 선거에서 이러한 계속집권의 명분에 대한 국민의 지지가 많다는 것을 과시해야 한다. 이처럼 집권당이 장기간에 걸쳐 유권자의 지지를 많이 받고 있다는 것을 선거를 통해 증명해 보일 수 있을 정도로 광범위하고 안정된 대중 지지기반을 확보하는 경우, 이런 정당을 "패권정당"이라고 할 수 있다. 그렇지 못한 경우 단순히 "유동적 지배정당"에 불과하다. 과연 군부가 만든 정당이 패권정당이 되느냐, 유동적 지배정당에 불과하게 되는가 여부에 따라 권위주의정권의 장래를 전망해 볼 수 있다. 예를 들면 군부가 새로 창당한 정당이 패권정당으로 발전하는 경우 권위주의정권이 제도화될 가능성이 높아진다.

2. 패권정당운동에 영향을 미치는 네 가지 변수

한국의 군부출신 정치인들은 공화당을 창당하면서 패권정당을 만들겠다는 야심을 마음속으로 가지고 있었다. 당시 헌법이 대통령 4년 중임을 허용한 것을 고려해 볼 때, 이들은 이심전심으로 적어도 "박정희 8년, 김종필 8년 집권"이라는 정치적 야심을 달성하기 위해 공화당을 만들었다. 이러한 정치적 야심을 달성하려면 어떤 조건이 필요한가? 당시 박정희-김종필계를 비롯하여 많은 젊은 장교들이 군복을 벗고 소위 민정에 참여하기 위해 1963년 대선과 총선에 나가 경쟁하였다. 이들과 함께 정치적 연대를 맺은 젊은 민간정치인들은 강하고 안정된 대중정당을 건설하려는 야심을 가지고 있었고, 자신들이 만든 정당이 결코 종이정당으로 전락하거나 최고통치자의 정치적 도구가 되어서는 안 된다고 굳게 믿었다. 당시 한국은 이러한 패권정당을 수립할 수 있는 사회경제적 여건이 좋은 편이었다. 한국사회는 인종, 언어, 종교, 지역으로 분열되어 있지 않았고, 단일민족, 하나의 언어, 종교적 갈등의 부재, 1960년대 초에는 지역 갈등이 거의 없는 매우 동질적인 사회였고, 또 북한의 군사적 위협이 있었기 때문에 유권자를 효과적으로 동원하고 통제하는 것이 가능했다. 당시 한국사회는 여전히 농업사회이고 전통적인 유교정치문화가 강했으며, 매스미디어의 보급이나 도시화 수준이 아직 미약했기 때문에 군인들이 만든 정당이 유권자 속으로 깊이 침투해 들어갈 수 있는 여지가 많았다. 특히 1960년대에 한국이 고도경제성장을 달성함으로써 군부출신 정치인들이 동원할 수 있는 정치자원이 풍부하였다. 1960년대 후반 들어 유권자들이 박정희 대통령을 비롯한 군부출신 정치지도자에 대한 신뢰가 증가하여 집권당이 대중의 지지기반을 확대할 수 있는 기회가 주어졌다. 이렇게 좋은 조건에도 불구하고 군인들이 만든 공화당은 패권정당의 꿈을 살리지 못하고 결국 1970년대 초 유신헌법의 도입과 함께 명목상의 여당으로 전락하였다.

한국의 사례 외에도 군부가 창당한 정당이 패권정당의 꿈을 가졌으나 실패한 경우를 발견할 수 있다. 유사한 사례가 1958년 파키스탄의 아유브 칸(Ayub Kahn) 장군이 쿠데타로 권력을 장악한 후 그의 후원 아래 창당한 "파키스탄 이슬람연맹(Pakistan Muslim League)"이 있다.[25] 그런데 한국의 공화당과 파키스탄의 이슬람연맹 간의 가장 큰 차이는 전자의 경우 군인들이 대거 군복을 벗고 정당정치인으로 변신하여 공화당에 참여했으나 후자의 경우 매우 소수의 군부지도자들만이 정당에 참여하였다는 점이다. 처음부터 이슬람연맹은 아유브 칸의 "기본 민주주의(Basic Democracies)"체제의 부속물에 불과하였기 때문에 1969년 아유브 칸이 권력에서 물러나자 당이 붕괴되었다.

또 다른 사례는 브라질의 "ARENA(National Renovation Alliance)" 또는 "PDS(Social Democratic Party)"인데,[26] 이러한 관제여당들은 비록 군부의 후원 아래 창당했으나 파키스탄 이슬람연맹처럼 기본적으로 민간정치인들의 정당에 불과하였다. 브라질 군부는 한국의 군부와 달리 새로운 정당체제를 만들려는 종합적인 계획을 세운 적이 없고, 선거를 연기하거나 정당정치인들을 통제하는 경우가 많았다. 따라서 이들 정당은 군부 집권기간에 통치과정에 참여하지 못하였다. 결국 1985년

---

25) Lawrence Ziring, *The Ayub Khan Era: Politics in Pakistan, 1958-69*, (Syracuse: Syracuse University Press, 1971).

26) Margaret S. Jenks, "Political Parties in Authoritarian Brazil," Ph. D. diss., (Duke University, 1979); Margaret S. Jenks, "Maintaining Political Control Through Parties: The Brazilian Strategy," *Comparative Politics* (October, 1982), pp. 41-72.

브라질에서 대통령 승계문제를 둘러싼 집권당 내의 분열이 군정의 종
말을 재촉하였다.[27] 또 다른 실패 사례는 대만의 국민당이다. 장개석
집권기간에는 국민당의 일당독재를 유지했으나 그의 사후 그의 아들
인 장경국이 집권한 이래 민주화가 진행되면서 다당제를 도입하고 야
당의 존재를 인정하였다.[28] 장경국이 집권하는 동안 국민당은 여전히
대선이나 총선에서 우위를 차지하였기 때문에 패권정당의 가능성이
있었다. 그러나 그의 사후에 이등휘가 집권한 뒤 국민당이 분열되는
바람에 정권을 잃게 되었다. 결국 국민당의 패권적 지위는 사라지고
야당과 경쟁하는 정당으로 변화를 겪었다. 위에서 제시한 네 가지 실
패사례(한국, 대만, 파키스탄, 브라질)는 패권정당 건설이 매우 힘든 작업
이라는 것을 여실히 보여준다. 그러나 멕시코, 싱가포르 등을 보면 패
권정당 건설이 가능하다는 것을 알 수 있다.

멕시코의 제도혁명당은 1929년에 멕시코혁명정신에 따라 창당한
"민족혁명당(National Revolutionary Party, PRN)"을 개편하여 1939년에
창당하면서 다당제를 도입한 이래 50년간 대선이나 총선에서 한 번도
패배한 적이 없었다.[29] 제도혁명당은 1988년 대선에서 겨우 과반수의

---

27) Thomas E. Skidmore, *The Politics of Military Rule in Brazil, 1964-1985*.
(New York: Oxford University Press, 1988).

28) Yangsun Chou and Andrew J. Nathan, "Democratizing Transition in
Taiwan," *Asian Survey*, 27 (March 1987), pp. 277-299.

29) 1970년대에 도입한 비례대표제를 통해 반대당이 의회에 의석을 차지한 이래 반
대세력이 정치적 공세를 강화하면서 멕시코의 패권정당체제가 흔들리기 시작하
였다. 멕시코 정당체제의 본격적인 변화는 1988년 대선에서 시작되었다. 1988
년 대선에서 제도혁명당의 창시자인 라사로 카르데나스(Lazaro Cardenas)의 아
들인 쿠아우테목 카르데나스(Cuauhtemoc Cardenas)가 제도혁명당을 이탈하
여 야당후보로 출마한 후 실질적으로 승리했으나 선거부정으로 제도혁명당 후보
살리나스(Carlos Salinas de Gortari)가 당선되었다. 6년 후 실시된 1994년 대선
에서 제도혁명당 후보가 제도혁명당 역사상 최저 득표인 50.2%로 겨우 당선되었

지지를 얻기 전까지 반세기 동안 3분의 2 이상의 유권자 지지를 받았다. 제도혁명당을 창당한 카르데나스 대통령의 아들이 1980년대에 탈당함으로써 세력이 현저하게 약화되기 전까지 제도혁명당은 패권정당의 위상을 굳건히 지키면서 야당을 만년야당으로 만들었다.[30] 1940년대에 제도혁명당이 패권적 지위를 수립하는 과정과 지난 반세기 동안 이 지위를 유지해 온 과정은 결론에서 민주공화당과 비교해서 자세히 설명하고자 한다. 지금까지 하나의 성공 사례와 네 개의 실패 사례를 참고하여 패권정당 수립에 영향을 미치는 네 가지 변수를 중심으로 가설을 제시하고자 한다. 이러한 가설이 패권정당운동을 이해하는 것은 물론 공화당의 흥망을 설명하는 데 매우 유익할 것이다.

변수1: 패권정당운동 이전의 정당정치의 경쟁성 정도

가설: 패권정당 수립 이전에 그 나라 정당정치의 경쟁성이 낮을수록 패권정당 수립의 가능성이 높아진다.

일반적으로 다원주의적, 경쟁적 정당정치가 제대로 정착되지 못한 나라에서 패권정당을 수립하려는 구상이 등장하게 된다. 경쟁적 정당

고, 2000년 선거에서 야당후보 폭스(Vicente Fox)가 당선됨으로써 제도혁명당은 1929년 이래 71년 만에 처음으로 대통령직을 잃었다. 2006년 대선에서 제도혁명당 후보가 3위로 전락한 후 2009년 총선에서 제1당으로 부활했고, 2012년 대선에서 제도혁명당 후보 니에토(Enrique Pena Nieto)가 당선되어 12년 만에 대통령직을 탈환하였다. 그러나 2018년 대선에서 제도혁명당 후보는 3위로 내려앉고, 좌파연합의 국가재건운동 오브라도르(Andres Manual Lopez Obrador) 후보가 당선되었다.

30) Barry Ames, "Bases of Support for Mexico's Dominant Party," *American Political Science Review*, 64 (March 1970) pp. 153-167.

정치의 경험이 전혀 없는 나라에서는 패권정당을 수립하려는 지도자들이 많은 국민들의 지지를 얻기가 쉽다. 그런데 경쟁적 정당정치의 경험이 있는 나라에서는 이러한 정당들이 얼마나 시민사회와 유권자들에게 침투했는지 여부가 패권정당 수립에 영향을 미치게 된다. 군부 집권 이전에 민간정치인들이 만든 정당들이 그 나라의 "정당 공간(party space)"을 꽉 채운 경우에 패권정당의 야심을 가진 지도자들이 기존의 정당구조나 유권자의 과거 정당에 대한 충성심을 없애고 새로운 패권정당에 대한 지지를 얻어내기가 쉽지 않다. 특히 유권자들이 과거에 경험한 공개적이고 경쟁적 정당정치나 선거의 기억, 과거 정당 지도자의 정치적 잠재력, 과거 정당의 유권자 연계나 관료 및 기업 간의 연계 등을 제거하거나 통제하는 것이 필요하다. 따라서 패권정당의 야심을 가진 지도자들은 구정치인을 숙청 또는 포섭하거나 새로운 관제 야당을 만들어야 한다. 그런데 이러한 숙청이나 포섭 또는 관제 야당을 만드는 일이 경쟁적 정당정치의 역사가 짧은 나라에서 비교적 상대적으로 효과를 발휘할 수 있을 것이다. 멕시코의 경우 1940년대에 이러한 경쟁적 정당정치의 경험이 거의 전무한 상태에서 패권정당 운동이 시작되었으나 한국의 경우 1, 2공화국에서 유권자들이 10여 년간 경쟁적 정당정치를 경험하였다. 특히 4·19민주혁명을 겪은 후에 5·16 군부지도자들이 패권정당의 야심을 품었기 때문에 5·16 이전의 정당이나 정당정치인의 정치적 기반을 제거하는 일이 매우 중요한 정치적 과제가 되었다.

변수2: 패권정당운동 지도자들의 이념적 동질성과 응집력

가설2: 패권정당운동 지도자들의 이념적 동질성과 응집력이 강할

수록 패권정당을 수립할 가능성이 높아진다.

패권정당을 수립하려면 높은 수준의 내적 단결력이 필요한데, 이를 위해 정당지도자들의 이념적 합의와 응집력이 필요하다. 정당지도자들이 높은 수준의 응집력을 보여주지 않으면 내부 갈등이나 분열로 인해 다른 정당의 도전을 물리치기가 쉽지 않다. 특히 카리스마를 가진 강한 지도자가 정당 내 갈등과 이익 충돌을 조정하고 해소해 주어야 한다. 이런 지도자 없이 여러 파벌이 서로 타협해서 정당을 유지하는 경우 정당이 국정운영에서 정치적 역량을 계속 발휘하기가 어렵다. 따라서 당내 권력이 최고지도자에게 집중되어야 하고, 이를 제도화할 수 있어야 한다.

한편 당내 지도자와 파벌 간에 정당의 역할이나 기능, 그리고 이념이나 정책에 대한 합의가 약한 경우 내부 경쟁이 통제가 되지 않는다. 적어도 통치과정에서 정당의 역할, 대중동원 문제, 최고지도자 승계, 공직후보 선정, 정당의 조직체계, 정당 간부의 자격과 선정 방식 등을 비롯한 근본적인 문제에 관하여 정당 내 합의가 필요하다. 이러한 이슈에 대해 높은 수준의 합의가 있어야 당내 경쟁과 활동을 규제하는 내부 규범을 만들 수 있을 것이다. 그렇지 않으면 당내 경쟁이나 정당 활동 등이 원만하게 이루어질 수 없다.

멕시코의 제도혁명당은 대통령을 비롯한 모든 선출직 공직자의 재선금지 원칙(no reelection principle)을 포함하여 정당 활동의 기본 방향에 관한 규범을 형성하였다.[31] 한편 공화당의 경우 사전조직에서는 매우 높은 동질성이 존재했으나 1963년 대선과 총선을 앞두고 구정

---

31) Douglas A. Chalmers, "Parties and Society in Latin America," *Studies in Comparative International Development*, 7 (1972), pp. 102-130.

치인들을 영입한 이후에는 정당 간부들의 이념적 동질성이나 응집력이 매우 약해졌다. 그리하여 국회의원 공천 방식, 당 사무국의 권한과 역할, 최고지도자 승계 문제를 비롯한 정당의 근본문제를 두고 심각한 내분을 겪었다.

변수3: 대중주의적(populist) 리더십과 정책

가설: 대중주의적 리더십과 정책에 대한 지지가 강할수록 패권정당을 창출할 가능성이 높아진다.

패권정당을 수립하려면 다른 정당이 감히 패권적 지위에 도전하는 것을 생각하지 못하도록 광범위하고 안정된 대중지지 기반을 조성해야 한다. 패권정당을 수립하려면 기본적으로 우수한 정치 엘리트들을 많이 포섭해야 하지만 오늘날의 정치는 대중을 정당에 참여시키거나 완전히 통제하기 위해 정당 엘리트들이 대중을 정당으로 포섭해야 한다. 따라서 관료적 통제에 익숙한 지도자보다 대중주의적 리더십이 대중을 포섭하는 데 훨씬 효과적이다. 그리고 고도경제 성장을 위한 노동 통제와 낮은 임금정책보다 토지개혁, 부의 재분배, 높은 임금정책, 노동자를 위한 유급휴가제도, 연금제도 등을 포함한 대중주의적 정책이 정당의 광범위한 대중지지 기반을 만들고 유지하는 데 효과적이다. 이러한 대중주의적 정책이 있어야 유권자의 다수를 차지하는 노동자와 농민들의 광범위한 지지를 얻을 수 있다. 그렇지 않으면 다른 정당이 노동자나 농민들을 동원하여 패권정당에 도전하게 될 것이다.

멕시코의 경우 제도혁명당이 멕시코혁명 직후 토지개혁을 통해 농민들에게 토지를 분배한 후 농민들을 조직하였고, 노동조합, 공무원조직, 군인조직까지 정당 내로 포섭하였다.[32] 그리하여 멕시코 농민들의 가정에는 부모님의 사진과 함께 제도혁명당의 창당지도자인 카르데나스의 사진을 벽에 걸어놓을 정도로 충성심을 보여주었다. 이와 대조적으로 공화당은 이러한 대중 지지기반을 만들어내지 못하였다. 박정희를 비롯한 공화당 지도자들은 1963년 대선에서 "농민의 아들"을 강조하는 등 대중주의적 이미지를 만들었으나 점차 행정부 주도의 고도경제성장을 위해 저임금정책을 채택하는 바람에 노동자의 지지를 얻지 못하였다. 1970년대 초 선거에서 야당이 노동자와 중산층을 동원하여 공화당에 도전하자 집권세력은 속수무책이었다. 결국 집권세력이 경찰이나 정보기관을 동원하여 노동자와 진보세력을 탄압하자, 진보세력과 노동자, 농민들은 주로 야당과 정치적으로 연합하게 되었다.

변수 4: 정당의 국가기구 통제 정도

가설: 정당이 국가기구를 통제하는 정도가 높을수록 패권정당을 만들 가능성은 높아진다.

패권정당이 군부를 비롯한 국가 관료조직을 통제하지 못하면 통치 과정에서 패권적 지위를 차지할 수 없다. 왜냐하면 패권을 지향하는 정당이 국가기구에 대한 통제의 정도가 높을수록 정당에 충성을 다하는 추종자를 보상하고, 반대자를 처벌할 수 있는 강제력과 경제적 자

---

32) Susan Kaufman Purcell and John F. H. Purcell, "State and Society in Mexico: Must a Stable Polity Be Institutionalized?" *World Politics*, 32 (January 1980), pp. 194-227.

원을 확보할 수 있기 때문이다. 그런데 정당이 국가기구를 통제하려고 할 때 정당지도자들은 정부 자원을 장악하고 있는 군부나 민간관료들의 강력한 저항에 부닥치게 된다. 정치적 고려가 관료적-기술적 판단과 항상 일치하지는 않기 때문에 정부의 강제력이나 물질적 자원 동원과 관련하여 정당지도자와 국가 관료들 간에 심각한 긴장과 치열한 투쟁이 발생하게 된다. 이러한 갈등과 투쟁이 패권지향 정당에 유리한 결론이 나야 한다. 만약 국가 관료들이 정당 활동에 간섭하는 경우 여당이 통치과정에서 패권적 지위를 확보할 가능성은 매우 낮다. 여당이 국가기구 엘리트들의 통제를 받게 되면 여당은 통치과정에서 영향력을 발휘할 수 없다.

멕시코의 경우 제도혁명당 조직 속에 군부와 공무원을 포섭했기 때문에 집권여당이 국가기구에 대한 통제가 가능하였다.[33] 이와 대조적으로 공화당은 처음에 대만의 국민당조직처럼 사무국조직이 우위에 있었으나 국회의원으로 구성된 원내조직이 사무국의 권한과 기능을 대폭 축소하는 바람에 당의 사무국조직이 크게 약화되었다. 그러나 창당의 주역이자, 공화당의 제2인자인 김종필이 당 사무국조직을 계속 지지하고 있었기 때문에 사무국조직과 원내조직 간에 갈등과 경쟁이 계속되었다. 그러나 박정희가 원내조직과 함께 3선 개헌을 추진하면서 공화당을 자신의 정치적 도구로 만들어버리는 바람에 당이 국가기구를 통제할 수 있는 가능성이 거의 완전히 사라지게 되었다. 이제 이러한 네 가지 변수를 중심으로 공화당의 패권정당운동을 분석해 보자.

---

33)   Robert Scott, *Mexican Government in Transition*, (Urbana: University of Illinois Press, 1964).

3. 민주공화당 관련 자료

이 연구의 자료는 주로 두 가지 방법으로 수집하였다. 첫째, 민주공화당의 공식문서, 국내외 신문과 잡지 기사 등 1차 자료에 관한 문헌조사, 둘째 민주공화당에 참여한 인사 및 야당 정치인을 비롯한 관련 인사들을 대상으로 한 면담(interview) 기록이다. 당시의 역사적 사실을 정확하게 파악하기 위해 각종 문헌을 대조 검토(cross check)하고, 관련자 면담을 통해 객관적 사실을 밝혀내고자 노력하였다. 이 외에 중앙선관위의 선거 관련 데이터 등을 활용하여 공화당의 동태를 완벽하게 파악하고, 이를 바탕으로 박정희 집권시기의 정당과 선거정치의 본질을 규명하였다. 이 연구에서 사용한 공화당 문서는 부록에 자세하게 나와 있다.

사실 공화당이 활동한 1960년대와 1970년대는 권위주의정권이 신문, 방송을 비롯한 언론과 매스미디어를 통제하였기 때문에 정당 활동을 비롯한 정치과정의 투명성이 매우 낮아서 정확한 정보를 얻기가 매우 어렵다. 1987년 민주화 이후 권위주의시기의 정치에 대한 새로운 사실들이 많이 밝혀졌지만 아직도 베일에 싸여 있는 것들이 있다. 예컨대 1962년 민주공화당 사전조직과정에 북한 남파 간첩인 황태성이 자금을 제공하고 당을 만드는 데 협력했다는 반대세력의 주장이 있는데 아직도 그 전모가 완전히 밝혀졌다고 할 수 없다. 이런 점을 감안하여 필자는 공식문서 외에 다양한 정치적 루머나 추측을 확인하기 위해 당시의 공화당 인사를 비롯하여 정치인들에 대한 인터뷰를 통해 정확한 정보를 확보하였다. 다행히 필자가 1980년 공화당이 해산되면서 당의 공식문서들이 민주정의당(민정당) 도서관, 정신문화연구원(현 한국학중앙연구원) 도서관, 한국국민당 등으로 흩어졌는데, 1980년

대에 위의 세 곳을 방문하여 1차 자료들을 모으고, 공화당 인사들을 만나 많은 정보를 얻을 수 있었다. 필자가 확보한 매우 희귀한 자료 중 대표적인 것이 공화당 사전조직이었던 "재건동지회" 입회문서이다. 그동안 재건동지회는 많이 알려졌지만 공식문서는 전혀 없었는데, 필자가 오랜 노력 끝에 재건동지회에 참여했던 인사로부터 원본을 얻게 되었다. 이 외에 민주정의당 도서관에 있는 공화당의 문서철, 정신문화연구원 도서관에서 한글 신문 《민주공화보》, 영문 잡지 *DRP Bulletin* 등을 복사하여 활용하였고, 1961년부터 1980년까지 박정희 대통령 관련 신문 자료를 모두 복사하여 활용하였다.

4. 이 책의 구성

이 책은 민주공화당의 역사를 다룬 본문 3장 외에 서론과 결론을 합하여 모두 5장으로 구성되어 있다. 그리고 1987년 민주화 이후 김종필과 공화당 세력의 정당 활동을 '후기'로 추가하였다. 제1장은 서론으로 이 연구의 목적과 의의에 이어 공화당의 흥망사를 설명하기 위한 패권정당운동 분석 틀을 제시하였다. 2장부터 4장은 공화당의 역사를 시기별로 구분하여 설명하였다. 제2장은 공화당의 형성기(1961-1963)로서 군부가 민정이양을 앞두고 패권정당 구상이 등장하여 사전조직을 거쳐 다가오는 선거를 위해 창당한 과정을 다루었다. 제3장은 공화당의 활동기(1964-1971)로서 1963년 대선과 총선에서 승리한 후 패권정당이 되기 위해 노력한 시기를 다루었다. 제4장은 공화당의 쇠퇴기(1972-1980)로서 유신 선포 후 공화당이 명목상으로 존재하다가 1980년 해산된 시기를 다루었다. 제5장은 결론으로 공화당과 멕시코의 제도혁명당을 패권정당운동의 실패와 성공 사례로 비교 분석한 후 민주공화당이 남긴 정치적 유산을 설명하였다. 그리고 후기 (민주화 이후 김종필과 공화당 세력의 정당 활동, 1987-2004)와 부록 1(공화당 고위당직자 명단), 부록2(공화당 자료), 부록3(참고문헌)이 있다.

제2장
패권정당운동의 태동

이 장에서는 민주공화당의 패권정당운동이 등장한 과정을 설명한다. 1961년 쿠데타로 권력을 장악한 군부세력이 군정 이후 계속집권을 위해 마련한 패권정당 통치 구상이 등장한 배경을 설명하고, 이를 위해 공화당을 비밀리에 사전조직한 과정을 심층적으로 분석한다. 그리고 공화당이 창당과정에서 부닥친 정치적 위기를 어떻게 극복해 나가는지를 설명하고자 한다.

제1절 1961년 군부 쿠데타와 군부정권의 정치경제

민주공화당의 패권정당운동이 등장한 배경을 정확하게 이해하려면 이 시기의 역사적 맥락을 심층적으로 분석해야 한다. 장면정권을 무너뜨린 군부세력 중 박정희-김종필계는 새로운 정치질서를 창출하려는 야심을 갖고 있었지만 그들은 1,2공화국의 정치적 유산으로부터 자유롭지 않았다. 다시 말해 군부는 기존의 정치경제질서를 무너뜨리고 새로운 질서를 구축하려면 이러한 정치경제적 유산을 제거하거나 변화시켜야 하는 것이다. 따라서 군부가 1,2공화국으로부터 물려받은 정치경제적 유산을 구체적으로 살펴보자.

1. 군부가 물려받은 정치경제적 유산

군부가 물려받은 정치경제적 유산을 요약해 보면 5·16 이전의 자유민주주의 사상과 제도, 경쟁적 정당정치, 공산국가 북한과 대치하고 있는 분단 상황, 6·25 한국전쟁 이후 강해진 국민들의 반공정신, 여전히 강하게 남아 있는 유교정치문화, 그리고 미국의 경제적, 군사적 원조 없이 살아갈 수 없는 빈곤국 등이었다. 이러한 정치경제적 유산을 구체적으로 분석해 보자.

첫째, 군부가 비록 힘으로 권력을 장악했지만 당시 정치적 분위기는 자유민주주의를 부정할 수 없었다. 국민들은 자유민주주의 수호를 위해 이승만 독재정권을 무너뜨린 4·19민주혁명 정신을 여전히 존중하고 있었다. 또 미국의 원조 없이 국가재정을 유지하기 어려운 상황에서 군부지도자들은 미국의 눈치를 볼 수밖에 없었기 때문에 자유민주주의를 정면으로 부정할 수 없었다. 당시 군부지도자들은 무력으로 민간정권을 무너뜨리고 권력을 장악했지만 자신들의 쿠데타가 오히려 자유민주주의를 지키기 위한 것이라고 주장하였다. 특히 자유민주주의를 신봉하지 않는다고 얘기하면 북한 공산주의자와 동일시되는 사회 분위기였다. 왜냐하면 당시 국민들은 한국전쟁을 겪은 후 반공정신이 강하여 대한민국에서 공산주의를 지지하는 정치인들은 정치적 생명에 위협을 받을 정도였기 때문이다. 1963년 대선기간에 선

거쟁점으로 등장한 황태성사건은 당시 한국사회에서 반공의 위력을 여실히 보여주었다.[1]

둘째, 군부는 1,2공화국의 정당정치가 남긴 유산을 그대로 물려받았기 때문에 새로운 정당체제를 구축하려면 과거 민간정치인들을 제거하고 그들의 정치경제적 기반을 허물어뜨리거나, 또는 군부가 만들고자 하는 새로운 정치질서 속으로 민간정치인들을 포섭하는 과제를 안고 있었다. 비록 1,2공화국시기에 정당정치가 매우 유동적이었고 무정형적이었지만 적어도 다원주의적 정당정치 원리(principle of party pluralism)를 유지했기 때문에 군부는 이를 대체할 수 있는 새로운 정당정치 원리를 고안해 내야 한다. 그러나 자유진영의 다원주의 정당정치 원리와 공산진영의 정당일원주의 원리(principle of party monism)가 국제적으로 경쟁하는 시대상황에서 한국 군부가 양자 중에서 선택하거나 새로운 정당정치 원리를 고안해 내는 것이 중요한 정치적 과제였다.

1961년 군부 쿠데타가 일어났을 때 한국의 정당정치는 아직도 제도화되지 못한 상태였기 때문에 군부지도자들이 새로운 정당체제를 수립할 수 있는 여지는 있었다. 일제 식민지 통치시기에 의회나 선거제도가 전혀 도입되지 않았기 때문에 1945년 해방과 더불어 한국의 정당정치가 본격적으로 시작되었다. 그러나 한국의 정치지도자들이 독립운동을 전개하면서 다양한 정당이나 정치단체를 만들고, 또 서로 다른 정치적 이념이나 독립운동 방안을 제시하면서 서로 경쟁하였다. 독립운동가들이 정당의 이름으로 추종자들을 조직하여 독립운동

---

1) 황태성사건에 대한 자세한 설명은 다음을 참조. 김종필, 『김종필 증언록 1』, (와이즈베리, 2016), 148-169쪽. .

을 전개하였다. 이들은 일제의 감시와 통제가 매우 심하였기 때문에 국내에서 활동할 수 없었고, 주로 해외에서 활동하였다. 중국, 시베리아, 미국, 소련 등지에서 독립운동단체가 활동하면서 국내의 일반대중과 접촉할 수 있는 기회가 거의 없었다. 그런데 이러한 독립운동단체들은 일반적으로 민족진영과 공산진영으로 나누어지는데, 양대 진영 간에, 그리고 진영 내 각 정당과 단체가 독립운동을 주도하기 위해 서로 치열하게 경쟁하였다. 그리하여 두 개의 진영은 물론, 진영 내의 여러 단체들이 힘을 합하여 독립운동을 전개하는 것이 쉽지 않았다.

그런데 1945년 해방과 더불어 이러한 정당과 단체들이 모두 국내로 들어와 국가권력을 장악하기 위해 서로 경쟁하기 시작했다. 그런데 해방과 더불어 일본군 무장 해제를 위해 38선을 경계로 북쪽에는 소련군, 남쪽에는 미군이 진주함으로써 독립운동가들은 새로운 국면을 맞게 되었다. 결국 1945년부터 1948년까지 3년간의 군정기간에 미소 냉전이 점차 심각해지면서 남북한을 망라한 통일정부를 수립하는 것이 어렵게 되었다. 더욱이 독립운동가 중에서 민족진영과 공산진영을 모두 통합시킬 수 있는 정치지도자가 없었다. 결국 양대 진영이 미소의 후원하에 남북한에 별도의 정부를 수립함으로써 일시적인 것으로 생각했던 남북 간의 영토 분단이 정치적 분단으로 이어졌다. 남한에는 이승만, 북한에는 김일성이 최후의 승자가 되어 별도의 정부를 이끌어가는 최고통치자가 되었다. 이승만과 김일성은 각각 미국과 소련의 지원 아래 국내 민족주의 정치세력과 공산주의 정치세력의 지지를 얻기 위해 노력했다. 전자는 독립촉성국민회를 결성하여 민족진영을 포섭하였는데, 이 조직의 핵심은 국내 지주계층과 관료, 그리고 우익 지식인들로 구성된 한국민주당(한민당)이었다. 이와 대조적으로 후자는 조선노동당을 조직하여 공산진영을 포섭하였는데, 이 조직의 핵심은 김일성과 함께 만주에서 항일빨치산운동을 전개했던 갑산파였다.

1948년 남북한에 두 개의 정부가 수립된 후 남북한은 상이한 정당정치 발전과정을 밟게 되었다. 기본적으로 북한은 정당일원주의 원리에 따라 정당이 발전해 나간 반면, 남한은 정당다원주의 원리에 따라 정당정치가 전개되었다. 남한의 경우 1961년 군부 쿠데타 이전에 정당정치 전개과정을 3단계로 구분해 볼 수 있다. 1단계는 무정형의 정당정치 시기(1948-1954), 2단계는 양당구도 시기(1955-1960), 3단계는 정치적 혼란기(1960-1961)이다. 1단계(1948-1954년)에서는 남한의 정당정치가 매우 유동적이었다. 비록 1948년 21세 이상의 모든 남녀 유권자에게 선거권을 부여하고 제헌의회선거를 실시한 후 1950년 다시 총선을 실시했으나 의회의 다수가 정당 소속 없이 무소속이었다. 특히 초대 대통령 이승만은 특정 정당에 소속되는 것을 거부하고 초당적인 지도자로 군림하기를 원했다. 처음에 한민당이 이승만을 지지했으나 이 대통령은 한민당과 권력을 공유할 생각이 전혀 없었다. 결국 한민당은 반이승만세력이 된 후, 신익희를 비롯한 다른 정치세력과 연합하였다.

그런데 1952년 이승만 대통령이 자신의 권력을 계속 유지하기 위해 자유당을 창당함으로써 한국정당정치가 새로운 국면으로 진입했다. 당시 이승만은 국회 내 반대세력이 많기 때문에 기존의 국회 간접선거 방식으로 대통령에 선출되는 데 어려움이 예상되어 간접선거 대신 유권자 직접선거제도로 개헌을 하기 위해 자유당을 창당하였다. 그리하여 1952년 자유당이 직선제 개헌에 성공한 후 이승만 재선을 위한 선거운동에 앞장선 결과 그가 당선되었다. 그 후 자유당은 조직과 재정을 더욱 확장해 나가는 것은 물론, 1954년 총선을 앞두고 한국정당

사상 최초로 정당공천제를 도입하고 국회의원 후보들에게 선거자금을 나누어준 결과 자유당의 정치적 역할이 매우 커졌다.

그러나 이승만과 자유당의 권력남용이 더욱 심해지자 1955년에 반대세력이 뭉쳐서 민주당을 창당함으로써 양당구도가 형성되었다. 특히 1954년 이 대통령의 종신 집권을 허용하는 개헌안 투표에서 국회 재적의원 3분의 2 찬성에 1석이 모자라 개헌안이 통과되지 못했는데, 다음날 소위 4사5입을 적용하여 재적의원 3분의 2가 133.33의 경우 134명 대신 133명의 찬성만으로도 개헌안이 통과되었다고 선포함으로써 이승만 독재가 노골적으로 전개되었다. 결국 이승만에 반대하는 자유당 인사들이 민주당에 합류하게 되었다. 그리하여 1년 후에 실시된 1956년 정부통령선거에서 민주당 후보 장면이 부통령에 당선됨으로써 자유당의 독주에 제동이 걸렸다. 그리고 1958년 총선에서는 민주당이 79석, 자유당이 126석으로 양당 간의 의석 차이가 크게 좁혀졌다. 4년전 선거에서 민주당의 전신인 민국당이 15석을 차지한 것에 비하면 민주당이 엄청나게 많은 의석을 차지한 것이다.

이러한 자유당-민주당의 양당 경쟁구도는 1960년에 이승만의 12년 독재가 무너지는 바람에 갑자기 붕괴되었다. 자유당과 이승만정부의 광범위한 부정선거에 격렬하게 항의하는 학생들과 시민들에게 경찰이 총을 쏜 결과 희생자가 발생하면서 전국적으로 이승만과 자유당의 퇴진을 요구하는 대규모 시위가 벌어진 후 이승만은 스스로 대통령직에서 물러났다. 과도정부에서 대통령제를 내각제로 바꾸는 개헌이 이루어진 후 실시된 총선에서 민주당이 압도적으로 많은 의석을 차지하였다. 민주당이 233석중 175석을 차지한 반면, 제1야당인 사회대중당은 겨우 4석을 차지하였다. 한편 무소속이 49석을 차지하였다. 총선직후 장면이 총리에 선출되었으나 민주당 내 신파와 구파 간의 싸움으로 인해 당이 분열되었다. 결국 1961년 2월에 민주당의 구파가 이탈하여 신민당을 창당하였다. 3개월 후에 군부 쿠데타가 발생하여 장면정부가 붕괴되었다. 해방 직후 10여 년 동안 한국이 다원주의 정당정치를 실시한 결과 정당이 매우 중요한 정치적 행위자가 되었지만 효율적이고 내구력을 가진 정치조직으로 발전하지 못했다.

한국군부가 넘겨받은 세 번째 중요한 정치적 유산은 반공주의였다. 1950년 한국전쟁을 겪은 후 남한 국민들은 공산주의에 대한 적대감이 매우 높아졌고, 공식적인 정치영역에서 사회주의적, 공산주의적 요소는 완전히 사라졌다고 해도 과언이 아니다. 당시 한국사회는 일당제를 공산주의와 동일시하는 경향이 매우 강했기 때문에 군부지도자가 다른 나라처럼 일당제를 도입하는 것은 상상하기 힘들었다. 당시 한국의 정당정치는 이념적인 경쟁 없이 보수정당 간에, 그리고 당내 파벌 간에 주로 권력싸움에 주력하였다.[2] 당시 한국이 미국의 군사 및 경제원조에 의존하면서 한국민들은 미국이 추구하는 자유민주주의를 반공주의와 동일시하는 경향이 강했다. 1953년 한국전쟁 직후 북한-소련-중국 공산주의의 팽창을 견제하기 위해 미군이 한국에 주둔하면서 한국은 미국의 세계 군사전략상 요충지의 하나가 되었다. 한국의 이러한 지정학적 위치에 따른 대미 군사적 의존과 함께 대미 경제적 의존도 높았다. 1953년부터 1961년까지 미국의 원조가 한국 정부 총 수입의 약 70%를 차지하였고, 한국경제에서 총 고정자본 형성의 4분의 3을 차지할 정도로 한국이 경제적으로 미국에 의존하였다.

---

2)   Bae Ho Hahn, "Factions in Contemporary Korean Competitive Politics," Ph. D. diss., (Princeton University, 1971).

한편 이승만정권은 한국 국민들의 강한 반공주의를 이용하여 정치적 반대자를 탄압하였다. 당시 공산주의나 사회주의를 옹호하는 사람은 남한사회에서 "공공의 적"이자 "반국가"적인 것으로 간주되었다. 이런 사회적 분위기에 편승하여 이승만정권이 반대자를 탄압하기 위해 반공법이나 국가보안법을 악용한 경우가 여러 차례 발생하였다. 1956년 대선에서 이승만에 도전하여 약 30%를 득표한 조봉암 후보에게 간첩죄를 적용하여 사형시킨 것은 대표적인 사례이다. 그런데 1960년 이승만정권의 붕괴 후 혁신계 정치인들과 정당들이 새로 등장하여 진보주의운동을 전개했으나 총선에서 광범위한 유권자의 지지를 얻는 데 실패하였다. 1960년 총선에서 혁신계열 정당인 사회대중당과 한국사회당은 각각 6.0%, 0.6%의 득표율을 획득한 결과 각각 4석과 1석의 의석을 차지한 반면 보수성향의 민주당이 크게 승리하였다. 결국 총선이 치러진 후 약 10개월 만에 군부 쿠데타가 발생하여 혁신계 정당은 지지기반을 확대할 기회를 상실하였다.

군부가 힘으로 권력을 장악했을 때 한국사회의 많은 엘리트들과 일반대중은 정당에 참여한 경험이 전혀 없었다. 쿠데타 이전의 정당들은 본질적으로 명망가 정당에 불과하여 대중의 광범위한 지지를 확보하지 못하였다. 즉 기존 정당정치인들은 사적으로 유권자와 연계를 맺고 있는 경우가 많았고, 또 정당이 사회계층이나 일반대중과 밀접한 연계를 형성하지 못한 상태였지만 국가 관료, 기업인 등과 긴밀하게 연계되어 있었다. 따라서 군부지도자들은 기존의 정당과 전혀 인연을 맺지 않은 수많은 엘리트들과 일반대중을 동원하여 새로운 정당을 만들 수 있는 여지가 있었다.

당시 양대 정당이었던 자유당과 민주당에는 전직 관료들이 많았기 때문에 국가 관료와 깊은 연계를 맺고 있었다. 당시 자유당은 교육수준이 높고 관료로서 성공한 엘리트들이 많았는데, 특히 이들이 국가경찰을 완전히 장악하여 좌지우지하였다.[3] 자유당은 계속집권을 위해 경찰이나 검찰 등을 동원하여 반대자를 탄압하였다. 특히 이승만 정권 말기 4년간 경찰의 상급 및 하급관리들이 모두 자유당의 압력을 받았다. 한편 민주당은 신파의 경우 과거 일제 식민지 통치시기에 관료가 되어 1공화국에서 계속 관료 생활을 하다가 정치에 참여한 사람들이 많았다. 이와 대조적으로 구파는 한민당 출신으로 지주나 상공인 출신으로 정치에 참여한 이들이 많은 편이었다. 그런데 자유당이나 민주당 모두 일반당원 중에서 당비를 내는 진성 당원이 거의 없었기 때문에 대기업의 정치자금에 의존할 수밖에 없었다. 자유당의 경우 정부 입찰, 금융 대출을 비롯해 다양한 정부 특혜를 기업에 제공한 후 기업으로부터 정치자금을 확보하였다. 예컨대 1960년 대선 전에 자유당은 47개 기업에 107억 원의 은행 대출 등을 알선한 후 62억 원을 정치자금으로 회수하였다.[4]

자유당과 민주당은 특정 계급이나 이념을 옹호하지 않고 모든 국민을 대표하는 것을 목표로 내세웠기 때문에 일종의 포괄정당(catch-all party)의 성격을 가지고 있었다. 이승만정권에서 노조, 농민단체, 여성단체를 비롯한 이익집단들 대부분이 관변단체로서 집권당인 자유당의 외곽조직으로 활동하였다. 그러나 자유당 간부들은 노조나 농민단체의 대표들과 권력을 공유하지 않았다. 오히려 자유당 간부들은 엘리트 의식이 강하여 이러한 관변단체를 계몽하고 온정을 베풀어야 한다고 생각하였다.

---

3)　한승주, 『제2공화국과 한국 민주주의』, (종로서적, 1983), 25쪽.
4)　김진현, 「부정축재처리 전말서」, 《신동아》, 1964년 12월호, 108-133쪽.

넷째, 당시 한국 유권자들은 여전히 유교정치문화에 젖어 있었기 때문에 일반인들은 정부의 지시에 무조건 복종하는 것을 미덕이라고 생각하였고, 또 학식이 높은 사람이 권력을 행사해야 한다고 믿었다. 따라서 농민과 노동자들은 정치적 영향력을 행사할 의사가 없었고, 오히려 관존민비사상에 따라 정부에서 시키는 대로 집권당후보에게 투표하는 성향이 강하였다. 그리하여 선거 때마다 여당은 농촌에서 강하고, 야당은 도시에서 강한 모습을 보여주었는데, 이를 흔히 "여촌야도" 현상이라고 하였다. 도시노동자들은 농민들보다 정치의식이 상대적으로 높은 편이지만 여전히 노조에 가입한 비율은 매우 저조하였다. 그리고 노동운동을 하는 경우 공산주의자로 몰릴 우려가 있었다. 이런 상황에서 대부분의 정치인들은 사적 조직에 의존하여 선거를 치르는 경향이 강하였다. 즉 혈연, 학연, 지연 등을 이용하여 지지를 획득하기 위해 노력하였다. 이러한 사적 연계망을 통해 정당에 참여한 유권자들의 경우 정치인에 대한 충성도는 높았지만 정당에 대한 충성도는 상대적으로 낮았다.

그런데 정부수립 후 국민들이 10여 년간 이미 자유민주주의 교육과 함께 다당제 정당정치 경험을 가지고 있고, 또 민간정치인들이 일반 유권자들을 동원하기 위해 노력했기 때문에 군부지도자들이 기존의 정당질서를 해체하고 새로운 정당질서를 수립하는 것이 쉽지 않은 상황이었다. 물론 한국의 다당제 역사가 짧고 자유당과 민주당 집권시기에 정당정치가 유동적이고 불안했으며, 민간정치인들이 여전히 시민사회를 완전히 장악하지 못했기 때문에 군부가 침투할 수 있는 정치공간이 많이 남아 있었던 것은 사실이다. 특히 부정부패와 정쟁 등으로 인해 민간정치인들이 국민의 강한 불신을 받고 있어서 군부의 새로운 정당질서 창출 노력이 국민의 지지를 얻을 수 있는 여지가 있었다. 그러나 당시 한국은 여전히 유교정치문화가 강하여 문민존중사상이 지배적이었기 때문에 군부지도자들이 정치적 정통성을 확보하는 데 어려움이 있었다.

마지막으로 지적할 점은 당시 한국은 농업국가이고 전후 복구가 아직 완전히 이루어지지 못한 상태에서 경제난에 시달리고 있었고, 특히 미국의 원조에 의존하는 가난한 나라였기 때문에 군부지도자들이 국민의 민생을 돌보는 것이 최대 현안이었다. 1952년에 한국 인구의 17.7%만이 인구 5만 이상의 도시에 살고 있었으나 1960년에는 28%로 증대하였다.[5] 그러나 인구의 70% 이상이 농업에 종사하고 있었고, 1인당 국민소득이 100불 정도이고, 매년 춘궁기에는 굶어죽는 사람이 생길 정도였다. 많은 국민들은 이렇게 열악한 사회경제적 환경을 극복할 수 있는 비전과 리더십을 갖춘 지도자를 열망하고 있었다.

2. 1961년 군부 쿠데타

군부 쿠데타가 발생한 상황은 그 이후 군부의 정치적 선택에 많은 영향을 미치게 된다. 린스(Juan Linz)는 격렬한 내전, 장기간에 걸친 광범위한 테러, 외부의 적으로 인한 심각한 국가위기 상황 등을 겪은 후 군부가 권력을 장악하는 경우, 매우 안정된 권위주의정권을 창출할 가능성이 높다고 보았다.[6] 그렇지 않은 경우, 군부가 아무

---

5)   합동통신사, 『합동연감』, (서울, 1965), 185-186쪽.

6)   Juan J. Linz, "The Future of an Authoritarian Situation or the Institutionalization of an Authoritarian Regime: The Case of Brazil," Alfred Stepan, (ed.), *Authoritarian Brazil*, (New Haven: Yale University Press, 1973), pp. 233-254.

리 권력장악을 정당화하려고 노력하더라도 안정된 군부정권을 유지하는 것이 쉽지 않다. 터키의 아타튀르크(Kemal Ataturk), 이집트의 나세르(Gamal Abdel Nasser Hussein), 스페인의 프랑코(Francisco Franco Bahamonde), 유고슬라비아의 티토(Josip Broz Tito) 등은 국가가 매우 어려운 상황에서 힘으로 권력을 장악하여 안정된 권위주의정권을 창출하였다. 한편 한국의 경우, 1961년 박정희 소장이 쿠데타에 성공하여 권력을 잡았을 때, 한국사회는 정치적 혼란과 심각한 경제난을 겪고 있어서 국가가 위기에 빠졌다는 생각을 가진 국민들이 많았다.

당시 두 가지 형태의 정치적 양극화가 심각한 정치적 불안을 초래했다. 한승주의 주장에 의하면 이승만정권 붕괴 이후 자유당, 경찰, 군대, 관료사회에 남아 있는 이승만 추종세력에 대항하여 이승만정권을 무너뜨리는 데 결정적인 역할을 했던 대학생, 야당 정치인, 대학과 언론의 지식인들이 느슨하지만 이승만 반대세력을 형성하였다. 이러한 양대 정치세력이 극단적인 정치적 대립을 하는 바람에 정치적 양극화를 초래하였다. 비록 이승만정권 붕괴 후 이승만 추종세력의 힘이 현저하게 약화되었지만 이들을 대체할 만큼 반대세력이 응집력을 가지지 못했고, 강한 리더십도 없었다. 다시 말해 이승만정권 붕괴 후 정치적 공백상태를 메워줄 새로운 리더십과 정치세력이 없어서 정치는 물론 통치과정이 표류하고 있었다. 더욱이 이승만세력과 반대세력 간의 양극화에 덧붙여 새로운 양극화가 등장하였다. 이승만정권의 정치적 탄압으로 인해 거의 궤멸상태에 있었던 진보세력이 이승만정권 붕괴 후 정치의 전면에 등장하여 민주당을 비롯한 보수정치세력과 대립하게 되었다. 보수-진보 간의 정치적 갈등이 매우 심각하였는바, 강한 민족주의적 성향과 반미 정서, 그리고 평등사상을 가진 좌파세력이 보수적이고 자유민주주의 성향의 장면정부를 상대로 거의 모든 정치적 이슈를 놓고 대립하였다. 진보세력은 장면정부가 추진한 한미경제원조협정 체결, 유엔 감시하의 남북한 자유선거에 의한 통일방안, 데모 방지법과 반공 임시 특별법 등에 대해서 거리에서 격렬하게 반대운동을 펼쳤다.[7] 진보세력이 총선에서 패배하여 국회 의석을 겨우 5석밖에 차지하지 못했기 때문에 가두시위를 비롯한 비의회적인 수단을 동원한 결과, 정치적 불안이 커졌다.

진보세력과 비슷한 정치 성향을 보여준 세력이 이승만정권의 붕괴에 결정적인 역할을 한 대학생들이었다. 이들은 자신들이 기성세대와 달리 정치적 이해관계에서 벗어나 순수한 마음에서 국익을 도모할 수 있는 유일한 정치세력이라고 생각했다. 대학생들이 스스로 정치적 역할을 자임하여 과격한 방식으로 정치과정에 뛰어들었다. 국회가 소급입법이 어렵다는 이유로 이승만정권의 부정선거 관련자들에게 높은 형량으로 처벌하는 법안을 만들지 않고 계속 지연시키자, 일부 과격한 대학생들이 국회의사당을 점거하였다. 이들은 자신들이 옳다고 생각하는 것, 원하는 것을 쟁취하기 위해 1960년 4월부터 1961년 5월까지 약 1년 동안 대학생들이 51번, 고등학생들이 117번의 가두시위를 벌였다.

군부 쿠데타가 발생하기 전에 가장 민감한 정치적 이슈는 통일문제였다. 일부 대학생들이 유엔 감시하의 남북한 인구비례에 의한 자유선거를 통해 남북통일 정부를 수립하자는 정부의 통일정책에 반대하면서 새로운 대안으로 남북교류와 남북협상을 주장하였다. 쿠데타가 발생하기 3일 전인 5월 13일에 판문점에서 남북학생회담 개최를

---

7) 김용호, 「4월혁명 직후 민주화운동」, 정해구 외, 『4월혁명과 한국의 민주주의』, (4·19혁명국민문화제위원회, 2015), 67-118쪽.

지지하는 대규모 집회를 개최하였다. 이것이 통일을 향한 첫걸음이라고 주장하였다. 장면정부는 남북학생회담에 반대했지만 경찰이 대학생들을 통제하지 못했다. 동시에 북한당국이 남한의 진보세력과 대학생들의 통일운동을 부추겼으나 장면정부는 이를 차단하지 못했다. 결국 남한사회가 정치적 혼란 속에 위기로 치닫고 있었다.

장면정부는 리더십이 약하고 정치적 통제가 약했기 때문에 정치적 혼란을 해결할 수 있는 단기적인 처방이나 장기적인 희망을 국민들에게 주지 못하였다. 특히 장면정부에서 경제난이 더욱 심해졌다. 장면정부가 출범한 이후 4개월 동안 국민들의 주식인 쌀값이 60%나 올랐고, 석탄과 석유 값도 23%나 올랐다.[8] 1961년 3월과 4월, 소위 춘궁기에 많은 농민들이 끼니를 잇기가 힘들었다. 이들은 지난 가을에 추수한 농산물이 거의 바닥이 나고, 봄의 농작물은 아직도 추수할 수 없는 시기가 경제적으로 가장 힘든 시기로서 흔히 "보릿고개"라는 표현을 사용하였다. 식량난이 경제난을 더욱 부추겼다.

이런 상황에서 도시 범죄가 더욱 늘어나고 자유가 방종으로 흐르는 경향을 보였다. 이승만정권 붕괴 후 범죄가 두 배로 증가했으나 장면정부에서 범죄자를 체포한 비율은 90%에서 68%로 하락하였다. 왜냐하면 4·19혁명 이후 경찰은 지탄의 대상이 되는 바람에 제 기능을 발휘하지 못했기 때문이다. 한편 이승만정권 붕괴 후 강력한 정치적 통제가 풀리자 새로운 신문, 잡지 등이 1년 만에 세 배로 증가하여 과거 권력자의 각종 비리와 부정부패를 폭로하는 기사를 실었다. 신문과 잡지사 일부 기자들은 재벌, 관료, 군부, 경찰의 고위 간부들이

---

8)   Se-jin Kim, *The Politics of Military Revolution in Korea*, (Chapel Hill: The University of North Carolina Press, 1971), p. 29.

개입한 부정부패나 비리를 보도하지 않는 조건으로 각종 보상을 요구하였다.

이런 정치경제적 난국을 해결한다는 명분을 앞장세우고 박정희 소장을 비롯한 쿠데타 세력이 병력을 동원하여 장면정부를 무너뜨렸다. 군부가 쿠데타에 대한 합의 없이 박정희 소장의 리더십 아래 소수의 장교들이 쿠데타에 참여하였다. 김세진의 주장에 의하면 박정희 소장이 이끄는 남한파가 김동하 장군을 비롯한 주로 함경도 출신의 장교들과 동맹을 맺어 쿠데타를 감행했다.[9] 한편 장면정부에서 득세를 하고 있는 평안도파는 배제되었다. 이 외에 진급에 불만이 많은 영관급 장교들이 쿠데타에 합세하였다. 이들 영관급 장교는 쿠데타를 일으키기 3개월 전에 모든 부패한 고위 장성이 군에서 자진해서 퇴역하기를 요구하였으나 받아들여지지 않았다.[10] 오히려 영관급 장교들의 단체행동을 주도한 김종필 중령 등이 군복을 벗었다. 이것을 소위 "하극상"이라고 표현하였는데, "하극상"이란 군대의 하급자가 상급자의 권위에 도전하는 것을 의미한다.

쿠데타 세력은 처음에 다른 군 지휘관들의 저항에 부딪혀 쿠데타 세력과 반쿠데타 세력 간에 팽팽한 긴장감이 돌았다.[11] 양대 세력 간의 힘의 균형을 깨뜨린 것은 장도영 육군참모총장이었다. 그는 3개월 전에 장면정부로부터 임명을 받았기 때문에 처음에 쿠데타를 지지하는 것을 망설였으나 12시간 동안 고민한 결과, 쿠데타 지지로 돌아섰다. 김세진의 주장에 의하면 "만약 장도영이 쿠데타 지지로 돌아서지

---

9) Ibid.
10) 소위 "16인 하극상 사건"에 대한 자세한 설명은 다음을 참조. 김종필, 앞의 책, 28~33쪽.
11) 5·16쿠데타의 초기 전개과정에 대한 자세한 설명은 같은 책, 70-83쪽 참조.

않았다면 당시 한국에 주둔하고 있던 미군사령관 맥그루더(Carter M. Magruder) 대장의 요구에 따라 한국군 병력이 쿠데타군을 진압했을 것이다."[12] 비록 미군사령관이 한국군의 작전권을 가지고 있었지만 한국군 육군참모총장의 승인 없이 한국군을 동원하여 쿠데타군을 진압할 수는 없었다. 장도영 참모총장이 쿠데타 성공에 결정적인 역할을 했다.

한편 윤보선 대통령이 쿠데타를 적극적으로 저지하지 않았기 때문에 쿠데타가 성공할 수 있었다. 윤 대통령은 한국 군대가 서로 충돌하는 것을 방지하는 것이 중요하다고 판단하였다. 그리하여 윤 대통령은 쿠데타를 진압하기 위해 병력을 동원하려는 장성들의 행동을 중단하도록 요청하였다.[13] 더욱이 그가 계속 대통령직을 유지했기 때문에 군사정부가 다른 나라로부터 승인을 받는 절차가 필요 없었다. 만약 윤보선 대통령이 사임하고 새로운 대통령이 선임된 경우 새로운 국가수반에 대한 다른 나라의 승인이 필요했을 것이다. 윤보선 대통령이 쿠데타를 승인했기 때문에 한국 국민들은 물론 미국을 비롯한 우방국들이 수월하게 한국의 군사정부를 받아들였다. 윤보선 대통령 외에 정치지도자나 정당이나 사회세력이 처음부터 쿠데타를 공개적으로 지지한 경우가 매우 드물었다. 대한민국에서 처음으로 군부 쿠데타가 발생하자 정치적 불확실성이 높았기 때문에 정치인들은 대부분 자신의 정치적 생존을 우려하였다.

---

12) Se-jin Kim, op. cit., p. 95.
13) 윤보선, 『외로운 선택의 나날: 4·19와 5·16, 유신독재의 소용돌이 속에서』, (동아일보사, 1991), 32쪽.

3. 군부정권의 권력 강화

쿠데타 직후 군부는 전국에 계엄령을 선포하고 기존의 국회, 지방의회, 정당들을 모두 해산시킨 후 행정, 입법, 그리고 일부 사법권을 포함한 거의 모든 권력을 국가재건최고회의(약칭 최고회의)에 집중시켰다.[14] 이를 위해 헌법을 일시 정지시킨 후 "국가재건 비상조치법"을 선포하였는데, 이 법의 마지막 조항은 "이 법이 헌법조항에 저촉되는 경우 이 법에 따라 통치한다"고 명시하였다. 특히 최고회의가 정부의 주요 직책에 대한 임명권을 행사하도록 되어 있는바, 예컨대 3군 참모총장, 대사직, 도지사, 시장, 법관, 검찰관 임명권을 가졌다. 이에 따라 군인들이 새로 이러한 직책을 맡았다. 또 최고회의가 1518개의 행정직을 없애고 행정부를 재편하였는바, 새로 경제기획원을 설치하였다. 정부개편작업 중에서 중앙정보부의 창설은 정치적으로 매우 중대한 사건이었다. 쿠데타의 주역인 김종필이 기존의 육군 방첩대와 정보기관 등을 통합하여 국정운영에 필요한 모든 정보수집 및 조사 활동을 맡을 엘리트들을 중앙정보부에 대거 충원하였다.

최고회의가 내건 정치경제적 목표는 크게 세 가지인데, 첫째, 공산화 방지를 위해 반공 강화, 둘째, 부정부패 척결을 통한 자유민주주의 수호, 셋째, 가난을 극복하는 것이었다. 이러한 목적을 달성하기 위해 군부가 대대적인 개혁에 착수하였다.[15] 자유민주주의와 자본주

---

14) 김종필, 앞의 책, 127, 369쪽. 김종필이 "군사혁명위원회"를 "국가재건최고회의"로 명칭을 바꾼 이유는 입법, 사법, 행정을 모두 통괄하기 때문에 "최고회의"가 적합하고, 국가재건이라는 혁명의 방향을 제시해 준다고 보았다. 김종필은 이집트와 터키의 혁명사례를 집중 연구했는데, 국가재건최고회의는 이집트 나세르의 구상을 참고한 것이라고 한다.

15) 김종필은 자신이 만든 혁명공약 제1조에 "반공을 국시의 제1의로 삼고 …"를 집

의 시장경제를 존중한다는 정치적 수사와 함께 정치, 경제 사회 전반에 걸쳐 개혁을 시도하였다. 특히 쿠데타 세력은 공산주의 동조자, 부정부패, 공공기관 자금 횡령, 반국가사범, 반공법 위반, 뇌물수수, 부정선거, 비리, 내란 선동, 반혁명 등 여러 가지 이유를 들어서 정치인, 언론인, 대기업 소유자, 노동조합 지도자, 대학생 운동권 간부를 포함하여 2000여 명을 구속하였다. 이들 중에 일부는 자신의 재산을 모두 국가에 헌납한 후 풀려났다. 이 외에도 최고회의는 많은 개혁조치를 취하였는바, 화폐개혁, 농민과 어민의 부채 탕감, 4200여 명의 도시 깡패와 거지 소탕, 1573개의 언론기관 중 1230개 언론기관 폐쇄, 식당에 쌀 배급, 영화 검열, 민간인의 군대용품 불법 구입 및 사용 단속, 산아제한 기구 보급 등이었다.

최고회의는 대한민국 역사상 처음으로 경제개발 5개년(1962-1966년) 계획을 본격적으로 실시하였다. 이 5개년 계획의 향후 목표는 매년 7.1%의 경제성장을 통해 5년 후에는 국민총생산(GNP)을 40.7% 증가시키는 것이었다. 이를 위해 정부가 전체 산업투자의 53%를 충당하도록 되어 있는바, 산업화를 위한 정부의 역할을 크게 높였다. 수출 대체산업 육성 외에 정부의 보조금 지급을 통한 수출 장려정책도 마련하였다. 최고회의는 이러한 경제개발계획을 추진하는 데 민간 엘리트들을 활용하였다. 예컨대 최고회의는 모든 장관을 군인으로 임명했으나 경제기획원 장관에는 민간인 출신 김유택을 임명하였다. 그리고 최근 미국에서 경제학을 전공한 젊은 엘리트들을 충원하였다. 이러한 개혁조치를 추진하면서 동시에 최고회의는 국내, 해외에서 지

어넣었다. 이것은 쿠데타의 최고지도자 박정희의 과거 전력 때문에 공산주의라는 의심을 받고 있었는데, 이를 해소하기 위한 것이라고 증언했다. 같은 책, 25쪽.

지를 얻기 위해 대대적인 홍보활동을 펼쳤다. 최고회의는 《주간 새 나라》를 1500만 부 발행하여 도시와 농촌 주민들에게 싼값으로 제공하였는데, 이 잡지에는 농업, 최신 뉴스, 최고회의의 업적 등을 담았다. 그리고 국정 목표, 반공 슬로건, 박정희의 연설문, 정부 업적 등을 소개하는 팜플렛을 만들어 무료로 나누어주었다. 또 해외 홍보를 위해 월간 《코리아 리포트(Korea Report)》를 영어, 불어, 서반아어, 독어, 일어로 만들어 주요 국가의 정부나 교육기관에 무료로 배부하였다. 이 외에도 수천부의 책과 잡지(Korea Moves Ahead, Military Revolution in Korea, The Revolution in Korea, News from Korea, Korea at a Glance, Facts about Korea) 등을 만들어 해외에 배부하였다.[16] 이러한 홍보활동이 새로운 군부지도자와 정부를 널리 알리고, 군사정부에 대한 이해와 지지를 유도하는 데 기여하였다. 그리하여 쿠데타 직후의 군사정부에 대한 높은 반감이 점차 줄어들고 국내와 해외에서 군사정부의 이미지가 점차 좋아졌다.

이러한 군사정부의 업적에도 불구하고 군인들이 힘으로 민간정부를 내쫓고 권력을 장악했다는 "출생 결함(birth defect)"을 완전히 해소하기 어려웠다. 비록 민간정부의 정치적 리더십이 부족하였고, 군사정부의 목표가 아무리 고상하다 하더라도 군사정부의 정통성에 대해 국내와 해외의 의심과 부정적인 평가가 남아 있었다. 이러한 불신을 해소하기 위해 군사정부 지도자들은 자신들의 개혁이 완수되는 대로 병영으로 돌아갈 것을 약속하였다. 6개 항의 혁명공약 중 마지막 조항에서 "우리의 과업이 성취되면 참신하고도 양심적인 정치인들에게 언제든지 정권을 이양하고 우리들 본연의 임무에 복귀할 준비를 갖춘

---

16)   Se-jin Kim, op. cit, p. 110.

다"라고 천명하였다.[17] 최고회의는 전국의 모든 초, 중, 고등학생들이 이 혁명공약 전문을 외우고 낭독하도록 명령하고, 신문, 방송은 물론 모든 간행물의 마지막 장에 혁명공약을 인쇄하도록 지시하였다. 쿠데타 발생 3개월 후에 최고회의는 "앞으로 2년 이내에 민간정부가 들어서도록 하겠다"고 약속하였다. 1961년 8월, 최고회의 의장 박정희 대장이 민정이양계획을 발표하였다. 1963년 3월에 새로운 헌법에 대한 국민투표를 거쳐 5월에 민간정부에 정권을 이양하겠다고 천명하였다. 이러한 약속은 한국의 군사정부와 미국 간의 정치적 타협의 산물이었다. 일부 쿠데타 지도자들은 2년 이상 군정이 필요하다는 것을 주장했지만, 미국의 케네디행정부는 한국의 군사정부에 조속한 시일 내에 민간인에게 정권을 이양하라고 압력을 넣었다. 한국정부 예산의 3분의 2 이상을 미국 원조에 의존하고 있었기 때문에 최고회의는 미국의 정치적 요구를 수용하지 않을 수 없었다. 앞에서 설명한 것처럼 한국의 군사정부는 빈곤 해소를 위한 경제개발 5개년 계획을 추진하는 등 매우 야심찬 개혁 목표를 가지고 있었기 때문에 2년 만에 이러한 목표를 달성하는 것은 불가능하였다. 따라서 일부 쿠데타 세력은 약속과 달리 계속집권을 위한 구상과 계획을 비밀리에 추진하였다. 다음 절에서 이러한 계획을 자세히 설명하고자 한다.

---

17) 김종필은 이 조항을 박정희 장군이 추가했다고 증언하고 있다. 김종필, 앞의 책, 65쪽.

제2절 민주공화당의 사전조직, 1962

5·16세력은 2년 이내에 군에 복귀하겠다고 공식적으로 약속했으나 박정희-김종필계는 계속집권을 위한 준비를 비밀리에 추진하였다. 2년간의 군정 이후 군인들이 민정에 참여하기 위해서 비밀리에 군인정당을 만드는 작업에 착수하였다. 이 절에서 군인정당 창당을 위한 준비작업에 대해 심층적으로 분석하고자 한다. 군인들이 2년간의 군정 이후에 어떤 정당을 만들려고 했는지, 그리고 어떤 정당체제를 수립하려고 했는지를 자세하게 분석하였다.

1. 박정희-김종필계의 정치적 부상

5·16 직후 출범한 군사정부는 군부 내 여러 계파들의 느슨한 정치연합이었다. 군사정부에 참여한 군인들은 군대 배경, 군 경력, 지연, 학연, 혈연 등을 중심으로 다양한 계파를 형성하였다. 각 계파는 자신들의 권력을 확대하고 자신들이 원하는 방향으로 개혁을 추진하기 위해 서로 경쟁하였다. 그런데 군인들이 눈앞의 이해관계에 따라 하나의 계파에만 머물러 있지 않았기 때문에 군부 내 파벌이 안정적이지 못했다. 5·16 직후 혁명의 실질적인 지도자인 박정희 소장은 국가재건최고회의를 출범시키면서 당시 육군참모총장인 장도영을 의장으로 모셨다. 장 의장은 의장직 외에 내각수반, 국방장관, 육군참모총장, 계엄사령관이라는 네 개의 직책을 동시에 수행하였다. 박 소장은 군부의 단결을 위해 장 의장이 필요했다. 그런데 군사정부를 운영하면서 장 의장은 혁명동지들과 충돌이 잦았다. 특히 장 의장은 쿠데타 모의에 참가하지 않았기 때문에 5·16에 대한 열정이 적어서 군정

의 개혁조치에 미온적이었고 군정기간도 될수록 짧게 하는 것을 원하였다.[18] 예컨대 장 의장은 1년 반 정도의 군정기간을 원했지만 혁명동지들은 이보다 훨씬 더 긴 군정을 옹호하였다. 박정희 소장을 비롯한 쿠데타 동지들이 개혁을 추진하는 데 장도영 의장이 방해가 되자, 이들은 장 의장의 권력을 약화시키기 위해 그가 가진 다섯 개의 직책 중 세 개의 직책을 박탈하려고 하였다. 결국 5·16이 발발한 지 6주가 지난 1961년 7월에 장 의장을 비롯한 44명의 군부 고위급 인사들이 반혁명 혐의로 체포되었다.[19] 박정희의 심복인 김종필 중앙정보부장이 장도영계를 군사정부에서 몰아내는 데 결정적인 역할을 하였다.

이 사건 직후 박정희는 최고회의 의장직을 맡았고, 다른 군인들이 남은 직책을 맡았는데 합참의장인 김종오 대장이 육군참모총장직을 겸임했고, 예비역 육군대장인 송요찬과 박병권이 각각 내각수반과 국방장관직을 맡았다. 박 의장에 대한 이들의 지지는 군부의 단합에 중요한 역할을 하였다. 장도영사건 직후 박 의장은 김종필의 도움을 얻어 자신의 권력을 강화하기 시작했다. 박정희와 김종필은 공통의 이념보다 혈연관계와 공동의 이익으로 뭉쳤는바, 양자는 자신들의 정치적 야심을 달성하려면 서로 상대방이 필요했다. 박정희는 44세로서 당시 군부 내에서는 비교적 나이가 많은 편이고, 또 만주군관학교와 일본 육군사관학교를 졸업했기 때문에 군부 내에 많은 추종자를 거느리고 있었다. 더욱이 박 의장은 군부 내에서 "올바르고, 똑똑하며 부패하지 않은 깨끗한 장성"이라는 이미지를 가지고 있었다. 그렇지만 박 의장은 자신의 명령을 수행할 수 있는 젊은 장교들이 필요

---

18) 1961년 5월 31일, 장도영은 AP통신과 기자회견을 통해 1961년 8월 15일을 전후해 민정이양을 할 수 있다는 취지의 발언을 하였다. 같은 책, 141쪽.

19) 장도영 제거과정에 대한 자세한 설명은 같은 책, 140-147쪽 참조.

했다. 김종필이 이러한 일을 하는 데 적임자였다. 한편 김종필은 자신의 정치적 야심을 달성하려면 군대는 물론 일반대중으로부터 존경받는 고위 장성을 앞장세울 필요가 있었다. 김종필은 1949년부터 육군정보국에서 박정희와 함께 일한 적이 있고, 더욱이 박정희의 형, 박상희의 딸과 결혼하였다. 김종필은 이미 쿠데타를 성공시켜 군사정부를 출범시키는 데 결정적 역할을 함으로써 영관급 장교 중에서 가장 뛰어난 능력을 보여주었다. 당시 김종필은 35세로서 서울대학교 사범대학 중퇴 후 육사에 입학하여 1949년에 8기생으로 졸업하였다. 김종필은 매우 영리하고 언변이 뛰어난 데다가 아이디어가 많았으며 쿠데타에 민간인들을 동원함으로써 이들과 강한 유대를 가지고 있었다. 김종필은 지난 10여 년간 육군본부 정보국에 근무하면서 군인들은 물론 민간인들의 정치적 네트워크를 잘 파악하고 있었다. 더욱이 김종필은 박정희 의장의 지지 아래 중앙정보부를 만들어 정치, 군사, 해외 부문을 포함해 국정 전반에 걸친 정보수집과 함께 주요 정책을 집행하는 데 막강한 권한을 행사하고 있었다.

그런데 박정희-김종필계는 광범위한 인적 네트워크를 가지고 있었는바, 주로 남한 출신의 군부지도자와 육사 8기생들이었다. 쿠데타 후 박정희-김종필계는 더 많은 군인들과 민간인들을 끌어들여 네트워크를 확대해 나갔다. 특히 김종필은 김용태를 통해 민간인 지지자를 모았고, 육사 동기생인 이영근을 통해 군인들의 지지를 확대해 나갔다. 김용태는 김종필과 같은 충청도 출신으로 오랜 친구이자, 쿠데타에 가담한 소수의 민간인 중 한 명으로 중앙정보부 고문의 직책을 맡아 서울 시내에 사무실을 개설하고 민간인들을 포섭하였다. 한편 이영근은 김종필의 육사 동기로서 육군본부 정보국에서 오랫동안 김종필과 함께 일했으며 군사정부 출범과 함께 중앙정보부 차장으로 일하면서 나중에 군인정당에서 일할 민간인들을 포섭하였다.

2. 군부의 민정참여를 위한 김종필 플랜

1961년 8월 12일, 박정희 최고회의의장이 특별성명을 발표했다. 1963년 3월 이전에 새 헌법을 공포하고, 5월에 총선거를 치러 1963년 여름까지 정권을 민간정치인들에게 넘긴다는 것이었다. 이 발표를 들은 국민들은 혁명공약대로 2년 내에 정권을 민간인에게 이양할 것으로 믿었다. 그러나 박 의장의 특별성명 발표 직후 김종필은 군정 이후 계속집권 방안을 모색하였다. 비록 박 의장이 구체적인 가이드라인을 제시하지 않았지만 박-김 양자는 적어도 부패하고 사익만을 추구하는 구정치인들에게 권력을 맡겨서는 안 된다는 인식을 공유하고 있었다. 만약 구정치인들이 권력을 잡아서 구태의연한 행동을 계속하는 경우, 자신들의 혁명적인 개혁이 아무 소용없게 될 것을 우려하였다. 김종필은 석정선 중앙정보부 제2국장과 강성원 행정관을 불러 민정이양 뒤에도 구정치인이 아닌 깨끗하고 유능한 정치세력이 정권을 잡아 혁명과업을 승계할 수 있는 방안을 연구해 보라고 지시했다.[20] 2개월이 지난 1961년 10월 말, 석정선 국장이 김종필 정보부장에게 보고서를 제출하였다. 중앙정보부 정책연구실 연구위원인 윤천주 고려대 교수와 김성희 서울대 교수 등이 짜낸 안이었다.[21] "구정

---

20) 「김종필 증언」, 《중앙일보》, 2015년 5월 15일자, 6면.
21) 당시 정책연구실에 최규하, 김정렴, 김학렬 등 관료 출신과 윤천주, 김성희, 강상운을 비롯한 지식인 23명이 참여했다. 김종필, 앞의 책, 137쪽. 최규하는 나중에 외무부장관을 거쳐 총리가 된 후, 박정희 사후 대통령이 되었고, 김정렴은 상공부장관과 재무부장관을 거쳐 대통령 비서실장을 역임했고, 김학렬은 경제기획원 장관을 지냈다.

치인의 집권을 막으려면 혁명주체세력이 정권을 잡아야 하고, 그러기 위해서는 신당을 만들어야 한다"는 내용이었다. 김종필이 보고서 표지에 "8·15계획서"라고 제목을 직접 붙였다.[22] "8·15계획서"라고 명명한 이유는 1963년 8월 15일까지 새 정권을 출범시키려는 구상이었기 때문이다. 이것이 나중에 "8·15계획서" 또는 "김종필 플랜"으로 알려진 군부의 계속집권 계획이었다. 당시 정책연구실의 전문가들은 처음에 군정 이후 박정희 의장에게 정권을 통제할 수 있는 특별한 지위를 부여하려고 했으나 여의치 않았다.[23] 왜냐하면 민간정부가 박 의장에게 이런 특별한 지위를 보장하지 않을 것으로 판단했다. 이들은 이런 조치가 일반대중의 저항과 함께 미국의 강력한 반대에 부딪힐 것으로 예상하였다. 이들의 최종 결론은 군인들이 참여할 수 있는 정당을 만들어 선거에 나가 승리함으로써 군정을 "민간화"하여 혁명과업을 계속 추진할 수 있을 것으로 판단했다. 중앙정보부의 비호 아래 활동하고 있었던 전문가들은 군인들이 군복을 벗고 선거에 나가 승리하는 방안으로 새로운 헌법의 도입과 함께 여러 가지 정치적 장치를 고안하였다.

군부의 계속집권을 위한 종합적인 계획의 핵심은 첫째, 혁명과업을 완수하기 위해 군인들이 대선과 총선에 나가 승리해야 한다. 둘째, 유권자의 광범위한 지지를 얻을 수 있는 군인정당을 만들어야 한다. 셋째, 정치에 때 묻지 않은 민간 엘리트들을 충원하여 협조를 얻어야 한다. 넷째, 선거에서 구정치인들의 정치적 도전을 물리쳐야 한다. 마지

---

22) 같은 책, 179쪽.

23) C. I. Eugene Kim, "The Third Republic and the DRP." C. I. Eugene Kim and Young Whan Kihl, (eds.), *Party Politics and Elections in Korea*, (Silver Spring, Md.: The Research Institute on Korean Affairs, 1976), pp. 19-34.

막으로 이러한 목적을 달성할 수 있도록 새로운 헌법과 선거제도를 도입해야 한다. 1961년 12월 말에 김종필이 박 의장을 찾아가 "8·15 계획"을 보고하면서 "민정이양에 대비해 신당을 만들어야 한다"고 말하자, 박 의장은 "그걸 어떻게 벌써 만드느냐"고 반문하였다.[24] 그때까지 박 의장은 당을 만들어야 한다는 생각이 없었다. 김종필은 "벌써가 아니라 빨리 만들어야 합니다. 비난이 들어올 게 뻔한데, 각하께서는 모르는 것으로 하십시오. 최고위원들에게도 알리지 않겠습니다"고 설득했다. 결국 박 의장이 승인함으로써 김종필은 1962년 1월부터 차근차근 비밀리에 이 계획을 실천해 나갔다.

그런데 쿠데타를 준비하는 과정에서는, 군정 이후 군인들의 정치적 역할에 대해 박정희와 김종필의 의견이 달랐다. 박 의장은 군정 이후 군인들이 병영으로 돌아갈 생각을 하고 있었기 때문에 김종필이 작성한 혁명공약에 추가하여 군인들이 혁명과업 완수 후 민간인에게 정권을 이양한다는 조항을 마지막에 덧붙였다.[25] 이와 대조적으로 김종필은 처음부터 군정 이후에도 정치를 계속할 생각을 가지고 있었다. 박 의장이 마음을 바꾸어 김종필의 계획을 지지하였고, 후자는 군정 이후 군인들의 정치참여를 위한 준비를 신바람 나게 진행하였다. 양자 간의 이러한 정치적 견해 차이로 인해 1963년 민주공화당 창당과정에서 박정희와 김종필의 행동이 다르게 나타났다. 박정희가 군복을 벗고 선거에 나갈 것을 선언했을 때, 일부 군인들과 민간정치인들이 결사적으로 반대하자, 그는 일시적으로 민정불참을 선언했다. 그러나 김종필은 시종일관 군인들의 정치참여를 강력히 밀고 나갔다.

---

24) Ibid.
25) 오효진, 「비화 5·16」, 《월간 조선》, 1986년 11월호, 176쪽.

그리고 "8·15계획"이 거의 마무리되어 1962년 12월 국가재건최고 회의에 보고하기 이전에는 철저히 비밀이 유지되었다. 비록 계엄령하 이지만 박정희-김종필계가 전국의 정치 엘리트들을 충원하는 작업의 비밀이 유지되었다는 것은 매우 놀라운 일이다. 중앙정보부에서 일하 는 박정희-김종필계의 핵심들만이 이 계획을 알고 있었고, 국가재건 최고회의도 모르고 있었다. 특히 이 작업이 혁명공약을 위반한 것이 기 때문에 김종필팀은 철저히 비밀을 유지하였다. 그러나 1963년 초 에 군인들의 계속집권을 위해 비밀리에 조직한 정당이 공개적으로 창 당을 시작하자 군인들과 정치인은 물론 미국 정부의 강한 반대에 부 딪혔다.

3. 군부의 패권정당 수립을 위한 사전 준비

박정희 의장의 승인 아래 김종필 중앙정보부장의 주도로 군부의 계속집권을 위한 첫 번째 준비작업은 관제여당을 만들기 위해 "재건 동지회"라는 비밀결사를 조직하는 것이었다. 1962년 1월 말, 종로2 가 뒷골목 제일전당포 빌딩에 "동양화학주식회사"라는 간판을 내걸 고 중앙정보부 차장 이영근 소령, 강성원 행정관을 비롯한 5명의 보 좌관, 그리고 3명의 소령과 2명의 대위가 특별팀이 되어서 "재건동지 회" 민간인 충원에 나섰다.[26] 이들은 과거 정치에 관여하지 않았던 대 학교수, 변호사, 언론인, 사회사업가, 관료, 기업인 중에서 5·16 군사 혁명에 동조하는 젊은 사람을 중심으로 엄격한 심사를 거쳐 충원하

---

26) 김종필, 앞의 책, 180쪽. 공화당 사전조직의 비밀 모임을 "재건동지회"로 명명하 였다.

였다.[27] 기성 정치인들은 이미 부정부패에 물들어 있어서 혁명과업을 수행할 자격이 없다는 인식 아래 완전히 배제되었다. 이영근팀이 인명록 등을 참고하여 접촉대상자를 선정한 후 여섯 가지 기준을 정해서 선별하였다. 첫째, 군사혁명에 대해 강한 지지를 보내는 자, 둘째, 철저한 반공주의자, 셋째, 교육수준이 높은 자, 넷째, 참신하고 강한 의지를 가진 자, 다섯째, 사회적 명성이 높고 리더십이 있는 자, 마지막으로 가정생활과 친구관계가 건전한 자를 뽑았다. 이영근팀은 접촉대상자의 친인척과 친구들을 통해 정보를 수집하여 그 사람의 적합성을 판단하였다. 1962년 1월 말경 약 50명의 후보를 선정하였다. 처음에 김종필이 직접 민간인들을 만나 비밀결사체인 "재건동지회"에 참여할 것을 권유하였다. 김종필이 직접 충원한 인사들은 서인석《뉴욕타임스》기자, 이호범 국민대 강사, 황성모 서울대 교수, 이용만 대학강사 등이었다. 그리고 시도지부 책임자로는 서울 김홍식, 부산 예춘호, 경기 이영호, 강원 이우영, 충북 정태성, 충남 정인권, 전북 박노준, 전남 최정기, 경북 김호칠, 경남 박규상, 제주 이승택 등을 충원하였다.[28] 재건동지회는 1962년 3월까지 중앙에 약 120명을 충원한 후 나중에 11개 시도지부에서 평균 20명, 그리고 131개 선거구별로 평균 여섯 명씩 충원하여 1962년 8월경에는 모두 약 1200명으로 늘어났다. 이들이 나중에 민주공화당의 핵심 엘리트가 되었다. 한편 전국적으로 민간인 충원이 끝난 후 재건동지회에 참여할 저명인사 섭외에 착수하였는데, 이때 충원된 인사가 윤일선 전 서울대 총장, 김성진 전 서울

---

27) 당시 중정 산하의 특별팀은 나중에 정책연구실, 대외문제연구소 등으로 밝혀졌고, 위치는 회현동, 청파동 등이었다. 김영수, 「민주공화당 사전조직」, 《신동아》, 1964년 11월호, 173쪽.
28) 같은 곳.

대 의대 교수, 최규남 전 서울대 총장, 윤치영 전 국회의원 등이었다. 1962년 말에 김종필팀은 군인정당을 위한 전국적인 인적 네트워크를 완성하였다.

대부분의 민간인들이 군인들의 제안을 받아들였기 때문에 민간인 충원과정은 비교적 쉽게 진행되었다. 나중에 알려진 바에 의하면 처음에 70여 명의 후보 중에서 단지 일곱 명만이 재건동지회에 참여하는 것을 거절하였는데, 이들이 거절한 이유는 정확하게 알려지지 않았다. 비록 계엄령이 발효된 상태였지만 군인들은 강압적인 방법 대신 인센티브 위주로 민간인을 충원하였다. 예컨대 재건동지회에 참여하는 경우, 군정 이후 정부에서 중요한 역할을 맡을 수 있을 것으로 기대하였다. 사실 많은 민간 엘리트들이 부패하고 무능한 구정치인들을 교체해야 한다는 김종필의 "세대교체론"에 동조하였다. 이들은 부패와 구악에 물든 구정치인들을 몰아내어 정치권의 세대교체를 이룩하고, 조국 근대화와 새로운 정치질서의 창출을 위해 헌신할 것을 약속하였다. 이들 민간 엘리트는 재건동지회를 통해 자신의 포부를 펼칠 수 있는 기회를 잡을 수 있다고 믿었다. 이들 대부분은 변화를 갈망하였고, 나라의 정치경제체제를 개혁해야 한다고 믿었다. 특히 군정 이후에 정당 발전과 산업화가 필요하다고 주장하였다. 비록 군부 쿠데타로 민주주의가 일시적으로 후퇴했지만 5·16 군부 권위주의세력의 후원 아래 장차 민주정부로 복귀할 것을 기대했다. 요약건대 군인들은 권력 연장을 위해 민간인들의 도움이 필요했고, 민간인들은 자신들의 포부를 실현하기 위해 군부가 필요했다. 결국 양자가 서로 상부상조하는 관계가 형성된 것이다. 김종필과 그 측근들은 이들의 활동을 뒷받침하기 위해 증권시장 개입 등을 통해 부당한 이익을 챙겨 정치자금을 마련하였다.[29] 1963년에 군부의 민정참여 여부를 둘러

표 2 재건동지회 조직과 참여자

부서	책임자	참가자	인원수
조직발전부	이호범	박동윤, 손희식, 소두영 등	6명
조직부	강성원	황성모, 이용남 등	11명
조사부	서인석	장용, 이동영, 소두영, 손희식 등	25명
총무부	정지원	박동섭, 김창근, 이호범, 이윤영 등	25명
교육원	윤천주	김성희, 강상운, 이영근, 강성원, 서인석, 예춘호 등	10명

주: 일부 인사는 2개 이상의 부서에 소속된 것으로 보인다.
출처: 김영수, 「민주공화당 사전조직」, 《신동아》, 1964년 11월호, 174-175, 178, 183쪽.

싸고 권력투쟁이 전개되면서 이러한 불법 정치자금 모금이 폭로되어 정치적 위기를 맞았다.

박정희-김종필계는 엄청난 자금을 확보한 후 자신들의 계속집권 계획을 비밀리에 실천해 나갔다. 1962년 3월 재건동지회는 3개 부서 (조직부, 조사부, 총무부)로 나누어 활동하다가 추가로 교육원과 조직발전부, 홍보부를 설치하였다. 이러한 조직들이 어떻게 구성되었고, 어떻게 활동하였는지에 대해서는 자세히 알려져 있지 않다. 아마도 각 부서가 비밀을 유지하기 위해 별도의 사무실을 사용한 것으로 보인다. 그런데 표 2에서 보는 것처럼 여러 부서의 구성원들이 서로 겹치는 경우가 있다. 이 중에서 아마 조직발전부가 핵심부서 역할을 한 것으로 보이지만 각 부서가 어떻게 서로 협력했는지, 그리고 중앙정보부의 여러 부서들이 이들과 어떻게 협력했는지에 대해서는 알 수가 없다.

---

29) Chong-Sik Lee, *Japan and Korea: The Political Dimension*, (Stanford, Hoover Institution Press, 1985), pp. 50-51. 김종필 반대파가 1963년에 이 사건을 폭로하였다. 《동아일보》는 이 사건을 1982년 2월 19-28일자에 「고도성장의 드라마: 증권파동」에서 8회에 걸쳐 상세히 다루었다.

그런데 박정희-김종필계는 매우 강력하고 기율이 높은 정당을 만들기 위해 민간인 출신 당 간부 예비후보들을 교육시켰다. 1962년 4월, 서울 종로구 낙원동 춘추장에 재건동지회가 당원 교육원을 비밀리에 개설하였다. 재건동지회는 1962년 4월부터 1주일 단위로 10명 내지 40명씩 핵심 당 간부 후보에 대한 비밀교육을 실시한 결과, 1962년 말에 1000여 명이 교육을 마쳤다. 나중에 이들은 민주공화당의 중앙과 지방의 사무국 요원으로 충원되었다. 군부지도자 외에 대학교수, 언론인 등이 이들을 대상으로 "5·16 군사혁명의 정신", "한국정치 분석", "정당론", "신당의 조직 원리" 등을 교육시켰다. 그동안 김종필이 박 의장에게 창당 작업을 하고 있는 요원들의 사기 진작을 위해 춘추장 방문을 여러 차례 권유했으나 성사되지 않다가, 1962년 8월 하순, 박정희 의장이 처음으로 춘추장을 방문하였다. 그간 박 의장은 김종필 정보부장으로부터 창당 작업을 소상히 보고받았으나 박 의장은 의심스러운 표정으로 "누가 하는 거냐, 어떻게 하는 거냐" 등 의문만을 제기하였다.[30] 춘추장에서 박 의장이 윤천주, 김성희 교수 등으로부터 당 규약 작성과 운영 방향에 대해 설명을 듣고 처음으로 긍정적인 반응을 보였다. 특히 유능한 사람들이 모여 창당 작업이 이루어지고 있다는 인상을 받은 결과, 박 의장이 이들을 격려했다. 김종필은 박정희를 대통령으로 만들기 위해 신당을 창당한다는 신념이 매우 강했다.[31]

재건동지회의 두 번째 과제는 신당의 조직, 당헌, 당규, 정강정책, 선거공약 등을 마련하는 것이었다. 1962년 5월 조직발전부는 강력한 사무국 중심체제의 정당조직을 구상하였다. 당 사무국은 중앙-시도

---

30) 김종필, 앞의 책, 181쪽.
31) 같은 책, 183쪽.

지부-지구당에 설치하고, 사무국 직원은 모두 중앙에서 임명하고, 당 사무국이 인사, 재정, 공천 등을 모두 책임지도록 하였다. 나중에 이러한 사무국조직은 당 소속 국회의원들의 도전을 받았다. 후자가 반발한 이유는 유권자로부터 선출된 자들이 당 사무국의 지휘를 받을 수 없다고 주장했기 때문이다. 한편 재건동지회는 당헌, 당규, 정강정책, 선거공약을 개발했으나 당시 비밀조직이었기 때문에 일반 유권자들에게 알릴 기회는 없었다. 또 비밀리에 충원된 인사들이 함께 모여 이러한 당헌, 당규, 정강정책을 논의할 기회도 없었다. 재건동지회에 참여한 전문가들이 자기에게 주어진 과제만을 완성한 후 상관에게 올리면 군인들을 포함한 핵심인사들이 최종적으로 종합하였다. 이들은 신당의 정강정책을 만들면서 재건동지회에 참여한 민간인과 군인들을 결속시켜 주고 일반 국민들의 호응을 얻을 수 있는 방안을 고심하였다. 이를 위해 이들은 "조국 근대화, 빈곤 퇴치, 부정부패 척결, 새로운 정치질서 구축" 등을 내세웠다. 이들은 신당이 혁명과업을 계승하여 조국의 근대화를 이룩하여 진정한 민주주의를 실현할 것을 약속하였다. 특히 이들은 신당이 군정 이후 정부의 통치과정에서 핵심적인 역할을 하도록 기대하였다. 신당의 이러한 정강정책은 한국의 다른 정당과 특별히 다른 점이 없었는데, 특히 노동자나 농민 또는 일부 사회계층이나 집단을 대표하는 것이 아니라 모든 유권자의 이익을 대변할 것이라는 점에서 포괄정당(catch-all)적 성격을 가졌다고 할 수 있다. 그런데 서구에서는 부르주아 정당과 사회주의 정당들이 각각 기독교 중산층과 노동자 계층만으로 선거에 이길 수 없어서 점차 이데올로기적 순수성을 버리고 모든 유권자의 지지를 얻기 위해 포괄정당화되었으나 우리나라 정당은 이런 단계를 거치지 않고 유권자 모두를 대변하는 국민정당을 표방하였기 때문에 이념적 뿌리가 약했다.

4. 패권정당 수립을 위한 군부의 새로운 정치제도 도입: 정치활동정화법, 정당법, 혼합선거제도

신당 창당을 비밀리에 추진한 재건동지회는 군정 이후 신당이 패권 정당이 될 수 있도록 여러 가지 새로운 정치제도를 고안한 후 국가재 건최고회의를 통해 도입하였다. 우선 다가오는 선거에서 구정치인들의 정치적 도전을 막기 위해 그들의 공민권을 제한하는 정치활동정화 법을 도입하였다. 군정의 계엄령 통치하에서 모든 정치활동이 금지되어 있어서 민간정치세력은 동면상태였다. 1962년 3월 최고회의가 "정 치활동을 정화하고 참신한 정치풍토를 확립"하는 것을 명분으로 내 세워 정치활동정화법을 제정하여 민간정치인들의 공민권을 향후 6년 간 제한하는 조치를 취했을 때 민간정치인들은 속수무책이었다. 이 법은 소급입법이어서 위헌적인 요소가 있었으나 군정이 사법부를 장 악하고 있어서 민간정치인들이 사법부에 호소할 수 없었다. 이 조치 는 장차 군부의 계속집권을 위해 민간정치인들의 손발을 묶어놓으려 는 것이어서 민간정치인들에게는 치명적인 것이었다.

최고회의는 처음에 4374명의 명단을 발표하고, 15일 이내에 재심 을 청구하도록 공포하였다. 윤보선 대통령을 제외한 거의 모든 정치 인이 포함되었다고 해도 과언이 아니었다. 2958명이 재심청구한 결과 최종적으로 1336명이 풀려나고 3035명이 공민권을 박탈당하였다. 표 3에서 보는 것처럼 자유당계 정치인들이 가장 많았다. 자유당의 집권 기간이 12년이었기 때문에 대상자가 가장 많을 수밖에 없었다. 그런 데 자유당계는 재심청구 심사과정에서 70.3%가 구제를 받았고, 혁신 정당을 비롯한 군소 정당이 겨우 10.4%라는 가장 저조한 비율로 구제 를 받는데, 그 이유는 용공세력을 제거하는 것이 군정의 가장 중요

표 3 정치활동정화법 대상자, 재심청구자, 구제받은 자, 최종 대상자

분류	구분	대상자	재심 신청자 (1)	구제받은 자 (2)	최종 대상자	(2)/(1) (%)
국회의원 및 정치인	자유당계	1253	963	677	576	70.3%
	민주당 구파	651	497	194	457	39.0%
	민주당 신파	798	503	209	589	41.5%
	군소 정당	372	144	15	357	10.4%
	무소속	295	167	30	265	18.0%
	지방의회	444	380	154	290	56.2%
	기타	399	214	19	380	8.1%
	소계	4212	2868	1298	2914	45.3%
관료 및 기타	각료	15	7	5	10	71.4%
	시도지사	25	16	9	16	41.5%
	공기업	37	28	21	16	75.0%
	부정축재자	32	23	0	32	0%
	반혁명분자	50	16	3	47	18.2%
	소계	159	90	38	121	42.2%
총계		4371*	2958	1336	3035	45.2%

출처: 김홍기, 「제3공화국의 이정표」, 《신사조(新思潮)》, 1962년 11월호, 46쪽.
* 최고회의 발표는 4374명이었으나 세 명이 사망 등으로 인해 자료에 포함되지 않음.

한 과업이었기 때문이다. 재심청구 심사 결과 최종적으로 민주당 신파가 589명으로 가장 많이 공민권을 박탈당하였는바, 5·16으로 정권을 잃은 민주당 신파가 다시 한 번 정치적 타격을 입었다. 한편 비정치인 중에서 각료와 공기업이 가장 많이 구제를 받았고, 부정축재자의 경우 한 명도 구제를 받지 못하였다.

한편 박정희-김종필계는 장차 관제여당(나중에 민주공화당으로 명명)을 패권정당으로 만들기 위해 여러 가지 제도적 장치를 도입하였다. 최고회의를 통해 헌법을 개정하고 선거제도를 고치는 한편 우리나

라 최초로 정당법을 도입하였다. 2공화국의 내각제를 대통령제로 환원하였는바, 패권정당의 열망을 가진 재건동지회는 군정 이후에 강력한 대통령-강력한 정당을 바탕으로 새로운 정치질서를 만들어내려고 구상하였다. 그리고 2공화국의 양원제를 단원제로 바꾸고, 국회의원 소선거구 의석을 233개에서 131개로 줄이고, 새로 비례대표 의석을 만들어 44개를 추가함으로써 의원 총수를 175명으로 줄였다. 우리나라 역사상 처음으로 비례대표제를 도입하였는데, 그 명분은 사회 각 분야의 다양한 의견을 반영할 수 있는 직능대표 기능을 향상시키는 것이었다. 그러나 그 이면에는 선거구 지지기반이 약한 군부출신 지도자들을 비례대표로 국회에 진출시키려는 의도가 숨어 있었다. 특히 실향민 출신 군부지도자들을 위한 것이었다.[32] 이들의 고향이 북한이기 때문에 남한의 지역구에서 당선되기 어려웠기 때문이다. 그리고 비례대표 의석배분방식도 관제여당에 유리하게 만들어졌는바, 원내 안정세력 구축이라는 명분 아래 제1당의 득표율이 50%가 되지 않더라도 무조건 비례대표 의석의 절반을 차지하도록 고안하였다.

한편 최고회의는 우리나라 헌정사상 처음으로 정당법을 제정하여 정당에 대한 규제를 강화하였다. 예를 들면 전체 지구당 131개 중 3분의 1 이상이 만들어져야 선관위에 정당 등록을 할 수 있고, 또 각 지구당은 50명 이상의 당원이 있어야 창당할 수 있게 되었다. 따라서 2200여 명 이상의 당원을 충원해야 선관위에 창당 신고가 가능했다. 더욱이 무소속 출마를 금지함으로써 정당의 중요성이 높아졌고, 또 득표율이 5% 이하이거나 지역구 의석이 3석 미만인 군소 정당의 경우 비례대표 의석 배분에서 제외되었다. 이렇게 정당에 대한 규제를 강화

---

32)   같은 책, 189쪽.

한 정치적 명분은 정당의 난립을 방지한다는 것이었으나, 결국 정당 통제를 통해 관제여당을 패권정당으로 만들려는 야망을 담고 있었다.

5. 1962년 헌법개정

이미 설명한 것처럼 김종필 플랜에는 군정 이후 새로운 정치질서를 구축하기 위한 헌법개정이 포함되어 있었다. 군인들의 민정참여를 위한 창당 작업은 비밀리에 진행되었지만 개헌 작업은 공개리에 진행되었다.[33] 1962년 7월 국가재건최고회의는 개헌자문위원회를 설치하고 위원장에 이주일 최고회의 부의장을 임명하였다. 그러나 거의 모든 회의를 최고회의 운영위원이었던 이석제와 길재호가 주관하였고, 대학교수를 비롯한 헌법전문가 20여 명이 이들을 도왔다. 이 위원회의 3분의 1 정도가 김종필 플랜을 알고 있었을 것으로 추측하지만, 재건동지회가 어떻게 개헌과정에 개입했는지를 알 수 있는 자료나 정보를 발견할 수 없다.[34]

이 위원회가 4개월에 걸쳐 개헌의 주요 쟁점을 심의한 후 개헌안을 마련하여 서울을 비롯한 11개 시도에서 공청회를 개최하였다. 마침내 최고회의가 1962년 11월 개헌자문위원회가 제출한 새로운 헌법을 채택한 후 12월 17일에 국민투표에 부쳤는데, 놀랍게도 전체 유권자의 85%가 투표하여 78.8%가 찬성하였다. 쿠데타와 군정에 대한 반대가

---

33) 개헌과정에 대한 자세한 설명은 다음을 참조. 서희경, 『한국헌정사 1948-1987』, (포럼, 2020), 577-712쪽.

34) "헌법 초안은 한국 중앙정보부의 주도하에 작성"되었으며, 중정이나 재건동지회 인사들은 개헌 자문이나 공청회에 참여한 것으로 보인다. 도널드 스턴 맥도널드 지음, 한국역사연구회 1950년대반 옮김, 『한미관계 20년사(1945-1965년): 해방에서 자립까지』, (한울아카데미, 2001), 338쪽.

가장 심했던 서울에서조차 74.8%가 찬성하였다. 군정은 이러한 국민투표 결과에 대해 19개월간 통치하고 있는 군정에 대한 국민의 지지를 의미한다고 보았다. 이와 대조적으로 민간정치인들은 군정의 이러한 해석은 오해라고 비판하면서 국민들이 가능한 한 빨리 군정을 종식시키려는 열망을 반영한 것이라고 주장하였다. 1962년 12월 26일, 새 헌법이 드디어 선포되었지만 헌법의 효력은 군정 종식 이후로 명시되었다.

새 헌법은 군정 이후의 새로운 정치질서를 만들어내는 기본 틀이었는데, 이 헌법의 설계자들은 강한 대통령제를 염두에 두었다. 기존의 내각제는 문제가 많다고 판단하였다. 재건동지회는 군정 이후 강한 정당, 강한 대통령을 만들어내려는 정치적 야망을 가지고 있었다. 즉 강한 대통령과 강한 여당이 군정 이후 패권정당체제를 창출해 낼 것으로 기대하였다. 이 외에도 새 헌법은 군인들의 여러 가지 정치적 태도를 반영하였는바, 첫째, 내각제를 대통령제로 바꾸었는데 이것은 이승만 독재를 배출한 제1공화국으로 되돌아가는 것이었다. 군사쿠데타가 발생하기 1년 전인 1960년에 학생들과 시민들의 항거에 굴복하여 이승만 독재가 무너지고 난 후 많은 국민들은 "대통령제는 독재, 내각제는 민주주의"라는 단순한 논리에 힘입어 내각제를 채택하였다. 그러나 2공화국에서 내각제를 9개월 정도 실시했지만 군인들은 당시 정치적 혼란과 사회적 무질서의 원인을 내각제로 생각하였다. 이처럼 내각제에 대한 부정적인 평가가 강했기 때문에 군인들은 대통령제를 선호하였다. 그런데 대통령은 국민의 직선에 의해 선출되고 4년 임기에 한 번만 연임할 수 있었다.

둘째, 새 헌법은 내각이나 입법부나 사법부보다 상대적으로 대통령에게 많은 권한을 부여하였다. 예컨대 대통령이 국가예산을 편성하고, 국회의 동의 없이 장관을 임명할 수 있고, 조약을 체결하고, 법률안을 국회에 제출하고, 외교사절을 파견하거나 접수하고, 국군총사령관으로 군대를 통솔하고, 재정 및 경제 긴급비상조치를 발동할 수 있고, 대통령령을 제정하고, 계엄령을 선포할 수 있다. 새 헌법에 의하면 국회의 헌법적 권한이 과거보다 약화되었다. 총리나 장관은 국회 대신 대통령에게 정치적 책임을 지도록 되어 있고, 또 대통령은 국회의 동의 없이 내각을 구성할 수 있으며 내각의 결정을 번복할 수 있었다. 물론 국회가 대통령을 비롯한 행정부에 영향력이 없다는 것을 의미하는 것은 아닌바, 장관불신임 건의권을 가지고 있고, 총리와 장관을 국회에 출석시켜 국정에 관한 질의를 할 수 있고, 다가오는 1년간의 국가예산을 일괄 심의 의결하는 권한을 가졌다. 이 외에 국회가 국정감사, 국정 자료 요청, 행정부 인사의 증언이나 답변을 요구할 수 있었다. 그리고 국회는 대통령, 총리, 장관 등을 탄핵할 수 있는 권한이 있었다.

　3공화국의 새 헌법이 한국의 과거 헌법에 비해 행정부의 권한이 강해진 것에 대해 많은 국내외 학자들이 관심을 가졌다. 새 헌법에 대한 비판론자의 주장을 살펴보자.

"한국의 헌법이 3권 분립의 원칙을 준수하려면 입법, 사법, 행정이 서로 견제와 균형이 필요하다. 새 헌법은 대통령이 권한을 확대하거나 남용할 우려가 있다. 오늘날 세계 각국의 헌법은 시민의 자유와 권리를 보장하기 위해 정치적 권력의 행사를 제한하고 있다."[35]

---

35)　Se-jin Kim, op. cit., p. 127.

이러한 주장에 대해 당시 헌법 제정에 도움을 준 것으로 알려진 에머슨(Rupert Emerson) 하버드 대학 정치학과 교수는 한국에서 정치적 불안을 방지하려면 강한 대통령제가 필요하다고 강조하였다.[36] 에머슨은 당시 한국이 내각제를 할 수 있을 정도로 정치적 기율이나 능력이 있다고 보지 않았다.

한편 새 헌법의 여러 조항은 군정 이후에 정치를 줄이기 위해 도입되었다. 양원제 국회를 단원제로 바꾸었고, 헌법 43조 3항은 국회가 필요 이상으로 개회하는 것을 방지하기 위해 정기회는 120일 이내, 임시회는 30일을 넘지 못하도록 하였다. 또 헌법 39조는 국회의원이 대통령, 총리, 장관, 지방자치단체장 또는 법이 정한 다른 공직이나 민간 분야의 직책을 겸임하지 못하도록 하였다. 행정부와 입법부 기능을 완전히 분리하여 행정부가 입법부로부터 독립적으로 운영되도록 하였다.

그리고 "작은 정치"와 관련된 또 다른 헌법 조항은 국회의원 수를 200명 이하로 줄인 것이다. 과거 233명의 국회의원을 175명으로 줄이고, 소선거구제 최다득표제 방식의 직선으로 131명, 전국구 비례대표제로 44명을 선출하도록 만들었다. 과거 양원제에서 민의원 233명, 참의원 56명, 전체 289명에 비하면 거의 3분의 2 정도로 줄인 것이다. 이러한 선거제도를 도입한 배경에는 민간정치인들을 통제하기 위한 의도가 있었다. 민간정치인들이 선거과정이나 의회과정에서 일반 국민의 지지를 자유롭게 동원하는 것을 차단하려는 것이다. 한편 "작은 정치"를 위해 1, 2공화국에서 실시한 지방자치제도를 당분간 보류하도록 결정하였다.

---

36) 김종필, 앞의 책, 367쪽.

1962년 말에 국가재건최고회의는 군정을 종식시키고 민정으로 가는 준비를 거의 완성하였다. 그리하여 12월 말에 김종필 정보부장이 최고회의를 상대로 향후 민정이양계획을 설명하자, 박정희-김종필계의 공화당 사전조직을 모르고 있었던 대부분의 군인들이 충격을 받았다. 병영으로 돌아가기를 원하는 군부지도자들은 이러한 민정참여계획에 결사적으로 반대하였고, 민정에 참여하기를 원하지만 김종필 계획을 모르고 있었던 군부지도자들은 김종필의 비밀조직에 대해 격렬하게 반대하였다. 한편 민간정치인들은 군부의 계속집권이 혁명공약을 위반한 것이라고 크게 반발하였다. 이처럼 민정참여를 원하는 군인들과 민간정치인들 간에, 또 군부 내의 여러 파벌 간에 민정이양을 두고 치열한 싸움이 시작되었다. 처음에는 이 싸움의 종착점이 어디인지, 누가 승자가 될 것인지에 대해서는 아무도 예측하기 힘들었다. 군정에서 민정으로 넘어가는 과정은 지극히 험난하였다.

제3절 민주공화당 창당과정, 1963년 1-6월

　　박정희-김종필계가 군정을 종식시키고 민정을 출범시키기 위해 민주공화당 창당에 착수했으나 군부와 민간 반대파의 격렬한 저항에 부딪혀 당초의 패권정당 수립 노력이 무산될 위기를 맞았다. "민정이양"을 위해 국가재건최고회의는 1963년 1월 1일부터 정치활동을 허용한다고 선언하였다. 그러나 박정희 의장은 미국 정부를 비롯한 반대파의 요구를 받아들여 민정불참 선언과 함께 정치활동정화법에 묶여 있던 대부분의 구정치인들을 사면함으로써 패권정당 수립 계획은 처음부터 차질을 빚기 시작했다. 우여곡절 끝에 민주공화당이 창당

되었으나 박 의장이 군정연장을 선언함으로써 민주공화당은 표류하기 시작했다. 정치권을 비롯한 온 나라가 군부의 민정참여에 대한 찬성과 반대로 나누어진 가운데, 민주공화당에 반대하는 일부 군인들이 민정참여를 위해 범국민정당운동을 전개했으나 지지부진하였다. 박정희 의장을 비롯한 군부 내 민정참여파는 마침내 민주공화당을 선택하지 않을 수 없었다. 당시 정치지형은 기본적으로 권력을 놓지 않으려는 군부와 권력을 되찾아오려는 민간정치세력 간의 치열한 투쟁이었다. 그러나 새 정부를 출범시키는 과정은 지극히 복잡하였다. 왜냐하면 군부와 민간지도자들이 개인의 정치적 목적을 달성하기 위해 이합집산을 거듭하였기 때문이다. 더욱이 민정이양을 위한 정치적 게임의 룰을 자신들에게 유리한 방식으로 만들어내기 위해 군부와 민간정치인들이 모든 수단과 방법을 동원하는 바람에 엄청난 어려움이 따랐다. 여기서는 1963년 1월 1일 정치활동 재개로부터 시작하여 7월경에 박정희 의장을 비롯한 군인들과 민간 지지자들이 마침내 민주공화당을 선택한 과정을 심층적으로 분석하고자 한다.

1. 정치활동 재개와 민정이양을 둘러싼 군부의 분열

1962년 12월 23일, 국가재건최고회의에서 민정이양계획을 브리핑한 후 4일 만에 국가재건최고회의 박정희 의장은 국민들에게 다음과 같이 선언하였다. "3군 참모총장과 해병대 사령관을 제외한 최고회의 군인들이 모두 군복을 벗고 다가오는 선거에 나가기로 했다." 군인들이 군복을 입고 민정에 참여할 수도 있지만 자유민주주의 국가에서 나쁜 전례를 남기지 않기 위해 군복을 벗고 민정에 참여하기로 했기 때문에 이것은 "민간인에게 권력을 되돌려주기로 한" 혁명공약을 위

표 4 공화당 창당 일정 계획(처음에는 "재건당"이라는 임시 당명 사용)

단계	시기 (1963년)	주요 활동
1단계	1월 10일-15일	1) 창당발기위원회 출범, 2) 창당발기 선언문 채택
2단계	1월 16일-30일	1) 지방연락사무소 책임자 선정, 2) 창당준비위 구성 준비
3단계	2월 1일-24일	1) 지방의 창당준비위 구성, 2) 중앙당, 시도지부, 각 선거구별 사무국 구성
4단계	2월 25일-3월 7일	1) 창당대회 개최, 2) 대통령후보 지명, 중앙위, 중앙상무위 구성, 3) 당무위, 정책위, 사무국 구성
최종 단계	3월 8일-10일	1) 선거대책위 출범, 2) 일반당원 충원

출처: 민주공화당, 「창당관계철」, 1963.

반한 것이 아니라고 주장하였다. 더욱이 김종필이 신당(후에 민주공화당으로 명명) 창당 작업에 박차를 가하자, 민간정치인과 군부 내 반대세력은 물론, 미국이 엄청나게 반발하였다.

1963년 1월 1일자로 김종필은 군복을 벗고 중앙정보부장직을 사임한 후 창당 작업에 매달렸다.[37] 이미 재건동지회가 마련한 5단계 창당계획에 따라 창당 작업을 진행하였는데, 표 4에서 보는 것처럼 1,2,3단계는 재건동지회를 공식화하는 절차라고 할 수 있다. 표 5에서 보는 것처럼 1단계 창당 작업은 중앙당 창당발기위원회를 최종적으로 출범시키기 위해 일곱 번의 창당발기인 모임을 가졌다. 한국사회의 모든 분야를 망라하여 창당발기인들을 선정하였는데, 특히 15명의 군부지도자들이 군복을 벗고 참여하였다. 원래 계획에 의하면 "군인정당"이라는 이미지를 주지 않도록 이들은 나중에 참여할 예정이었으나 김종필을 견제하기 위해 군인들이 발기인에 참여할 것을 요구한 결과였다. 그리하여 78명의 발기인 중에서 군인들이 15명으로 가장 큰 집

---

37) 태평로 삼영빌딩에 가칭 재건당 창당 준비 사무실을 차렸다.

표 5 공화당 창당발기인 모임, 1963년 1월

모임	일시	발기인 서명자	주요 활동
1차	1월 10일	김종필, 김동환, 김성진, 김재순, 김원전, 김정렬, 박현숙, 서태원, 윤일선, 윤주영, 이원순, 조응천(12명)	윤일선과 윤주영을 각각 임시의장, 대변인으로 선출
2차	1월 11일	강성원, 윤치영, 김용택, 이종극, 전례용, 이메리, 서갑호, 남상옥, 현정주, 고재필, 박동운, 김영균, 이동준, 이용남, 이해랑(27명)	상임위원회 구성(김재순, 김성진, 김정렬, 전례용, 김동환, 서태원, 박동운, 김영균)/창당선언문 기초위원회 구성(이원순, 이종극, 김종필, 김용택, 윤주영)
3차	1월 12일	박준, 소두영, 강상운, 박태익, 이상령, 이성수, 서인석, 고명식, 최세황, 김우경(37명)	당명에 대한 토론
4차	1월 13일	정구영, 이갑성, 장후영, 최규남, 신기석, 허섭, 이호범, 김용태, 김병섭(46명)	당명 표결: 국민당(23표), 민주공화당(21표), 당명 미채택
5차	1월 15일	5차 발기인 모임에 대한 정보가 없음	
6차	1월 16일	김용우, 박준선, 김창근, 유진순, 신윤창, 조창대, 장동운, 조남철, 오학진, 이종근, 정문순, 서상린, 민영복, 정지갑, 조주영, 최용관(62명)/김동하, 이석제, 김재춘, 강상욱, 오종근(67명),	최고회의 위원 중에서 발기인 추천을 박정희 의장에게 요청/정당조직의 6대 원칙 논의
7차	1월 17일	김용채, 손창규, 이동령, 정지원, 손희식, 최영두, 성인기, 오원선, 김치열, 장소익, 정병태, 오춘목(79명)	민주공화당을 당명으로 채택

* 1차 발기인 이후 추가 발기인 참여자만 수록.
** ( ) 안의 숫자는 발기인 참여자 총합계.
출처: 『민주공화당 4년사』, 민주공화당 기획조사국, 1967, 559-560쪽; 민주공화당, 『격랑을 헤치고』, (민주공화당 중앙당, 1964), 25-27쪽.

단이 되었다. 표 6에서 보는 것처럼 민간발기인들은 주로 해외에서 학위를 마치고 돌아온 학계, 언론계, 관계 출신이 많았는데 이들은 모두 과거 정치에 관여한 적이 없는 참신한 인물들로 구성되었다.

표 6 공화당 발기인의 사회경제적 배경

항목									
나이	31-40		41-50		51-60		61-70		합계
	14		21		14		21		70

정치 입문 시기	1945년 이전	1945-48	1948-60	1960-61	1961	합계
	7	9	11	4	39	70

정치 입문 방식	쿠데타	정당	관료	장관 또는 차관	운동권	국회	합계
	16	22	15	6	5	6	70

직업	군인	교육자	정치인	언론인	상공인	관료	법조인	은행가	의사	예술인	합계
	20	13	8	7	7	7	4	2	1	1	70

교육 수준	중-고등학교 졸업	대학 중퇴	대학 졸업	사관학교	대학원	박사	합계
	6	8	28	11	11	6	70

해외 수학 경험	미국	일본	중국	영국	필리핀	합계
	12	23	2	1	1	39

과거 소속 정당	민주당	자유당	정당 가입 사실 없음	합계
	5	2	63	70

* 78명의 발기인 중 70명의 신상자료 확보.

출처: Chong-Sik Lee, "Political Parties," 미발표 논문, 1967, 60-62쪽.

1963년 1월 18일, 78명의 발기인들은 서울 조선호텔 그랜드홀에서 당명, 창당선언문, 신당의 조직 원리 등을 채택하고 김종필을 창당위원장으로 선출하였다.[38] 사실 발기인들이 1월 13일 모임에서 당명에 대해 표결한 결과 국민당이 민주공화당보다 표가 더 많았으나 전자

---

38)   김종필, 앞의 책, 190-191쪽.

를 채택하지 않고 나중에 민주공화당으로 정하였다. 김종필이 미국의 양대 정당인 민주당과 공화당의 이름을 모두 따서 민주공화당으로 정했다.[39] 한편 창당선언문은 과거의 부패하고 독재성향의 정치인들을 몰아내고 새로운 리더십 아래 새 정치질서를 창출하자는 점을 강조하였다. 발기인 총회에서 창당위원장에 선출된 김종필이 자신이 직접 작성한 선언문을 낭독하였다. "우리는 과거의 정당처럼 말만 하는 정당이 아니다. 어디까지나 일하는 정당이다. 그러므로 우리는 참다운 정열과 의욕과 실천으로 반드시 이 땅에 명랑한 복지사회를 세우고 말 것이다."[40] 그리고 발기인 총회에서 공화당의 조직 원리가 채택되었는데, 첫째, 대중정당의 원리, 둘째, 정책 중심으로 다른 정당과 경쟁, 셋째, 효율적인 당무 집행을 위한 강한 정당 리더십 수립, 넷째, 당내 파벌 금지, 다섯째, 중앙과 지방에 강력한 당 사무국조직 도입, 여섯째, 당 정치교육원을 통한 지속적인 당원 교육 등을 포함하였다. 이러한 창당선언문과 조직 원리 등은 김종필팀이 비밀리에 미리 준비한 것이었다.

이렇게 김종필 창당위원장은 비밀리에 사전조직한 공화당을 일반인들에게 일사천리로 공개하였다. 공화당 조직을 보면 전당대회가 최고의결기관으로 1년에 한 번씩 정기적으로 열리고, 당총재나 중앙상임위원회 3분의 2의 요청이 있는 경우 추가로 개최하도록 되어 있었

---

39) 김종필은 한국을 "미국같이 평화롭고 민주적으로 살 수 있는 나라를 만든다"는 것이 자신의 모토였다. 같은 책, 183-184쪽. 북한 간첩의 도움을 받아 당을 만들었다는 미국의 의심을 풀기 위해 김종필이 미국의 양대 정당 이름을 따서 "민주공화당"이라고 명명했다는 주장도 있다. 이완범, 「제5대 대통령 선거과정과 미국의 개입」, 해위학술연구원, 『윤보선과 1960년대 한국정치』, (한국학중앙연구원출판부, 2015), 179쪽, 주 37.

40) 김종필, 앞의 책, 192쪽.

다. 전당대회에서 당총재와 중앙상임위원 선출, 대통령후보 임명, 당헌과 당규 및 기본 정책 채택 등을 하도록 되어 있었다. 그러나 실제 전당대회는 겉으로 보기보다 힘이 약한데, 그 이유는 전당대회 대의원이나 당직자 등을 당총재가 임명하기 때문이다. 나중에 드러났지만 전당대회는 당총재와 당무위원회의 결정을 추인하는 고무도장(rubber stamp) 역할을 맡았다. 두 개의 대의기관으로 중앙위원회와 중앙상임위원회가 있었지만 주로 사회명사들을 충원하는 역할을 맡았는바, 이 위원회 위원으로 임명을 받는 경우 사회적 지위가 높아지고 공직을 맡을 가능성이 높아졌다.

그런데 공화당을 운영하는 실질적인 권한은 다음의 세 개 집행기관에 있었다. 첫째, 당총재가 당을 대표하고 모든 당무를 관장하는데 전당대회에서 선출한다. 둘째, 당무위원회는 최고의 의결기관인데, 당의장, 중앙위원장, 정책위원장, 국회부의장, 2~3명의 무임소 장관, 원내 총무, 사무총장, 사무차장 등 12명 이내로 구성한다. 셋째, 당 사무국이 사무총장의 통솔 아래 중앙당과 지방당의 모든 업무와 회계를 책임진다.

공화당은 이미 사전조직 단계에서 당시 현역 육군대장이었던 박정희 최고회의 의장이 적절한 시기에 예편한 후 당총재직을 맡을 것으로 기대하였다. 그리고 김종필팀은 공화당의 강력한 사무국조직이 박정희 총재의 명령을 수행하도록 만들었다. 더욱이 1962년 1년 동안 중앙당, 시도지부, 지방당 사무국에서 일할 1200여 명의 엘리트들을 이미 충원하였다. 공화당 사무국조직을 보면 3단계로 구성된 중앙당-시도지부-지구당들이 공통적으로 네 개의 부서(기획국, 조직국, 홍보국, 조사국)와 자문서기처를 두기로 되어 있었다.[41] 그런데 공화당 조직에서 가장 중요한 것은 당 사무국이 국회의원을 통제하는 것이었다. 의원들은 의정활동에만 전념하고 당무에 간섭하지 않도록 하기 위해서 당 사무국 우위체제를 만들었다. 당시 언론은 이를 당 사무국-의원총회로 구성되는 "이원조직"이라고 불렀다. 공화당이 이런 조직을 도입한 이유는 당이 의정활동 외에 지역 발전 프로젝트나 다른 사회활동을 전개하고 당내 파벌싸움을 방지하려는 것이었다. 공화당이 이런 조직을 만든 배경 설명에 의하면 당 사무국 우위체제가 파벌을 제거하고 국회활동 외에 다른 정치활동을 추진함으로써 진정한 정당정치를 실현하려는 것이라고 주장하였다. 과거에 국회의원들이 자신들의 이익을 도모하기 위해 파벌싸움을 하는 경우가 많았기 때문에 공화당 사무국이 국회의원들을 통제하려는 것이다. 그러나 이런 조직이 일반인은 물론이고 당내 인사들에게도 생소한 것이었기 때문에 나중에 심각한 정치적 쟁점으로 등장하였다.

한편 공화당은 대의기관이나 집행기관 외에 정책을 개발하기 위해 정책위원회를 도입하였다. 그리고 국회의원들로 구성된 의원총회, 원내 정책위원회, 선거대책위원회, 당 기율위원회 등을 두었다. 그리고 공화당은 정당법에서 명시된 당원이 될 수 없는 유권자(공무원 등) 외에 20세 이상의 모든 유권자가 당원으로 가입할 수 있도록 아무런 제한을 두지 않았다.

1963년 1월 하순에 김종필은 중앙당 창당준비를 마치고 지방당 창당에 박차를 가하기 시작했다. 발기인 중 31명이 지방당 창당준비위원회를 구성하기 위해 파견되었다. 그리하여 1월 27일에 중앙당과 지방당의 임시 사무실이 완전히 마련됨에 따라 민주공화당 창당발기인대회 준비를 마쳤다. 이렇게 박정희-김종필계가 주도한 공화당 사전

---

41)   민주공화당, 『격랑을 헤치고: 민주공화당 2년사』, (서울인쇄, 1964), 45쪽.

조직의 실체가 구체적으로 드러나기 시작하자 반대파들이 이들의 창당 및 민정참여 계획을 격렬히 비판하기 시작했다. 1월 초에 송요찬전 육군참모총장 겸 전 내각수반이 "군인들은 이미 혁명공약에서 약속한 대로 병영으로 돌아가야 한다"고 주장하였다. 송요찬을 비롯한 반대파들은 박정희-김종필계의 권력이 커지는 것을 두려워하였다.

한편 박정희와 함께 쿠데타의 핵심 지도자인 김동하 중장이 공화당 발기인과 최고위원직을 사임하면서 반대의 목소리를 높였다. 김 장군은 쿠데타 세력 중에서 해병대와 함경도파를 대표하는 지도자였기 때문에 그의 반대는 매우 심각하였고 결국 반대세력의 중심 역할을 하게 되었다. 김 장군은 "공화당이 정당이라기보다 김종필의 개인적인 파벌에 불과하고, 최고회의 승인 없이 비밀리에 만들어졌기 때문에 이런 파벌에 박수를 보낼 수 없다"고 선언하였다.[42] 그리고 공화당은 "반민주적인바, 임명된 사무국 간부가 국민으로부터 선출된 국회의원들을 통제하도록 되어 있다"고 비판하였다. 이처럼 공화당 사무국조직에 대한 의심과 비판이 고조되자, 김종필은 "중앙과 지방에 당 사무국을 둔 것은 지방발전 프로젝트를 수행하기 위해 필요한 것"이라고 반박하였다. 김종필은 "국회의원들이 자신의 선거구만을 대표하는 것이 아니라 나라 전체를 대표하고, 대신 당 사무국이 지방을 대표하는 것이 바람직하다"고 주장했다.

1963년 1월 말에 최고회의는 양대 파벌로 나누어졌는바, 공화당을 지지하는 김종필계와 반대하는 반김종필계가 서로 격돌하는 양상이었다. 실제로는 박정희가 공화당 사전조직의 막후 지도자였으나, 김종필이 반대파의 공격 목표가 되었다. 김종필계는 주로 그의 육사 동

---

42) 이성춘, 「민주공화당 17년의 드라마」, 《신동아》, 1980년 4월, 442쪽.

기인 8기의 영관급 장교들로 구성되어 있었는데, 이들은 병영으로 돌아가는 경우 여전히 선배들이 군의 요직을 차지하고 있는 상황에서 자신들의 군부 내 위상이 불확실하였기 때문에 병영으로 돌아가는 대신 민정참여를 희망하였다. 이와 대조적으로 반김종필계는 대부분 군의 상급자들로서 군대 내에서 요직을 차지하고 있었고, 군의 프로페셔널리즘(professionalism)을 강조하면서 공화당과 민정참여에 반대하였다.

반김종필계가 단결하여 다음과 같은 요구조건을 내걸었다. "첫째, 김종필이 공화당 창당발기인 모임의 의장직을 사퇴하라. 둘째, 자격이 없는 민간 발기인들을 제외시켜라. 셋째, 공화당의 소위 이원조직을 일원조직으로 만들어라." 이들의 정치적 반발이 너무나 강했기 때문에 김종필이 의장직을 사퇴하자 박정희 의장은 양대 계파의 대표들을 최고회의 의장 공관에 불러서 가능한 한 빠른 시간 내에 서로 타협하도록 종용하였다. 박 의장은 첫째, 공화당과 최고회의는 서로 간섭하지 않는다. 둘째, 최고회의 운영위원회가 최고회의 위원 중 공화당직에 적합한 인물을 선정하는 방법을 마련한다. 셋째, 공화당에 참여한 최고회의 위원들과 민간인들이 상호 협력한다. 마지막으로 발기인 모임이 공화당 지도부를 선출한다. 여러 차례 회합한 결과 양대 계파는 공화당 창당발기대회를 개최한 후 쟁점에 대해 다시 협상하기로 의견을 모았다. 그리고 양대 세력을 대표하는 김종필과 김동하는 모든 직에서 사퇴하기로 하였다. 양대 파벌은 의견차이를 해소한 것이 아니라 서로 지지자를 모으기 위해 대립을 연기했을 뿐이었다.

김종필이 계획대로 공화당 창당 작업을 진행했는바, 당초의 일정보다 3일 늦은 2월 2일에 발기인 517명 중 493명이 참석하여 창당발기인대회를 개최하였다. 표 6에서 보는 것처럼 중앙당과 지방 대의원의 비율이 3 대 2로 전자가 우세하였다. 이것은 공화당이 매우 중앙집권적이라는 것을 의미하고, 또 중앙에서 공화당에 참여하려는 욕구가 강했다는 것을 의미한다. 창당발기인대회에서 김종필과 정구영이 각각 창당준비위원회 의장과 부의장으로 선출되었다. 정구영은 당시 69세로 민간인을 대표하였는데, 정치에 물들지 않은 참신한 인물이자, 매우 강직한 변호사로 명성이 높았다. 김종필은 2월 25일에 개최 예정인 창당대회를 위해 지구당 창당 작업에 박차를 가하였다.

그런데 정치활동 재개와 더불어 새로운 정당을 창당하기 위해 노력하고 있는 민간정치인들이 공화당에 대해 반대의 목소리를 높였다. 민간정치인들은 "정치활동 금지기간에 비밀리에 만든 공화당을 해체하고, 혁명공약대로 박정희 의장은 군에 복귀하고, 민간정치인의 공민권을 박탈한 정치활동정화법을 폐기하고, 4월로 예정된 선거를 연기하지 않으면 선거를 보이콧하겠다"고 강력히 반발하였다. 최고회의가 1월과 2월에 각각 171명, 273명의 구정치인들의 공민권을 회복시켜 주자, 최고회의가 어떤 기준에서 이들의 공민권을 회복했는지 알 수 없다고 비난하였다. 민간정치인들은 최고회의가 정치활동정화법으로 민간인의 공민권을 박탈한 후 자신들에게 충성하는 극소수 민간인의 공민권만을 회복시켜 줌으로써 민간인들을 이간질시키고 있다고 비판하였다. 아직 약 2500명의 민간정치인이 정치활동정화법에 묶여 있었다. "공민권을 박탈당한 모든 민간인의 공민권을 회복시켜야 한다"고 주장하였다.

공화당은 민간정치인들의 이러한 주장에 대해 공화당이 사전에 비밀리에 조직되었다는 것을 부정하고, 또 "선거의 연기와 정치활동정화법 폐기에도 반대한다"고 천명하였다. 그러나 군부의 민정참여 계획에 대해 군부 내 반발과 미국의 반대로 인해 공화당의 창당 작업은 심각한 난관에 부닥쳤다. 공화당 발기인대회 직후 반김종필파가 소위 4대 의혹사건을 폭로하는 바람에 공화당은 엄청난 시련에 봉착하였다. 이들은 김종필이 중앙정보부장 시절에 증권투기, 일본으로부터 새나라차 수입, 워커힐 건설 등을 통해 불법으로 엄청난 정치자금을 모았다는 것을 폭로함으로써 공화당을 위기에 몰아넣었다. 더구나 주한미국대사가 김종필의 퇴진을 노골적으로 요구함으로써 박 의장은 더욱 곤경에 처하였다.[43] 비록 김종필은 자신의 육사 동기인 8기생들의 지지를 받고 있었으나 3군 참모총장을 비롯한 군의 선배들이 그의 퇴진은 물론, 군의 민정불참을 요구하는 바람에 더 이상 버틸 수가 없었다. 군부 내 김종필파와 반김종필파가 서로 병력을 동원하여 상대방을 제압하려는 기세여서 군정은 일촉즉발의 위기에 봉착하였다.

2. 박정희의 민정불참 선언

박정희 의장은 공화당 창당을 둘러싸고 일어난 군부의 내분과 구정치인들의 저항, 그리고 미국의 압력을 해결하기 위해 자신의 민정불참을 선언하였다. 2월 18일, 박 의장은 모든 정당과 정치지도자들이 자신이 제시하는 9개 항의 시국수습 안을 받아들인다면 민정에 참여하지 않으며 정치활동정화법 해제와 선거 연기를 약속하였다. 그가 제시한 9개 항을 보면 민정이양을 앞둔 정치적 문제점을 거의 모두 망라한 것이다.

---

43) 《동아일보》, 「구공화당 창당 내막: 1963년 주한미대사관 비밀보고서」, 1989년 10월 28일자.

(1) 군은 정치적 중립을 견지할 것이며 민의에 의하여 선출된 정부를 지지한다.

(2) 다음에 수립될 정부는 4·19 정신과 5·16 정신을 받들어 혁명과업을 계승할 것을 확인한다.

(3) 혁명주체세력은 그들의 개인의사에 따라 군에 복귀 또는 민정에 참여할 수 있다.

(4) 5·16혁명의 정당성을 인정, 앞으로는 정치적 보복을 일절 아니 한다.

(5) 혁명정부가 합법적으로 기용한 공무원에 대하여 그 신분을 보장한다.

(6) 유능한 예비역군인은 그들의 국가에 대한 공로를 인정하고 능력에 따라 가급적 우선적으로 기용한다.

(7) 모든 정당은 중상모략 등 구태적 정쟁을 지양하고 국민을 위하여 무엇을 하겠다는 뚜렷한 정책을 내세워 정책대결의 신사적 정당으로서 국민의 신임을 묻는다.

(8) 국민투표에 의하여 확정된 신헌법의 권위를 보전하고 앞으로 헌법 개정은 국민여론에 따라 합법적 절차를 밟아서 실시한다.

(9) 한일문제에 대하여는 초당적 입장에서 정부방침에 협력한다.[44]

박 의장은 민정불참 선언과 함께 정치활동정화법에 묶여 있는 2000여 명의 구정치인들을 해금시키고, 민간정치인들에게 시간을 주기 위해 적어도 1개월 정도 선거를 연기할 것을 제안하였다.[45] 만약 민간정치인들이 박 의장의 조건을 받아들이는 경우 민간인-군인들 간에 일종의 정치적 협약(political pact)이 성립되는 것이다. 한편 비록

---

44) 《동아일보》, 2월 19일자.
45) 2322명이 해금되고 269명만이 정치활동정화법에 묶이게 되었다.

자신의 민정불참 선언에도 불구하고 박 의장이 소위 혁명주체세력 중에서 민정참여를 원하는 사람은 개인적으로 참여할 수 있는 길을 열어주었다. 그럼 왜 박 의장은 민정불참을 선언하게 되었나? 박 의장이 이렇게 민정불참을 결정한 배경에는 민간정치인들의 반발 못지않게 군부 내 민정불참을 주장하는 상급자(senior)들의 요구와 미국의 압력 등이 작용하였다.[46] 군인들의 민정참여에 반대하는 박병권 국방장관의 인솔 아래 3군사령관들이 최고회의 의장 공관을 찾아가서 박정희 의장에게 결단을 촉구했다. 이들의 강한 요구 때문에 정치적 논란의 핵심인물인 김종필이 공화당 창당준비위원장의 직책을 사퇴하고 순회대사 자격으로 외유에 나섰다. 외유에 나서면서 김종필은 기자들에게 "자의반, 타의반"으로 해외에 나가게 되었다고 언급한 점에서 알 수 있듯이 스스로 물러선 것이 아님을 확인해 주었다. 이후 "자의반, 타의반"이라는 용어가 오랫동안 유행하였다.

공화당은 마음에 내키지 않았지만 박 의장의 제안을 받아들였다. 이로써 공화당은 박 의장을 대통령후보로 옹립하려던 계획을 포기해야 하는 위기에 빠졌다. 한편 민간인들이 주도하는 다른 주요 정당들은 박 의장의 제안을 기꺼이 받아들였다. 한 개의 소수정당과 두 명의 정치인이 박 의장의 제안을 거부했으나 아무도 이들에게 관심을 보이지 않았다. 공화당은 2월 27일, 서울 시민회관에서 개최된 박정희 의장 민정불참 선언식에 대표를 보냈다. 여기서 박 의장과 47명의 정당대표들이 모여 9개 항을 서로 지키기로 선언하였다. 박 의장은 이 자리에서 민정이 출범하면 정치에서 손을 뗄 것을 다시 한 번 약속하였다.

---

46) 당시 버거(Samuel D. Berger) 미 대사가 박정희 의장에게 김종필을 퇴진시키라는 압력을 지속적으로 가했다. 박태균, 「김종필과 미국의 악연」, 『사건으로 읽는 대한민국: 한국현대사의 그 때 오늘』, (역사비평사, 2013).

동시에 박 의장은 군사정부가 세대교체를 통한 정치개혁에 성공하지 못한 것을 인정하였다. 그런데 박 의장이 이 자리에서 자신의 권력을 내놓는 대신 새로 구성되는 민간정부가 혁명과업을 완수하도록 요구한 것은 매우 아이러니컬한 것이었다. 이러한 선서식을 본 많은 사람들은 이제 나라의 정치적 장래가 구정치인들의 손에 달렸다고 생각했다.[47] 군부가 쿠데타를 일으키면서 완전히 제거해야 할 대상으로 지목한 구정치인들에게 나라를 맡기는 것으로 보았던 것이다.

이 선서식 직후 군정은 구정치인 2322명의 공민권을 회복시켜 줌으로써 이제 공민권을 박탈당한 민간인들은 269명으로 크게 줄어들었다. 후자는 1960년 3·15 부정선거 관련자이거나, 반혁명 분자, 부정축재자 중 벌금을 아직 내지 못한 자, 형사 처벌을 받지 않기 위해 숨어 있는 자 등이었다. 이제 구정치인들이 정치활동정화법의 족쇄에서 풀려나게 됨으로써 결국 공화당 사전조직과정에서 세운 계획 중 이들을 배제하려는 전략은 실패로 돌아갔다. "세대교체"라는 정치적 슬로건 아래 추진된 이러한 배제 전략은 군인과 그 지지세력들이 선거에 나가서 이기기 쉽도록 하고, 군정 종식 후 민정에서도 계속 정치적 우위를 유지하기 위한 것이었다. 박 의장의 민정불참 선언과 구정치인의 공민권 회복이 공화당의 패권정당 수립 전략에 치명적인 위협이 되었다. 이제 공화당은 박정희 의장 없이 선거에 나가 다른 정당과 싸우게 되었다.

더욱이 김종필의 출국 직후, 반대파들은 김종필이 개입한 것으로 알려진 4대 의혹사건을 철저히 조사하도록 요구하였다. 따라서 박정

---

47) 2·27 선서식은 미국, 야당, 군부 내 반대를 무마하기 위한 것으로 박정희의 계산된 행동이었다는 평가도 있다. 이완범, 앞의 글, 185쪽.

표 7 공화당 창당대회 대의원의 사회경제적 배경

소속 / 나이

	20대	30대	40대	50대	60대 이상	미상	합계
발기인	0 (0%)	14 (17.9%)	21 (26.9%)	14 (17.9%)	21 (26.9%)	8 (10.3%)	78 (100%)
지구당 임시위원장	0 (0%)	13 (9.9%)	51 (38.9%)	59 (45.0%)	0 (0%)	8 (6.1%)	131 (100%)
지구당 사무국 대의원	1 (0.7%)	96 (67.1%)	38 (36.6%)	7 (4.9%)	0 (0%)	1 (0.7%)	143 (100%)
지역 대의원	16 (1.4%)	167 (14.8%)	460 (40.8%)	341 (30.3%)	108 (9.6%)	35 (3.1%)	1127 (100%)
합계	17 (1.1%)	290 (19.6%)	570 (38.5%)	421 (28.5%)	129 (8.7%)	52 (3.5%)	1479 (100%)

교육수준

	미취학	초등학교	중고등	대학	대학원	미상	합계
발기인	0 (0%)	0 (0%)	6 (7.7%)	47 (60.3%)	11 (14.1%)	8 (10.3%)	78 (100%)
지구당 임시위원장	0 (0%)	2 (1.5%)	48 (36.6%)	70 (53.4%)	0 (0%)	11 (8.4%)	131 (100%)
지구당 사무국	0 (0%)	2 (1.4%)	39 (27.3%)	99 (69.2%)	0 (0%)	3 (2.1%)	143 (100%)
지역 대의원	7 (0.6%)	163 (14.5%)	516 (45.8%)	377 (33.5%)	6 (0.5%)	58 (5.1%)	1127 (100%)
합계	7 (0.5%)	167 (11.3%)	609 (41.2%)	593 (40.1%)	17 (1.1%)	80 (5.4%)	1479 (100%)

직업

	군인	관료	정치인	교육자	농업	상업	전문직	기타	미상	합계
발기인	20 (25.6%)	7 (9.0%)	8 (10.3%)	13 (16.7%)	0 (0%)	7 (9.0%)	15 (19.2%)	0 (0%)	8 (10.3%)	78 (100%)
지구당 임시위원장	0 (0%)	46 (35.1%)	0 (0%)	34 (26.0%)	17 (13.0%)	14 (10.7%)	4 (3.1%)	12 (9.2%)	4 (3.1%)	131 (100%)
지구당 사무국 대의원	5 (3.5%)	44 (30.8%)	3 (2.1%)	36 (25.2%)	5 (3.5%)	16 (11.2%)	8 (5.6%)	20 (14.0%)	6 (4.2%)	143 (100%)
지역 대의원	31 (2.8%)	248 (22.0%)	272 (24.1%)	92 (8.2%)	96 (8.5%)	143 (12.7%)	116 (10.3%)	73 (6.5%)	56 (5.0%)	1127 (100%)
합계	56 (3.8%)	345 (23.3%)	283 (19.1%)	175 (11.8%)	118 (8.0%)	180 (12.2%)	143 (9.7%)	105 (7.1%)	74 (5.0%)	1479 (100%)

주: 1) 1896명의 대의원 중 1479명의 정보만 입수, 2) 전문직은 의사, 변호사, 언론인, 기업 간부 등을 포함.
출처: 1) 창당발기인: Chong-Sik Lee, "Political Parties," 미발표 논문, 2) 지구당 임시위원장: 김영수, 「민주공화당 사전조직」, 《신동아》, 1964년 11월호, 182쪽, 3) 지구당 사무국 대의원과 지역 대의원: 민주공화당, 「창당대회 대의원 명단」, 1963년 2월.

희 의장도 더 이상 김종필과 공화당을 지지하기 힘들게 되었기 때문에 정치상황을 통제할 수 있는 새로운 정치적 수단을 모색하게 되었다. 이와 대조적으로 김종필은 해외에서도 여전히 공화당에 대한 애착을 버리지 않았다. 김종필은 첫 번째 기착지인 동경에서 기자회견을 열고 "공화당은 앞으로 적어도 6개월간은 견딜 수 있다. 그리고 공화당이 다가오는 선거에서 승리하지 못하더라도 야당으로 남을 것이다"라고 공언하였다.

김종필이 해외에 나갔지만 공화당은 예정보다 하루 늦게 창당대회를 개최하기로 결정하였다. 다만 대통령후보 지명만은 연기하였다. 2월 26일, 서울 시민회관에서 개최된 창당대회에는 1896명의 대의원 중 1390명의 대의원만이 참석하였다.[48] 창당대회에 전체 대의원 중 4분의 1이 불참한 것은 박 의장의 민정불참 선언 후 공화당의 장래가 매우 불확실하다는 것을 반영한 것이다. 대의원들의 구성을 보면 다섯 개 부류로 나눌 수 있는데, 첫째, 500명의 창당준비위원, 둘째, 121명의 중앙당 대의원, 셋째, 11개 시도지부의 사무차장, 넷째, 131명의 지구당 조직부장, 마지막으로 각 지구당에서 선출한 1133명의 지방 대의원들이었다.

그럼 공화당 창당대회에 어떤 사람들이 모였나? 표 7에서 보는 것처럼 공화당 창당대회 대의원은 주로 중산층 출신으로 높은 교육수준을 가진 비교적 젊은 인사들이었다. 그리고 지구당 사무국 조직부장들은 주로 30대로 발기인이나 지역 대의원들보다 더 젊었다. 한편 발기인들이 당 사무국이나 지역 대의원들보다 교육수준이 높았다. 이것은 지적 수준이 높은 사람들에게 권력을 맡겨야 한다는 한국의 유

---

48) 김종필, 앞의 책, 207쪽.

교정치 문화를 반영한 것이다. 직업의 경우 발기인 중에는 군인들의 숫자가 가장 많았고, 전문직과 지방 정치인들이 정당간부와 지역간부의 핵심이 되었다.

공화당은 창당선언문을 통해 분명히 군정 종식 후 새로운 정치질서를 수립할 것을 천명하였는바, "이 땅의 민족은 새 질서를 요구한다. 새 질서는 새 힘의 소유자만이 이룩할 수 있다. 민족의 정기와 대의를 위해 세운 민주공화당의 깃발 아래 모이자"[49]고 선언하였다. 이들이 모색하는 새로운 정치질서는 패권정당체제라고 할 수 있지만 이러한 정치적 의도는 공개되지 않았다. 한편 공화당은 창당대회에서 당헌, 당규, 정강정책을 채택하고 정구영과 김정렬을 각각 당총재와 당의장으로 선출했다. 정구영 총재는 당시 63세로 변호사로서 사회적 명성을 얻은 분으로 정치 경험은 없었지만 이미 창당준비위원회 부위원장을 맡고 있었다.[50] 한편 김정렬은 46세로 일본 육군사관학교를 졸업한 후 대한민국 정부에서 초대 공군참모총장, 1957년부터 1960년까지 국방장관을 역임하였는데, 매우 강직한 관료라는 명성을 가지고 있었다.

창당대회 직후 공화당은 중앙위원회, 정책위원회, 선거대책위원회, 당기율위원회, 중앙당과 지구당 사무국, 그리고 당무위원회를 출범시켰다. 당무위원회가 평상시에는 최고의결기관으로 당의장, 중앙위원장, 정책위원장, 사무총장, 그리고 세 명의 무임소 당무위원을 포함하여 모두 일곱 명으로 구성되었다. 당총재가 세 명의 무임소 당무위원을 임명하도록 되어 있었다. 당무위원회가 당총재의 지시에 따라

---

49) 《중앙일보》, 「김종필 증언록을 시작하며」, 2015년 3월 2일자, 5면.
50) 정구영이 공화당에 참여한 과정에 대한 자세한 설명은 김종필, 앞의 책, 186-187쪽 참조.

공화당을 실질적으로 운영하였다. 공화당의 고위지도자 여덟 명(당총재+당무위원) 중에서 다섯 명은 민간인 출신이고 세 명은 군인 출신이었다. 민간인 출신은 정구영 당총재, 김성진 중앙위원장, 김용우 정책위원장, 민관식, 최규남 당무위원이었고, 군인 출신은 김정렬 당의장, 김동환 사무총장, 민병권 당무위원이었다. 이들은 모두 김종필과 매우 가까운 사이였다.

창당 직후 공화당은 다가오는 선거에서 승리하기 위해 민간정치인들을 영입하려고 노력하였다. 공화당 사전조직과정에서는 구정치인들을 배제하는 것을 원칙으로 삼았지만 이제 많은 구정치인들이 공민권을 회복했기 때문에 이들을 포용해야만 선거에서 승리할 수 있었다. 그럼에도 불구하고 공화당은 부패하지 않은 구정치인만을 충원하려고 노력하였다. 공화당은 부패한 구정치인들과 차별을 두면서 새로운 정치세력이라는 것을 강조하였다. 예를 들면 공화당은 젊고 패기만만한 정치인 모임을 주도하고 있는 박준규 씨를 공화당으로 영입했다. 박준규는 당시 38세로 서울대 정치학과 졸업 후 미국 콜럼비아 대학에 유학을 다녀온 전 민주당 출신의 민의원이었는데, 1962년 10월 김종필과 함께 미국을 방문한 적이 있었다. 그러나 민간정치인들이 자주 마음을 바꾸었기 때문에 공화당의 깨끗한 구정치인들을 충원하는 작업이 순조롭지는 않았다. 예컨대 전남 순천에서 세 번이나 국회의원을 지낸 윤형남의 경우 공화당에 참여하기로 했다고 당 대변인이 공식적으로 발표하자 이를 부정하였다. 이 사건에서 알 수 있듯이 당시 정치상황이 매우 유동적이었기 때문에 정치인들은 관망하는 태도가 두드러졌다.

창당 직후 공화당은 적극적인 홍보활동을 전국적으로 전개하였다. 특히 구정치인들이 만든 정당과 차별화하려고 노력했다. 공화당은 자금이 아직도 넉넉한 편이어서 10만 원을 들여 2만 장의 포스터를 만들어 전국의 거의 모든 마을에 배포하였다.[51] 그리고 1000여 명의 당 사무국 직원들에게 봉급을 주기 위해 매달 평균 약 1000만 원을 지출하였다.[52] 김종필은 해외에 나가기 직전에 "공화당이 적어도 향후 3개월 간은 견딜 수 있는 재정이 있다"고 암시했다. 이제 공화당의 장래는 3개월 이내에 결정될 것으로 보였다.

3. 박정희의 군정연장 선언으로 인한 정치적 갈등

1963년 3월 16일, 박정희 최고회의 의장이 민정불참 약속을 깨고 군정연장 안을 들고 나옴에 따라 정국은 다시 혼미상태에 빠졌다. "향후 4년간의 군정연장 안을 국민투표에 부치겠다"고 선언하면서 모든 정치활동을 다시 금지시키고 언론 검열을 재개하였다. 박 의장은 군정연장 국민투표안을 제시한 이유가 민간정치인들이 5·16을 폄하하고 중앙정보부 해체를 요구하는 것을 볼 때 정치적 보복을 하지 않겠다는 민간정치인들의 약속을 믿을 수 없기 때문이라고 주장하였다. 박 의장을 비롯한 쿠데타 지도자들은 민간정치인들이 정치보복 금지라는 약속을 지키지 못할 것으로 보았다.

그러나 이런 결정이 전적으로 민간정치인들의 정치보복에 대한 우려에서 나온 것은 아니었다. 이 결정은 근본적으로 군부 내의 권력투쟁의 산물이었다. 즉 육사 8기생을 비롯하여 권력을 놓지 않으려는

---

51) 당시 중앙정보부 행정관으로 증권 파동에 관여한 강성원은 "그때 증권시장에서 약 20억 원의 돈을 당에 가져다 썼다"고 증언하고 있다. 공화당 사전조직을 하면서 정치자금을 모은 과정에 대한 자세한 설명은 같은 책, 194-201쪽 참조.
52) 《동아일보》, 1963년 3월 9일.

군부 내 젊은 군인들이 박 의장을 설득하는 데 성공한 것이다. 군정 연장 선언 닷새 전에 김종필이 만든 중앙정보부가 두 개의 반혁명 사건을 발표하였는바, 해병중장 김동하와 육군소장 박임항을 비롯하여 20여 명을 쿠데타 모의 혐의로 체포하였다.[53] 이들은 소위 반김종필파의 리더로서 박정희-김종필계의 민정참여 계획을 반대하였다. 박정희-김종필계는 이들을 제거한 후 정국을 장악하기 위해 계엄령을 새로 발동하였다. 그리고 박 의장은 민정참여에 반대하는 박병권 국방장관과 김종오 육군참모총장을 각각 김성은 해병대중장과 민기식 육군대장으로 교체하였다. 이제 박 의장은 마음을 바꾸어 민정참여를 원하는 젊은 군인들의 지지 아래 군정연장 국민투표안을 제시하였다.

군정연장 국민투표안에 대해 공화당 인사들은 찬반으로 의견이 나누어졌다. 주로 군부출신 인사들은 공화당 해체를 주장한 반면, 민간 지도자들은 최고회의가 공화당을 해산시킬 때까지 활동을 계속해야 한다고 주장하였다. 공화당이 태도를 결정하지 못하는 동안 분열되었던 민간정치인들은 일시적으로 힘을 합쳐 박 의장의 군정연장 안을 격렬하게 반대하였다. 민간정치인들은 박 의장이 민정에 참여하지 않고 병영으로 돌아가겠다는 약속을 지켜야 하며, 군정연장 국민투표안을 취소하라고 요구하였다. 윤보선 전 대통령을 비롯한 정치지도자들이 주한미국 대사관 앞에서 군정연장에 반대하는 소위 "침묵 데모"에 나섰다. 아무런 정치적 구호도 외치지 않고, 조용히 집단행동을 보였다.

---

53) 김종필에 의하면 박 의장이 계속집권을 결심하게 된 배경은 박임항 등 군부의 쿠데타 음모사건이라고 주장한다. 김종필, 앞의 책, 208-209쪽. 반혁명사건의 진위 여부는 불분명하다. 당시 주한미국대사 버거는 반혁명사건이 박정희의 민정불참 결정을 뒤엎기 위해 조작된 사건이라고 보고했으나, 당시 주한미군사령관 멜로이는 반혁명 음모가 실제로 존재했다고 평가했다. 이완범, 앞의 글, 187쪽.

군정은 정치적 파장을 우려하여 과격한 진압에 나서지 않았다.

한편 군정연장 안에 반대하는 미국이 박 의장에게 하루빨리 민간인에게 정권을 넘겨주도록 압력을 행사하였다.[54] 케네디행정부는 식량난을 해결하기 위해 박 의장이 요청한 2500만 불의 원조를 거절하면서 조속한 시일 내 민간정부를 회복하도록 요구하였다. 박 의장이 케네디 대통령에게 군정연장의 필요성을 설명하는 편지를 보냈으나 버거(Samuel D. Berger) 주한미국대사는 공식적으로 케네디 대통령의 부정적인 회신을 전달하였다.[55] 민간정치인과 미국의 반대가 계속되는 가운데 공화당 지도자들이 중재에 나섰다.[56] 즉 박 의장이 군정연장 안을 철회하는 대신 민간정치인들은 박 의장의 선거 출마를 허용하는 안을 제시하였다. 공화당의 정구영 총재를 비롯한 지도자들이 양측을 방문하여 설득하려고 노력하였다. 이러한 노력 끝에 당시 민간정치인 중에서 가장 세력이 강한 윤보선 전 대통령과 허정 전 과도정부 수반이 대통령관저에서 박 의장을 만나 3자회담을 개최하기로 합의했다. 그러나 군부지도자와 민간지도자들 간의 상호 불신 때문에 최종 합의에 도달하지 못하였다. 그러나 박 의장은 미국의 반대 등으로 인해 군정연장 안을 관철시키는 것은 불가능하다는 것을 깨닫고 4월 8일에 "군정연장을 위한 국민투표를 9월 말까지 보류하고, 정당 활동 재개를 허용하는 한편 국민투표 또는 총선거 실시 여부를 9월 중에 결

---

54) 1963년 민정이양과정에서 미국의 개입에 대한 상세한 설명은 다음을 참조. 이완범, 앞의 글.

55) Taehyun Kim and Chang Jae Baik, "Taming and Tamed by the United States," Byung-Kook Kim and Ezra F. Vogel, (eds.) *The Transformation of South Korea: The Park Chung Hee Era*, (Cambridge, Harvard University Press, 2011), p. 70.

56) 이영석 편, 『정구영 회고록: 실패한 도전』, (중앙일보사, 1987), 49-53쪽.

정하겠다"고 발표하였다.[57] 덧붙여 보릿고개에 시달리고 있는 백성들을 위해 행정력을 강화하여 민생문제를 해결할 것을 약속했다. 박 의장이 사실상 군정연장 안을 철회하는 대신 선거 출마를 선택한 것이다. 그러나 박 의장이 선거 출마를 위해 공화당을 선택한 것이 아니라 범국민정당운동(Pan-National Party Movement)이라는 새로운 길을 찾아 나섰다. 당시 국정을 장악하고 있던 최고회의가 범국민정당운동에 나설 것을 선언하였다. 비록 군부의 군정연장 안은 사라졌으나 정국은 더욱 복잡해졌다. 군부지도자와 공화당 인사와 민간정치인들은 범국민정당운동 참여 여부를 놓고 의견이 엇갈렸다. 이런 상황에서 공화당 고수파와 범국민정당운동 추진세력은 서로 주도권 싸움을 벌였다.

4. 군부의 범국민정당운동의 전개과정

이제 군부의 민정참여를 지지하는 새로운 세력이 등장하여 범국민정당운동을 추진하였다. 김재춘 중앙정보부장과 이후락 비서실장 등이 군부 내에서 주도권을 장악했으나 민정참여 방식을 두고 여전히 갑론을박이 계속되었다. 지난달에 두 개의 반혁명사건(김동하와 박임항 사건)을 통해 민정참여에 반대하는 세력을 제거했기 때문에 이제 최고회의에는 정치군인들만이 남았다. 특히 이들은 박정희 의장을 앞장세워 민정에 참여한다는 점에 대해서는 이견이 없지만 아직도 민정참여 방식에 대해서는 의견이 분분하였다. 최대의 쟁점은 군인들이 공화당

---

57) 중앙선거관리위원회, 『대한민국 정당사』, 제1집: 1945년-1972년, (중앙선거관리위원회, 1973), 264쪽.

2

에 참여하여 선거에 나갈 것인지 여부였다. 최고회의는 이 문제를 놓고 여전히 양분되어 있었다. 김종필을 비롯한 육사 8기 출신 군인들이 공화당을 지지한 반면 반대세력은 김재춘 신임 중앙정보부장의 지휘 아래 느슨하게 뭉쳤다.[58] 그의 주선으로 1950년에 박정희 의장이 재혼을 했기 때문에 박 의장과 개인적인 유대가 매우 깊었다. 그가 지난 2월에 김종필을 해외로 내보내는 데 결정적인 역할을 하였고, 이제 박 의장의 후원 아래 공화당보다 더 강한 정당을 만드는 일을 주도하였다.

김종필과 공화당을 지지하는 세력에 맞서 육사 5기생 출신 김재춘 중앙정보부장의 주도 아래 이후락 비서실장 등은 박정희 의장의 승인을 받고 범국민정당운동을 본격적으로 추진하였다. 4월 8일, 박 의장이 정치활동 재개 허용과 언론 검열 중단을 선언하면서 "앞으로 3-4개월 내에 모든 정당이 과거의 잘못된 행동이나 비리를 개혁해야 한다"고 요구하였다. 이 선언 직후 최고회의는 범국민정당운동을 지휘 감독하기 위해 5인 정책소위원회를 구성하였다. 그러나 범국민정당운동의 정치적 방향에 대해서는 여전히 오리무중이었는데, 최고회의 대변인은 이 운동을 통해 정계개편이 이루어질 것이라고 언급할 뿐 공화당의 장래 등에 관하여 자세한 설명이 없었다.

그런데 범국민정당과 공화당은 공통적으로 패권정당의 야심을 드러냈지만 전자는 후자와 다른 정치적 전략을 구사하여 새로운 군인정당을 만들려고 노력하였다. 당시 이 운동을 지원한 이후락 비서실장은 범국민정당운동의 목표를 다음과 같이 설명하였다: "군사정권은 모든 정치인이 범국민정당운동에 참여하기를 요청한다. 만약 하나의

---

58) 당시 이후락, 유양수, 유병현, 박태준 등이 김재춘을 지지하였다.

강한 정당이 출현하게 되면 군소 정당들은 살아남기 위해 결국 단결할 것이므로 마침내 둘 또는 세 개의 주요 정당으로 뭉쳐서 국민의 지지를 얻기 위해 경쟁하게 될 것이다."[59] 이후락은 범국민정당운동의 목표가 공화당처럼 새로운 패권정당을 창출하는 것이라는 점을 분명하게 하였다. 당시 범국민정당운동에 참여한 민간인은 "이 운동이 모든 정치 엘리트와 군부 엘리트들을 광범위하게 충원하여 인도 국민회의(Indian National Congress)와 비슷한 정당을 만들고자 한다"고 주장하였다.

그런데 공화당은 본래 군부의 민정참여를 위해 세대교체의 기치를 내걸고 구정치인들을 배제하고 과거 정치에 참여한 적이 없는 참신한 민간세력을 주로 충원하였다. 이와 대조적으로 범국민정당운동은 구정치인을 포함하여 모든 정치인이 참여하는 범국민정당을 만들려는 정치적 야심 아래 공화당은 물론 과거 민주당과 자유당 출신의 정치인들을 영입하였다. 이제 군부의 민정참여 전략이 구정치인을 배격하는 배제적(exclusive) 전략에서 구정치인들을 포섭하는 포용적(inclusive) 전략으로 바뀌게 된 것이다.

그런데 범국민정당에 참여한 민간인들은 매우 다양한 정치적 성향과 정치적 기반을 가지고 있었다. 첫 번째 그룹은 최근 공화당에 참여한 인사들로서 민주당 출신의 보수신당 운동파(박준규, 김재순 등), 두 번째 그룹은 구자유당계 인사들로서 정국수습협의회, 세 번째 그룹은 공화당 초기에 참여한 김용우, 민관식 등이었고, 마지막으로 과거 야당인사로서 민주계 출신의 주도윤 등이 주도하는 "민정이양촉진회"

---

59) Hu-rak Yi, "Why is A Pan-National Party Necessary?" *Koreana Quarterly*, 5: 2, (Summer 1963), p. 14.

가 있었다. 그런데 이들은 당시에 지명도가 높은 편이 아니었기 때문에 군부지도자들은 거물급(허정, 김도연 등)을 영입하기 위해 노력하였다. 당시 한국의 정치풍토는 연고주의가 강했기 때문에 정계에 추종자가 많은 거물급을 영입해야 범국민정당이 성공할 수 있었다. 범국민정당운동 지도자들이 거물급 민간정치인을 영입하기 위해 노력했으나 이들이 박정희 의장의 민정불참을 요구하는 바람에 진전을 이루지 못했다. 거물급 정치인들은 박 의장이 민정에 참여하면 자신들의 정치적 입지가 매우 좁아진다고 생각했기 때문에 박 의장의 민정불참을 범국민정당운동에 참여하는 전제조건으로 내세웠다. 다가오는 선거에서 박 의장을 추대하려는 범국민정당 추진 군부 인사들은 민간정치인들의 요구를 수용할 수 없었다.

범국민정당운동이 시작됨으로써 공화당의 장래는 매우 어두워졌다. 사실 범국민정당운동 지도자들이 공화당의 해체를 요구하자, 공화당은 찬반으로 나누어졌다. 주로 민간정치인들과 관료들은 공화당 해체에 찬성하였지만 김종필과 함께 공화당 사전조직에 참여한 군인과 민간인들은 결사 반대였다. 공화당 해체 찬성파는 박정희를 비롯하여 군인들이 이제 공화당에 참여하지 않을 것 같으니 해체하는 것이 바람직하다고 보았다. 특히 이들은 공화당을 자진 해체함으로써 박 의장을 비롯한 군부지도자들이 정계개편을 수월하게 할 수 있을 것으로 생각했다. 그리고 1300여 명의 당 사무국 직원 봉급과 당 활동 경비를 계속 지급하기 어려울 정도로 당의 재정상태가 좋지 않았기 때문에 해체에 찬성하였다. 그리하여 당무위원회가 당 해체를 선언하자 반대파들은 중앙상임위원회를 개최하여 당무위원회의 결정을 뒤집었다. 이들은 "당을 지지하지 않는 사람은 당을 해산하는 대신 스스로 물러가는 것이 도리"라고 주장했다. 그리고 이들은 "공화당이 진정한 '공공의 정당'이라면 박정희 없이도 당을 꾸려나가야 한다. 또 당 사무국 직원을 줄여서 당의 경비를 줄일 수 있다. 그리고 최고회의의 요구에 부응해서 당이 스스로 재조직할 수 있다"고 주장하였다.

1963년 4월, 공화당은 심각한 위기에 봉착하였다. 공화당 지도자들 중에서 사퇴가 잇달았는데, 세 명의 당무위원, 네 명의 중앙당 사무국 국장이 사임하였다. 그런데 공화당에서 이탈하여 범국민정당으로 옮긴 많은 인사들이 범국민정당의 지방조직을 만들기 위해 공화당의 지방조직을 개편하려고 시도하였다. 실로 공화당의 중앙당과 지방당이 거의 마비상태가 되었다. 내분 사태 후 공화당에는 사전조직과정에서 충원된 사람들이 주로 남게 되었다. 정구영 총재가 이들과 함께 공화당을 지켰다. 이들은 당의 구조조정에 나선 결과 우선 당 사무국 직원을 1300명에서 400명으로 줄이고, 중앙당을 작은 건물로 이전하였다.

한편 1963년 5월 들어 범국민정당운동을 시작한 지 2개월이 지났지만 이 운동이 거물급 민간정치인들을 포섭하지 못하여 교착상태에 빠지자 공화당이 재기를 시도하였다. 5월 초에 윤치영이 당의장을 맡은 후 주요 당직자를 새로 임명하고, 당조직을 활성화시켰다. 윤치영은 65세의 매우 노련한 정당정치인으로 정치적 경험이 많았다. 그동안 세 명의 당무위원(김용우, 최규남, 민관식)이 공화당을 떠났지만 여섯 명(윤치영, 이원순, 전례용, 백남억, 성인기, 이활)이 새로 충원되었다. 그리고 네 명의 중앙당 국장을 새로 임명하였는데 과거에는 모든 국장이 민간인이었으나 이번에는 두 명이 군 출신이었다. 이것은 정치적으로 매우 의미 있는 것으로 공화당이 이들 군 출신을 통해 최고회의와의 관계를 더욱 돈독하게 할 수 있게 되었다. 동시에 공화당이 시민사회와 연계를 강화하였는바, 당의장 고문이라는 자리를 새로 만들어 일곱 명(이갑성, 임영신, 김동성, 윤일순, 최규남, 조정환, 박현숙 등)을 임명하였다. 이들은 대부분 자유당 정부에서 장관 등 요직을 역임한 인사들이다.

5. 박정희의 공화당 선택

1963년 5월 들어 박정희 의장을 비롯한 최고회의가 점차 범국민정당운동에서 공화당으로 지지를 옮겨가기 시작했다. 그 이유는 두 가지로서 우선 범국민정당운동에 참여한 민간정치인들이 박 의장의 민정불참을 강하게 주장하는 가운데 야당의 최선두 지도자인 윤보선 전 대통령이 새로운 정당을 창당했기 때문이다. 이런 상황에서 범국민정당운동의 군부지도자들이 박 의장을 대통령후보로 지명하자 민간정치인들이 일부 이탈하였다. 이와 대조적으로 공화당은 시종일관 박 의장을 대통령후보로 받아들였다. 또 5월 14일 윤보선 전 대통령이 많은 구정치인들의 지지를 얻어 민정당(民政黨)을 창당하고 대통령후보로 지명된 후 선거 준비에 박차를 가하였다.[60] 다가오는 대선에서 박정희 의장의 최대 경쟁자는 윤보선 전 대통령이었기 때문에 군부가 서둘러 정당을 선택한 후 다가오는 선거를 준비해야 할 필요성이 생긴 것이다. 범국민정당운동이 지지부진한 상태에서 박 의장을 비롯한 군부지도자들이 이제 공화당을 선택하지 않을 수 없는 상황을 맞이하게 되었다.

5월 말에 드디어 군부가 공화당을 선택하고 모든 군부 지지세력은 공화당 아래 모이도록 하였다. 5월 25일, 박 의장은 공식적으로 공화

---

60) 이 민정당은 5공화국의 민정당(民正黨)과 다르다.

당이 친군부세력의 핵심이라고 선언하였다.[61] 이 선언이 나온 직후 공화당은 즉각 행동을 개시하여 이틀 후에 임시전당대회를 개최하고, 전격적으로 박 의장을 대통령후보로 지명하였다. 박 의장이 대통령후보직을 수용할 의사를 표명했지만 군복을 벗고 예편하는 법적 절차가 필요했기 때문에 즉각 공화당에 입당하지는 않았다. 특히 공화당에 반대하는 군부지도자들을 설득할 시간이 필요하였다. 이로써 공화당은 활력을 되찾게 되었고, 특히 범국민정당을 압도하게 되었다. 그동안 많은 공화당지도자들이 박 의장을 비롯한 군인들을 상대로 공화당에 참여하도록 설득하였다. 예컨대 공화당 부산시당 책임자였던 예춘호는 "공화당의 지방조직이 매우 탄탄하기 때문에 다가오는 선거에 승리하려면 공화당을 선택해야 한다"고 군인들을 설득하였다.[62]

한편 박 의장을 비롯한 군부지도자들은 여전히 범국민정당운동을 전개하고 있는 군인들과 민간인들이 공화당의 깃발 아래 모이도록 설득하였다. 그러나 범국민정당운동을 전개하고 있는 김재춘 중앙정보부장과 오월동지회(오치성, 강상욱, 박원빈, 조창대, 장동운 등)는 여전히 공화당에 합류하지 않고 이 운동을 계속해 나갔다. 그런데 범국민정당운동에 참여한 민간정치인들은 2파로 나누어졌는바, 일부에서는 공화당과 합당하는 것을 선호했고, 다른 파는 독자적인 정당을 출범시키려고 노력했다. 전자는 민병기를 비롯하여 과거 자유당인사 중에서 군부와 매우 가까운 사람들이 많았다. 후자는 소선규를 비롯하

---

61) 김종필, 앞의 책, 342-343쪽. 당시 김형욱이 박정희 의장에게 김재춘을 배격하고 공화당에 올라타야 한다고 설득하는 데 앞장섰다. 김형욱 외에 홍종철, 길재호, 김동환, 신윤창, 오학진 등이 박 의장의 대선 출마와 공화당 선택을 지지했다. 이들은 모두 김종필의 육사 동기들이다.

62) 예춘호, 「공화당 사전 조직과 주체세력의 암투」, 《신동아》, 1986년 2월호, 300-324쪽.

여 민주당 출신의 정치인들이 많았다. 그런데 6월 초에 갑자기 윤보선 전 대통령이 주도하는 민정당에 참여하고 있던 많은 민간정치인들이 범국민정당운동에 합류하였다. 이들은 주로 윤보선 노선에 반대하는 김도연파들이었다. 이 때문에 공화당이 범국민정당과 합당하려는 노력이 복잡해졌다. 결국 범국민정당운동 지도자들이 창당준비위원회를 구성하고 당명을 자유민주당(약칭 자민당)으로 정하였다. 이들은 소선규와 김용우를 각각 창당준비위원회 위원장과 부위원장으로 선출하고, 57명의 발기인 명단을 발표하였다. 과거 자유당 출신은 김달수, 김원태, 이형모, 장석윤 외에 12명이 참여하였고, 민정당 출신은 김산, 김용성, 민영남, 이상신, 정충섭 외에 7명, 과거 민주공화당 출신은 김용우, 조정환, 이원장 외에 2명, 그리고 군소 정당이나 기타 단체 출신으로 김준연, 민병기, 안동준, 여운홍 등이었다.[63]

6월 10일, 자민당의 창당준비대회 직후 박 의장은 모든 군부지도자들이 공화당과 자민당 일에 간섭하지 않도록 지시했다. 그리고 최고회의에서 양당의 합당을 위한 가이드라인을 만들었다. 첫째, 자민당은 창당대회를 취소한다. 둘째, 공화당은 자민당 지도자들에게 공정하게 당 고위직에 임명한다. 셋째, 자민당 참여자들은 공화당의 전당대회와 대통령후보 지명대회의 결정을 따른다. 넷째, 공화당은 당명을 바꾼다. 다섯째, 공화당 사무국은 그대로 둔다. 공화당은 이러한 다섯 가지 조건을 수락한 후 자민당과 합당을 추진했으나 성과를 얻지 못했다. 일부 자민당 인사들은 공화당의 사무국이 김종필계의 아성이기 때문에 당 사무국을 해체하라고 요구하였다.

공화당과 자민당의 통합 노력이 계속 지지부진하자 7월 4일, 박 의

---

63) 이성춘, 앞의 글, p. 451.

장이 양당합당을 위한 최후통첩을 보냈는데 공화당이 이를 받아들였으나 자민당은 거부하였다. 박 의장의 최후통첩은 첫째, 자민당이 창당대회 전에 공화당과 합당한다. 둘째, 공화당은 당명을 바꾼다. 셋째, 공화당은 선거위원회를 구성한 후 사무국조직을 해체한다. 넷째, 공화당은 새로운 당원들에게 당 고위직을 적절하게 배분한다. 박정희 의장의 마지막 제안이 허사가 되자, 결국 박 의장은 김재춘 중앙정보부장을 무임소장관에 임명하고 그 후임으로 김형욱을 임명하였는데, 그 이유는 전자가 자민당을 지원하고 있었고, 후자는 김종필을 지지하는 육사 동기생이었기 때문이다. 이로써 자민당은 힘이 빠지게 되고 결국 공화당과 합당작업을 진행하였다. 7월 9일, 690명의 자민당 당원들이 공화당에 합류했으나 자민당은 여전히 깃발을 내리지 않았다.[64] 더욱이 오월동지회 소속 군인들이 박 의장에 대한 충성심을 유지하였지만 공화당에 가담하지 않았다. 7월 20일, 마침내 최고회의가 10월 15일과 11월 26일에 각각 대선과 총선을 실시하기로 발표하고, 민간정치인들이 이를 수용함에 따라 민정이양을 위한 정치적 게임은 선거에서 결판이 나게 되었다.

이제 박정희 의장의 군정 이후 정치적 역할은 다가오는 선거에서 판가름 나게 되었다. 표 8에서 보는 것처럼 쿠데타 이후 박 의장은 민정참여 여부를 두고 여러 차례 입장을 번복하였다. 그가 왜 이처럼 우유부단한 모습을 보였나? 박 의장 비판자들은 그가 권력을 포기할 생각이 전혀 없었음에도 불구하고 여러 가지 정치적 술수를 부렸다고 주장한다. 그러나 당시 그를 바로 옆에서 지켜본 김종필을 비롯하여

---

64) 민주공화당, 앞의 책, 86-87쪽.

표 8 박정희 의장의 민정참여 여부에 대한 입장의 변화

날짜	병영으로 돌아간다	민정에 참여한다	군정을 연장한다
1961. 8. 12	O		
1961. 9. 16	O		
1962. 1. 22	O		
1962. 2. 21	O		
1962. 6. 4		O	
1962. 7. 17	O		
1962. 8. 12*	O		
1962. 10. 21*		O	
1962. 11. 7		O	
1962. 12. 27		O	
1963. 2. 18	O		
1963. 2. 27	O		
1963. 3. 16			O
1963. 3. 19		O	
1963. 4. 8		O	
1963. 5. 4		O	
1963. 5. 27		O	
1963. 8. 30		O	

주: 모든 발언이 박정희 의장의 발언이었으나 * 표시는 예외.

출처: 이 표는 양성철 교수의 책에 나와 있는 표를 수정 보완한 것임. Sung Chul Yang, *Korea and Two Regimes*, (Cambridge, Mass., Schenkman Publishing Co., 1980), p. 296. "Table 9-9: The Process of Breaking the Revolutionary Pledges."

많은 사람들은 그의 권력의지가 당시에는 상대적으로 약했다고 주장한다.[65] 박 의장은 쿠데타 후 가난한 나라를 맡아 통치하는 것이 매우 어려운 일이라는 것을 실감했기 때문에 당시에는 강한 권력의지를 가지지 못한 것으로 보인다.[66] 더욱이 군부 내에서 군인들의 민정참여

---

[65] 그의 권력의지가 상대적으로 강해진 것은 한일 국교정상화와 베트남 파병 이후 3선 개헌을 염두에 두고 1967년 대선과 총선에 나갈 무렵이었다고 판단된다.

[66] 김종필, 앞의 책, 203쪽.

여부를 두고 여러 세력들의 다양한 견해를 조정하는 것이 매우 힘들었다는 것을 말해 준다.

결국 박 의장이 전역 후 민간인 신분으로 대선에 출마하는 것으로 결론이 난 것은 군부의 민정참여를 둘러싼 찬반세력 간에 이루어진 일종의 묵시적 타협이었다. 그동안 많은 민간정치인들과 미국이 군의 원대복귀를 강력히 요구했지만 당시 군부 내 민정참여파가 완강히 원대복귀에 반대하였다. 이들이 군정연장 카드로 민간정치인들과 미국을 위협하는 바람에 후자가 군정연장을 저지하기 위해 군인들이 군복을 벗고 민간인 신분으로 선거에 출마하는 것을 허용해 준 것이다. 한편 미국은 민간정치인이든, 군부출신 정치인이든 국민의 선택을 받은 정권이 한국에서 탄생하는 것을 원했다. 아울러 민간정치인들은 혁명공약대로 군의 원대복귀가 최선책이지만 군정연장이라는 최악의 상황 대신에 선거라는 차선책에 만족할 수밖에 없었다. 한편 군부 지도자들은 선거에서 질 수 있다는 위험부담을 안고 있었지만 여전히 권력을 장악한 상태에서 선거를 치르기 때문에 선거에서 승리할 자신감을 어느 정도 가지고 있었고, 특히 선거를 통해 정치적 정통성을 확보할 수 있다는 이점을 가지고 있었다.

6. 윤보선의 민정당 창당과 대선후보 단일화 실패

민간정치인들은 군부의 군정연장 안에 대해서는 일치단결하여 반대하였으나 정치재개와 함께 이미 여러 정당으로 나누어져 있었다. 5·16 이전에 장면정권에서 서로 심하게 대립하였던 민주당의 신파와 구파는 각각 민주당과 민정당을 별도로 창당하였고, 또 과거 자유당 소속을 비롯하여 다양한 정치세력들이 다가오는 선거를 앞두고 새로운 정당을 만들기 위해 분주하였다. 이미 언급한 것처럼 민간정치인 중에서 윤보선 전 대통령이 민주당 구파를 중심으로 가장 큰 세력을 형성하여 민정당을 출범시켰다. 1963년 정초에 윤보선, 김병로, 이인, 전진한을 비롯한 민간정치인들이 모여 정파를 초월한 단일정당을 구성하여 군정을 종식시키기로 약속하고 1월 말에 민정당 창당발기대회를 가졌다. 3월 29일 창당대회와 대통령후보 지명대회를 갖기로 했으나 군정연장 선언과 함께 정치활동을 규제하는 바람에 중단되어 버렸다. 결국 군사정권이 이를 철회함에 따라 5월 14일에 창당대회를 열고 대표최고위원에 김병로, 최고위원에 백남훈, 김도연, 이인, 전진한, 김법린, 서정귀 등을 선출하였다. 비록 민주당 구파, 즉 신민당이 주축이었으나 자유당, 민주당, 무소속 출신 인사들을 최고위원에 골고루 임명하여 범민간정치세력이 되려고 노력하였다. 이 자리에서 윤보선 전 대통령이 다가오는 대선의 후보로 지명되었다. 이처럼 민정당이 민간정치세력을 대표하는 정당이 될 것으로 기대했으나 5월 말에 간사장 선출 등을 둘러싼 정치적 갈등으로 인해 구파의 핵심인사인 김도연이 이탈하여 군부가 주도하는 범국민정당에 가담함으로써 분열의 조짐이 보였다.

한편 이승만정권이 물러난 후 과도정부 수반을 지낸 허정이 구자유당계와 민주당 신파 일부 세력과 함께 신정당을 창당하였다. 민주당 신파에 속했던 이상철, 조재천, 현석호, 홍익표, 계광순 등이 신정당 창당에 참여하였으나 중앙상무위원 인선을 둘러싸고 구자유당계와 구민주당계가 서로 대립하는 바람에 구민주당계가 이탈하여 다시 민주당으로 되돌아갔다. 민정당, 신정당, 민주당 외에도 이범석이 민우당, 변영태가 성민회를 조직하였다. 민간정치인들이 다가오는 대선에서 승리하여 군정을 종식시키려면 이렇게 4분5열되어서는 불가능하였다. 따라서 민간정치세력이 통합하여 단일후보를 내세워야 한다는 여론이 강하였다.

7월 초에 윤보선 민정당 대선후보는 소위 야당후보 단일화를 위해 대선후보를 정식으로 사퇴하면서 민간정치세력들의 통합 노력이 본격적으로 시작되었다. 민정당, 신정당, 민주당, 민우당, 정민회, 무소속 등 민간정치세력을 대표하는 6개 정파의 대표 두 명씩이 모여 야당 통합과 대선후보 단일화를 위해 협상을 벌였으나 별다른 진전이 없었다. 민정당, 신정당, 민우당은 단일정당으로 통합하는 것을 주장한 반면, 민주당과 정민회는 정당통합보다 연합하여 단일후보를 내세우자고 주장하는 바람에 서로 대립하였다. 결국 정당통합에 찬성하는 세 정당(민정당, 신정당, 민우당)만이라도 통합하기로 합의하였다. 세 정당은 통합정당의 당명을 "국민의 당"으로 하는 데 합의하고 8월 1일 창당대회에서 김병로, 허정, 이범석을 최고위원에 선출하고 김도연, 이응준, 안호상을 지도위원으로 선출하였다. 세 정파 출신을 골고루 배치하였는바, 김병로와 김도연이 민정당을, 허정과 이응준이 신정당을, 이범석과 안호상이 민우당을 대표하였다. 그러나 국민의 당은 조직책 선정을 둘러싸고 세 정파가 서로 대립하다가 가까스로 타협에 성공하여 민간정치세력의 통합이 이루어질 것처럼 보였다. 그러나 국민의 당은 대통령후보 지명을 둘러싸고 결국 파국의 길로 치달았다.

국민의 당은 각 정파가 사전에 조정하여 대통령후보를 정하고 창당대회에서 만장일치로 추대하는 데 합의하였다. 사전 조정과정에서 윤보선, 김병로, 이범석이 후보를 사퇴함으로써 허정과 김도연의 양자 대결로 좁혀졌다. 9월 3일 전당대회를 앞두고 11인 위원회(장택상, 이윤형, 정일형, 이인, 전진한, 김종구, 손원일, 박세경, 안호상, 조재천, 정헌주)가 투표한 결과 9 대 2로 허정을 선정하였다.[67] 그러나 국민의 당 내에서 가장 세력이 큰 민정당계가 이를 받아들이지 않고 독자적으로 윤보선 전 대통령을 대선후보로 선정함으로써 위기에 봉착하였다. 결국 9월 5일, 국민의 당은 창당대회 겸 대통령후보 지명대회를 개최하였으나 합의에 도달하지 못하자 민정계를 제외한 인사들만으로 국민의 당 창당 등록을 선관위에 제출하였다. 여기에 반발하여 9월 12일, 민정당은 전당대회를 개최하여 윤보선 전 대통령을 대선후보로 선출하였고, 9월 14일에 국민의 당은 허정을 대선후보로 선출함으로써 민간정치세력의 단일후보 선출 노력은 허사로 돌아가 버렸다.

7. 요약: 1963년 전반기에 공화당은 어떻게 살아남았나?

1963년 전반기 정치과정은 기본적으로 계속집권을 노리는 군부세력과 군정 종식을 열망하는 민간정치세력 간의 치열한 힘겨루기 양상이었는데, 그 정치과정이 매우 혼란스러웠다. 이러한 정치적 혼란의 근본 이유는 5·16을 통해 새로운 정치세력으로 부상한 군부가 비민주적인, 비정상적인 방법으로 계속집권을 노렸기 때문이다. 그리고 군부와 민간정치세력의 다양한 계파들이 군정 종식을 위한 정치적 게임의 룰을 자신들에게 유리하게 만들기 위해 합종연횡을 거듭했기 때문에 정치과정이 매우 복잡하고 불확실하였다. 당시 정치과정을 요약해 보면 첫째, 박정희-김종필계가 계속집권을 위해 사전에 준비한 패권정당(hegemonic party) 수립 전략이 군인들의 민정참여에 반대하는 군부와 민간정치세력, 그리고 미국의 격렬한 반대에 부딪쳐 일시적으로 중단되었다. 둘째, 박정희 의장의 민정불참 선언 후 번복, 4년간

---

67) 윤보선, 앞의 책, 277쪽.

군정연장 안에 대한 국민투표 제안 후 철회, 범국민정당운동의 실패 등으로 인해 정치적 혼란이 가중되었다. 결국 군부의 민정참여파와 민간정치세력 간의 묵시적 타협에 의해 군부가 군정연장을 철회하는 대신 민간정치인들은 군부지도자들이 군복을 벗고 선거에 참여하는 것을 허용해 주었다. 셋째, 군정 종식 방법을 둘러싼 게임의 룰을 만들어가는 과정에서 당초 박정희-김종필계는 구정치인을 배제하는 배제적 패권정당(exclusive hegemonic party) 전략을 세웠으나 범국민정당운동을 전개하면서 구정치인을 포섭하는 포용적 패권정당(inclusive hegemonic party) 전략으로 바뀌었다.

5·16 주도세력은 군부의 민정참여를 위한 사전 준비를 약 1년 동안 비밀리에 철저히 진행하였다. 박정희 의장의 지시에 따라 김종필 중앙정보부장의 진두지휘 아래 민정이양 후 새로운 정치질서를 구축하기 위해 재건동지회라는 비밀조직을 만들었다. 재건동지회는 비밀리에 최고회의에 영향력을 행사하여 헌법 개정, 정당법 제정 및 선거법 개정, 정치활동정화법 제정을 통한 민간정치인의 공민권 박탈 등을 공개적으로 추진하는 한편 나중에 민주공화당이라고 명명한 정당의 전국적인 조직을 완성하고, 중앙당과 지구당을 책임질 1200여 명의 민간인들을 비밀리에 충원하여 정치교육까지 실시하였다. 특히 구정치인을 배제하고 과거 정치에 참여하지 않은 참신한 민간인들을 전국적으로 발굴하여 새로운 정치질서 수립의 핵심세력으로 삼고자 하였다. 더욱이 혁명공약과 달리 군인들이 군복을 벗고 관제여당을 통해 민정에 참여하여 새로운 정치질서를 수립하려고 준비하였다. 군부가 구상한 신질서의 핵심은 강한 대통령제-강한 정당을 기반으로 권위주의체제의 정통성을 확보하려는 것이었다. 이러한 구상이 성공하면 패권정당체제가 등장하는 것이다.

공화당의 이러한 정치지형 개편 시도에 긍정적으로 작용한 요인과 부정적으로 작용한 요인을 분석해 보자. 먼저 긍정적인 요소를 살펴보면 국민들이 기존의 정치질서에 대한 강한 불신과 함께 새로운 정치질서에 대한 열망이었다. 국민들은 자유당과 민주당 정부 시절에 정치인의 파벌싸움, 부정부패, 여야 간의 정쟁, 민생난 등을 겪으면서 정치적 불만이 매우 고조되어 있었기 때문에 공화당의 새로운 정치질서 수립에 원칙적으로 찬성하는 분위기였다. 그리고 당시 한국사회는 여전히 농업국가로서 전근대적인 요소가 강한 유교정치문화가 풍미하고 있었기 때문에 일반 유권자들이 정부의 지시에 무조건 따르는 것을 미덕으로 생각하였다. 즉 많은 국민들이 여전히 관존민비사상에 바탕을 둔 전통적인 정치의식에 젖어 있어서 공화당이 구상하는 새로운 정치질서 창출에 국민들을 동원하기가 상대적으로 쉬웠다. 그리고 계엄령하에서 민간정치인들은 일절 정치활동을 못 하는 상황에서 박정희-김종필계는 막강한 권력을 가지고 공화당을 사전조직하면서 전국적인 조직망, 인력, 정치자금을 이미 확보하였기 때문에 매우 유리한 입장이었다.

　그러나 부정적 요소를 무시할 수 없었다. 군부정권이 정치적 정통성을 가진 장면정권을 힘으로 무너뜨리고 탄생했다는 출생 결함으로 인해 군부의 계속집권을 국내외적으로 정당화하기가 쉽지 않았다. 특히 군부는 2년 후에 민간정치인들에게 정권을 이양하겠다는 약속을 했기 때문에 군부의 계속집권 시도는 약속 위반이었다. 군의 원대복귀 약속을 기다렸던 많은 국민들은 수긍하기 힘들었다. 그리고 쿠데타 지도자들의 원대복귀를 원한 미국은 실제 한국에 대한 원조 중단이라는 정치적 카드를 사용하여 군부의 계속집권을 막으려고 노력하였다.[68] 당시 대한민국은 미국의 원조 없이는 국가 재정을 지탱하기 어려울 정도였기 때문에 미국의 원조 중단 카드는 위력을 발휘하였다. 또 당시 한국은 여전히 유교정치문화가 강하여 문민통치의 전통이 살아 있었기 때문에 군부의 계속집권이라는 무인통치에 대한 반감이 있었다. 그리고 공화당 주도로 새로운 권위주의 정치질서를 수립하려는 시도는 기존의 자유민주주의 정치질서를 전면적으로 해체하는 작업이 필수적이었는데, 이러한 시도가 성공하기 어려웠다. 그 이유는 이승만과 장면정권에서 자유민주주의에 대한 교육이 전면적으로 실시되었고, 다당제 정당정치에 대한 경험과 기반이 있었고, 특히 자유민주주의를 수호하기 위해 피를 흘린 4·19민주항쟁이 있은 지 얼마 되지 않았기 때문이다. 그리고 민간정치인들이 건국 이후 14년간 공들여 쌓아 올린 유권자의 지지기반을 군부가 하루아침에 무너뜨린다는 것이 쉬운 일은 아니었다.

당시 한국 정치지형의 또 하나의 축을 이루었던 민간정치세력은 계엄령하에서 모든 정치활동이 불허되어 있었기 때문에 군부의 계속집권 시도를 자세히 알지 못하였으므로 속수무책이었다. 예컨대 최고회의가 정치활동정화법을 제정하여 향후 6년간 민간정치인들의 공민권을 박탈했으나 효과적인 정치적 저항을 할 수 없었다. 그러나 군부가 민정이양을 위해 1963년 1월부터 정치활동을 허용하고 비밀리에 준비한 정치질서 개편 계획을 실천에 옮기려고 하자 민간정치인과 군부 내의 반대파들이 결사적으로 저항하였다. 당시 윤보선 전 대통령은 이러한 반대세력의 중심에 서 있었고, 군부출신 지도자 중에서 윤

---

68) 이에 관한 자세한 사항은 다음을 참조. Taehyun Kim and Chang Jae Baik, op. cit., pp. 67-72.

대통령의 민정당에 참여한 인사들도 있었다. 이들은 군부의 권위주의 신질서를 창출하려는 시도에 결연히 맞서 자유민주주의를 지키기 위해 노력하였다. 이들의 성공 여부는 1963년 대선과 총선에서 첫 실험 대에 올랐다. 결국 1963년 선거결과가 대한민국 정치지형의 장래를 결정하게 되었다.

제3장
패권정당운동의 좌절

이 장에서는 패권정당이 되려는 민주공화당의 노력이 좌절되는 과정을 분석하였다. 공화당이 1963년 대선과 총선에서 승리한 과정을 분석하고, 제3공화국 출범 후 패권정당 수립을 위해 만들어진 공화당 사무국이 쇠퇴하는 과정을 당내 파벌싸움과 함께 분석한다. 그리고 1967년 대선과 총선을 전후로 박정희 대통령의 후계자 문제를 둘러싼 공화당 내의 정치적 갈등을 분석하고 결국 1969년 3선 개헌으로 인해 공화당이 박정희 대통령의 개인적인 정치도구(political machine)로 전락하는 과정을 설명한다. 마지막으로 1971년 대선과 총선과정에 나타난 3선 개헌의 후유증을 분석하고자 한다.

제1절 민주공화당과 1963년 선거, 1963년 7-12월

이 절에서는 박정희 의장을 비롯한 다수의 군인들이 군복을 벗고 공화당에 참여하여 대선과 총선에서 승리한 과정을 분석하고자 한다. 그런데 박 의장과 공화당은 처음부터 두 가지 심각한 정치적 문제에 부닥쳤다. 첫째, 일부 군인들이 여전히 공화당에 대한 지지를 유보한 채 저항이나 중립을 표방함으로써 공화당을 중심으로 선거를 치르는 것이 매우 어려운 상황이 되었다. 둘째, 민간인이 주도하는 야당들이 비교적 강한 지지를 확보함에 따라 공화당이 선거에서 쉽게 이길 수 없었다. 이런 상황에서 공화당은 유권자의 지지를 확보하기 위해 주로 두 가지 해결책에 의존하였다. 첫 번째는 공화당이 구정치인들을 영입하기 위해 노력하였고, 둘째, 집권세력이 가진 온갖 특권을 동원하여 표를 얻기 위해 노력하였다. 그 결과 공화당이 대선에서 박정희 의장을 차기 대통령으로 선출하는 데 성공하였다. 또 총선에서 예편한 30여 명의 군인들이 공화당 후보로 당선되었다. 그러나 공화당의 득표율이 대선과 총선에서 겨우 47.6%, 33.5%를 각각 얻었기 때문에 패권정당의 지위를 차지하지 못하였다. 이제 1963년 대선과 총선과정을 심층적으로 분석하여 공화당이 패권적 지위를 획득하지 못한 원인을 제시해 보고자 한다.

1. 공화당의 1963년 선거 준비

7월 20일, 최고회의가 대선과 총선을 각각 10월 15일과 11월 26일에 실시하기로 공포함에 따라 공화당은 선거 준비에 박차를 가하기 시작했다. 공화당은 다가오는 선거에서 표를 얻을 수 있는 지지기반을 구축하기 위해 중앙과 지방조직을 확대하는 방안을 마련했다. 중앙 정치인들이 공화당을 지지하는 대가로 당내 지위를 요구했기 때문에 중앙당 조직을 확대 개편하였는바, 당무위원에 세 명을 추가하

122

고, 중앙상무위원회를 200명에서 500명으로, 중앙위원회를 800명에서 1500명으로 증원하였다. 그리고 중앙위원회는 두 개의 소위원회를 추가하여 여성위원회, 청년위원회가 신설되었다.

조직 확대와 더불어 공화당은 거의 무차별로 정치 엘리트 충원에 나섰다. 그리하여 공화당 사전조직 당시 구정치인들은 부패했다는 이유로 배제되었으나 이제는 이들을 대거 영입하였다. 범국민정당운동에 참여했던 자민당 인사 600여 명이 이미 공화당으로 당적을 옮겼다. 이 외 다른 정당에서 활동하던 800여 명이 공화당으로 말을 갈아탔다. 이들의 이전 소속당을 보면 자민당이 241명, 민주당 출신으로 자민당에 참여했던 114명, 민정당이 211명, 범국민연맹 96명, 한국독립당 38명, 신정당 75명, 한국청년단 19명, 신조회(新潮會) 18명, 조선민주당, 기독교 사회 농민당 등이다.[1] 이렇게 공화당이 구정치인들을 참여시킴에 따라 참신한 정치세력이라는 애초의 이미지는 사라졌고, 또 구태에서 벗어난 정당정치 실현이라는 본래의 목적이 실종될 우려가 생겼다. 특히 이들 구정치인이 나중에 공화당 내에서 막강한 세력을 형성하여 파벌정치를 주도하였다

중앙조직의 확대 개편에 이어 공화당은 지방조직 강화에 나섰다. 지난 반년 동안 최고회의를 비롯한 군부 내 권력투쟁과 민간정치인들의 저항으로 인해 공화당 지방조직이 혼란에 빠져 있었는데, 이를 수습하기 위해 각 지구당별로 당 대회를 개최하였다. 그 결과 공화당은 도시의 동(리)별로, 그리고 농촌의 읍, 면 단위에 모두 2275개의 풀뿌리 조직인 분회를 만들었다. 이것은 대한민국 전체 동, 읍, 면 2679개

---

1) 민주공화당, 『격랑을 헤치고』, (서울인쇄, 1964), 92쪽; 민주공화당, 『민주공화
    당사, 1963-1973』, (민주공화당, 1973), 86쪽. 문헌에 따라 이 숫자에 약간의 차
    이가 있다.

의 85%에 달하는 것으로 공화당이 전국 방방곡곡에 지방조직을 완성한 것이다. 전국 각지의 분회들은 4-5명의 적극적인 당 활동가들로 구성되어 이웃 유권자들의 표를 얻으러 다녔다. 이런 방대한 조직은 한국 정당 사상 처음이었다.

야당은 공화당의 이러한 조직 확대 작업에 크게 불안감을 느꼈다. 야당은 공화당의 풀뿌리조직이 부정선거를 위한 것이라고 주장하면서, 공화당의 분회가 과거 자유당 정권이 부정선거를 위해 만든 "3인조, 4인조"와 다를 바가 없다고 강력히 항의하였다. 공화당은 이러한 주장에 맞서 중앙선거관리위원회에 유권해석을 요청하였는데, 위원회는 공화당 지방 분회가 법적 근거가 없다고 판단하였다. 당시 정당법은 시도, 구, 군 외에 상설 조직을 허용하지 않았기 때문에 분회를 상설 조직으로 설치할 수 없었다. 결국 공화당은 분회를 임시위원회로 바꾸었는데, 이름만 바뀌었을 뿐, 임시위원회도 분회와 마찬가지로 다가오는 선거에 유권자의 표를 얻기 위해 노력하였다. 그러나 이러한 변화는 공화당의 장래에 중요한 의미를 가졌는바, 선거가 없는 시기에 임시위원회는 활동을 할 수 없기 때문에 지방의 유권자들과 소통하는 것이 힘들게 되었다.

한편 공화당의 당원 확충 노력은 매우 성공적이었다. 표 9에서 보는 것처럼 1963년 3월 창당 직후부터 10월까지 당원이 열 배 정도로 늘어났다. 3월에는 15만 명에 불과했으나 5월에는 20만, 8월 말에는 다시 세 배 이상 늘어나 70만 명이 넘었다. 9월 초순에 100만 명이 넘었고, 대선 직전인 10월에는 150만 명이 넘었다. 그 이후 공화당은 100만 명 이상의 당원을 유지하였다. 당시 유권자 수가 약 1334만 명

표 9 1963년 공화당의 당원 변화

월/일	3/5	5/20	8/31	9/9	10/15	12/31
당원수	154,982	200,000	706,011	1,020,000	1,568,000	1,495,675

출처: 민주공화당, 『격랑을 헤치고』, (서울인쇄, 1964), 45, 70, 90쪽; 민주공화당, 『민주공화당사, 1963-1973』, (민주공화당, 1973), 849쪽; 이성춘, 「민주공화당 17년의 드라마」, 《신동아》, 1980년 4월호, 453쪽.

이었기 때문에 당원이 전체 유권자의 11.2%나 되었다.[2] 그런데 이 숫
자에 오해가 없어야 한다. 왜냐하면 당비를 내는 진성 당원은 매우 적
고, 또 당원 중에는 이름만 빌려주고 전혀 활동을 하지 않는 수도 많
았다. 이들이 서구 정당의 당원처럼 당비를 내는 진성 당원이 아니라
공화당 지지자에 불과한 경우가 많았다. 더욱 중요한 사실은 당시 당
원은 당비를 내기보다 오히려 당에서 주는 일당을 받고 일하는 경우
가 많았다. 이를 흔히 "품삯 당원"이라고 하였다. 공화당은 이러한 당
원을 유지하기 위해 엄청난 정치자금이 필요했다. 당총재를 비롯한
간부들은 이러한 자금 마련이 최대의 과제였다. 결국 공화당은 당비
를 내는 당원들이 중심 역할을 하는 대중정당이 아니라 간부정당의
성격이 강하였다.

이러한 조직 강화 및 당원 확충 노력과 함께 공화당은 다양한 선거
준비를 착실히 진행하였다. 선거 홍보를 위해 "황소"를 당의 상징으
로 채택하였고, 또 당의 깃발과 노래도 만들고, 홍보용 신문《민주공
화보》도 발간하였다. 당시 인구의 70% 이상이 농민이었고, 이들이 가
장 소중하게 생각하는 것이 황소였기 때문에 공화당은 황소를 당의
상징으로 채택하였다. 특히 황소는 주인을 위해 묵묵히 일하는 것을
표상하기 때문에 공화당이 앞으로 황소처럼 나라를 위해 묵묵히 일하

---

2)   민주공화당, 『격랑을 헤치고』, 45, 70, 90쪽.

겠다는 것을 유권자들에게 호소하였다. 8월 9일, 드디어 12명으로 구성된 대통령선거대책위원회를 발족하였는바, 12명의 절반은 사전조직에 참여한 인물들이고, 나머지 절반은 구정치인 출신이었다. 8월 들어 당 지도자들은 전국 16개 도시와 1481개 군, 읍, 면 지역에서 유세를 벌여 득표 활동을 시작하였다.[3]

2. 공화당과 1963년 대선

8월 30일, 우여곡절 끝에 박 의장이 마침내 군복을 벗고, 공화당에 입당하였다.[4] 이날 개최된 전역식에서 박정희 대통령은 자신의 일생을 되돌아보고, 목숨을 걸고 군사혁명을 일으킨 후, 아직 혁명과업을 완수하지 못한 것에 대해 매우 의미심장한 연설을 하였다.

본인은 여러분과 마찬가지로 가난한 농촌에서 태어나 군인이 된 후 겨레가 지어준 군복을 입으면서 그날부터 나의 신명을 나의 것이라고 생각하지 않았으며, 오로지 군인으로서 그 본분을 다하고, 또 군인생활 속에서만 삶의 철리를 추구하려 하였습니다. 그러나 오늘 본인은 군인으로서 그 초지를 다하지 못하고, 더구나 혁명이라는 기구한 운명의 역경 속에서 이제 군복을 벗어야 할 시점에 도달하였습니다.

……5월 혁명은 단순한 변혁도, 외형적인 질서 정비도, 새로운 계층 형성도 아닙니다. 상극과 파쟁, 낭비와 혼란, 무위와 부실의 유산을 조상과 선대로부터 물려받은 우리들 불운의 세대가 이 오명된 민족사에 종지부를

---

3) 같은 책, 95쪽.
4) 박정희는 정구영 총재의 추천으로 입당원서에 서명하였는데, 당적 번호는 706,611번이었다. 김종필, 『김종필 증언록 1』, (와이즈베리, 2016), 188쪽.

찍고, 자주와 자립으로 번영된 내일의 조국을 건설하려는 것이 우리 혁명의 궁극적인 지표인 것입니다.

……정치적 자주와 경제적 자립을 성취하고야 말 우리의 목표를 향해 범국민적인 혁명을 전개시켜야 할 것이며, 번영과 민주공화의 낙토를 기약하는 혁명과업은 국민전체의 주체성과 자발적 정신 자세로써 수행되어야 할 것입니다.

……다음의 한 구절로써 전역의 인사로 대할까 합니다. "다시는 이 나라에 본인과 같은 불운한 군인이 없도록 합시다."

박 의장은 전역식을 마친 직후 공화당 당사를 직접 찾아가 입당원서를 제출했다. 바로 다음날, 공화당은 임시전당대회를 열어 박 의장을 대통령후보와 당총재로 선출하였다. 이로써 지난 2월부터 임시로 당총재를 맡았던 정구영 씨가 물러나고 드디어 박 의장이 당총재를 맡게 됨으로써 공화당을 사전조직한 가장 중요한 정치적 목적이 달성되었다. 박 의장이 민정불참을 선언했을 때 공화당은 위기에 봉착했으나 박 의장의 합류로 다시 살아나게 된 것이다. 임시전당대회 대의원 참석률을 보더라도 당시 공화당의 분위기를 알 수 있다. 이날 전당대회에는 3028명의 대의원 중에서 2993명이 참석하여 높은 참석률을 기록했다. 박정희 의장의 민정불참 선언 직후에 개최된 지난 2월의 창당대회에 대의원의 4분의 1이 불참한 것과 비교해 보면 엄청난 차이가 있다. 이날 임시전당대회에서 한 대의원이 김종필의 조기 귀국을 권유하도록 동의하여 많은 대의원의 박수를 받았으나, 이 문제에 관해서 당 지도부의 결정에 위임하기로 결의하였다. 사실 김종필은 아직 일부 최고회의 위원과 야당의 공격 대상이어서 귀국할 형편이 아니었다. 결국 당 지도부는 대선이 끝난 10월 하순에야 비로소 김종필의 귀국을 결정하였다. 당 지도부는 김종필이 4대 의혹사건의 배후로 지목받고 있어서 대통령 선거운동에 지장을 초래하거나 당내 분란이 일어나는 것을 두려워했다.

여기서 강조해야 할 사항은 박 의장이 비록 전역했으나 여전히 대통령직과 최고회의 의장직을 수행하고 있었기 때문에 현직자의 엄청난 프리미엄을 가지고 있었다는 것이다. 당시 최고회의는 입법, 사법, 행정의 3권을 거의 모두 행사하고 있었기 때문에 박 의장이 매우 유리하였다. 예를 들면 박 의장이 지방 유세에 앞서 각종 정부행사를 통해 군정의 업적을 선전하고, 도로 공사, 교량 공사, 공장 착공식을 하는 등 유권자들의 환심을 사기 위해 노력하였다. 야당은 이런 문제점을 지적하면서 박 의장이 최고회의 의장직을 가지고 대통령 선거운동을 하는 것이 불법이라고 주장했으나 받아들여지지 않았다.

새로 공화당 총재에 임명된 박정희는 선거대책의 일환으로 당직자를 일부 교체하였다. 장경순을 사무총장에 임명하고, 김동환 사무총장을 무임소 당무위원으로 임명하였다. 당시 당사무총장은 인사, 예산, 조직 등을 모두 관리하고 있었기 때문에 막강한 파워를 자랑하였다. 박 의장이 이러한 자리에 김종필의 심복이었던 김동환 대신 장경순을 임명한 이유는 파벌싸움에 물들지 않은 후자를 통해 당내 반김종필 세력의 지지를 얻기 위한 것이었다. 특히 장경순이 군부 내 반김종필세력을 설득해서 박 의장 지지로 돌아서게 하려는 것이었다. 한편 이종극, 민병기, 김준태를 새로 당무위원에 임명하였는데, 이종극은 법학 교수 출신이고, 민병기는 자유당 출신이고, 김준태는 민주당 출신으로, 이러한 인사는 공화당 내에서 구정치인의 영향력이 확대되고 있다는 것을 말해준다.

공화당을 중심으로 한 박 의장의 선거 준비에 갑자기 비상이 걸렸다. 9월 3일, 김재춘 무임소장관이 별안간 사임하고, 자민당의 창당대회에 참가하였다. 그리고 이틀 후에는 송요찬 3성 장군(예편)을 자민당의 대통령후보로 선출하였다. 송 장군은 지난 1월부터 박 의장의 민정불참을 끈질기게 주장하다가, "반혁명"으로 체포되었다. 그런데 송 장군이 신장염으로 일시적으로 방면되었으나 8월에 《동아일보》에 "군인은 국방에만 전념하고 박정희 의장은 물러서는 게 애국이다"라는 내용의 공개장을 발표하자, 중앙정보부가 송 장군의 과거 군복무 시절에 있었던 살인교사 혐의를 들추어내어 체포하였다. 당시 송 장군은 감옥에 있었는데, 자민당의 후보지명을 수락하였다.

송 장군은 군부 내 매우 영향력 있는 지도자였기 때문에 그가 대선에 출마하면 군부는 분열될 가능성이 높았다. 그는 한국전쟁에서 혁혁한 공로를 세워 "타이거(Tiger) 송"이라는 별명을 얻었고, 4·19 당시에 육군참모총장으로 계엄사령관에 임명되었으나 학생 시위대에게 발포 금지 명령을 내려 유혈사태를 방지하였다. 4·19 직후 송 장군은 미국에 유학을 갔다가 5·16 직후 귀국하여 국가재건최고회의 국방위원장, 외무부장관을 거쳐 내각수반에 임명되었다. 그러나 1962년 5월에 증권파동이 발생하자 최고회의와 갈등을 빚었고, 1962년 6월에 통화개혁에 반대하여 내각수반직과 경제기획원 장관직을 사퇴하였다.

송 장군은 대선에서 당연히 박정희 후보의 표를 잠식할 가능성이 높았다. 박 의장은 특단의 조치가 필요해졌다. 마침내 박 의장은 자민당을 지원하고 있는 김재춘을 해외에 나가도록 종용하였다. 결국 김재춘도 김종필처럼 "자의반, 타의반" 외유에 나섰는데, 김재춘의 외유는 자민당의 쇠퇴를 가져왔다. 한편 박 의장은 군부지도자의 지지를 확대하기 위해 그동안 독자적인 정치노선을 모색하고 있는 오월동지회를 공화당에 참여시키는 데 성공하였다. 대선을 3일 앞두고 오월 동지회가 박정희 후보 지지로 돌아섰다. 이로써 공화당은 상대적으로 형편이 좋아졌으나, 아직 군부의 절대적인 지지를 받지 못했다. 예를 들면 군부출신의 손창규는 여전히 자민당을, 강문봉, 김형일은 민정당을 지지하였다.

9월 15일에 마감한 대선후보 등록 결과, 민주공화당 공천을 받은 박정희 후보 외에 민간 및 군부지도자로 윤보선(민정당), 허정(국민의 당), 변영태(정민회), 송요찬(자민당), 오재영(추풍회), 장이석(신흥당) 등 모두 여섯 명이 난립하였다. 박 의장은 대통령 선거에서 여섯 명의 후보와 경쟁했지만 실질적으로 박정희 후보와 윤보선 후보의 대결이었다. 사실 허정과 송요찬은 당선 가능성이 거의 없었기 때문에 야당후보 단일화라는 명분 아래 선거일 13일, 8일 전에 각각 후보를 사퇴하였다. 윤보선 후보는 전직 대통령이었기 때문에 다른 야당후보보다 유권자들의 인지도가 훨씬 높았고, 선거자금이나 지지기반에서 앞섰다.

공식적인 선거운동에 돌입하자, 처음에 공화당은 정책 대결을 표방했으나 선거전이 치열해지면서 후보 간의 인물 대결로 치달았다. 특히 박정희 후보의 정치사상 논쟁이 주요 쟁점이었다. 박 후보가 "이번 선거가 야당의 사이비 민주주의와 공화당의 민족적 민주주의의 대결"이라고 주장하면서 야당 지도자들을 "민주주의 배신자", "사대주의자" 등으로 공격하였다. 이에 맞서 윤보선 후보는 "군사정부에 여순반란사건에 관련된 자가 있는바, 그의 민주주의 사상이 의심스럽다"고 공박하였다. 사실 박정희는 소령시절에 한때 군부 내 공산당 조직에 가담하여 1948년 여순반란사건에 연루되어 체포되었다가 풀려난 것으로 알려졌다. 이 사건으로 박 후보는 군에서 예편하였으나, 한국전쟁 직전에 육군 문관으로 채용되었다가 다시 소령으로 재임용되었다. 이러한 박 후보의 전력은 반공주의가 강한 유권자들에게 나쁜 인상을 주게 되었다.

선거운동이 진행될수록 공화당에 대한 야당의 공격은 더욱 거칠어졌다. 윤보선 후보를 지지하는 야당 지도자인 조윤형이 "북한 공산당이 제공한 정치자금으로 공화당이 사전조직되었다"고 주장하였다. 한걸음 더 나아가 조윤형은 "김종필이 북한당국이 내려보낸 간첩 황태성을 만났다"고 폭로하였다. 황태성이 박정희 후보의 형님인 박상희 씨와 매우 가까운 친구로서 박 후보를 만나기 위해 남파된 간첩이라고 주장하였다.[5] 조윤형은 1960년 대선에서 이승만 후보와 맞서서 민주당 후보로 출마했다가 심장마비로 사망한 고 조병옥 박사의 맏아들이었기 때문에 더욱 주목을 받았다. 박정희 후보는 야당의 주장에 근거가 없다고 반박하면서 될 수 있는 대로 야당의 소위 "사상 논쟁"에서 빠져나오려고 노력했다. 특히 자신은 "북한 공산당의 남한 침투를 막기 위해 5·16 군사혁명을 일으켰다"고 주장하면서 반공을 강조하였다.

이처럼 박 후보를 "새로운 민주주의의 수호자"라는 이미지로 만들려는 공화당의 선거전략은 박 후보의 공산당 활동 전력에 대한 야당의 폭로로 실패했지만, 농민의 일꾼이라는 박 후보의 이미지는 유권자의 지지를 얻는 데 비교적 성공적이었다. 공화당은 박 후보가 농촌

---

5)   황태성사건에 대한 자세한 해명은 다음을 참조. 같은 책, 148-169쪽.

출신으로서 농민을 위한 일꾼이라는 선전을 대대적으로 전개하였다. 전체 유권자의 약 70%를 차지하는 농민들의 지지는 매우 중요하였다. 그리고 공화당은 박 후보가 현직 대통령 권한대행이라는 점을 십분 활용하여 지방사업 발주와 약속 등을 통해 유권자들의 지지를 확보하려고 애썼다. 박 후보는 대선을 앞두고 9월 한 달 동안 경상남도 지역에서만 100건 이상의 중앙정부 사업 착공식에 참석하였다. 당시 유권자들은 어느 후보가 자기 고장에 더 많은 일자리와 다리와 도로를 비롯하여 각종 혜택을 제공할 수 있는가에 관심이 많았다.

10월 15일, 오랫동안 기다렸던 대통령 선거에서 85%의 유권자가 참여할 정도로 정치적 관심이 많았는데, 선거결과 박 후보와 윤 후보가 각각 총 유효표의 46.6%, 45.0%를 얻어 매우 근소한 차이로 박 후보가 승리하였다.[6] 두 후보 간의 표차는 15만 표에 불과하였는바, 이러한 차이는 군정 종식을 호소하던 다른 세 명의 후보자들이 얻은 표수보다 적었다. 선거일 며칠 전에 후보를 사퇴한 허정 후보와 송요찬 후보가 얻은 표수가 59만 표에 달하였다. 결과론이지만 이론적으로 보면, 군정에 반대하는 세력들이 후보를 단일화시키지 못하고 난립한 결과 박 후보가 승리할 수 있었다. 다시 말해 허정이나 송요찬 후보가 일찍 사퇴했거나 자신들의 지지자들에게 윤보선 후보를 지지하도록 보다 적극적으로 설득했다면 윤보선 후보가 쉽게 승리할 수 있었을 것이다. 이런 추론이 이론에 불과하고, 현실에 맞지 않는 매우 순진한 것이라 할지라도 민정당의 윤보선 후보가 얻은 표수는 예상보

---

6)   1963년 대선 결과에 대한 상세한 분석은 다음을 참조. 박찬욱, 「제5대 대통령선거와 제6대 국회의원 총선거의 의미」, 해위학술연구원, 『윤보선과 1960년대 한국정치』, (한국학중앙연구원출판부, 2015), 247-323쪽.

다 많았다. 더욱이 현직 대통령인 박 후보를 상대로 야당인 윤 후보가 크게 선전함으로써 공화당은 놀라지 않을 수 없었다. 비록 공화당의 박 후보가 승리하여 군정의 '민정화'를 통해 계속집권이 가능하게 되었으나 유권자의 46.6%의 지지밖에 얻지 못함으로써 공화당이 추구하는 패권적 지위를 확보하는 데는 앞으로 많은 어려움이 예상되었다.

3. 공화당과 1963년 국회의원 총선거

대통령 선거에서 고전한 공화당은 국회의원 선거에 승리하려면 당선 가능성이 높은 구정치인들을 공천하지 않을 수 없었다. 선거 대비책으로 보다 많은 구정치인들을 포섭하러 나섰다. 구정치인들은 이미 지방에 정치적 기반이 상당하므로 이들을 국회의원 선거에 공천하여 선거에서 다수 의석을 확보하려는 것이다. 표 10에서 보는 것처럼 공화당이 공천한 총 162명 중 구정치인이 3분의 1을 차지하였다. 총 51명의 구정치인들 중 자유당 출신이 28명으로 가장 많았다. 그리고 51명 중 47명이 전국구가 아닌 지역구 공천을 받았는데, 그 이유는 이들이 지역구에서 당선될 가능성이 높았기 때문이다. 이러한 구정치인들의 영입으로 인해 공화당이 구습에 물들지 않은 참신한 정치세력이라는 이미지가 손상되었다. 다수의석 확보라는 현실적 목표 때문에 정치적 이상을 버리게 되었다. 이렇게 공화당이 구정치인을 대거 공천함에 따라 당연히 공화당 사전조직에서 충원된 당 간부들의 국회 진출 기회가 줄어들었다. 더욱이 구정치인들이 나중에 파벌을 만들어 당내 파벌싸움을 유발하고, 나아가 당의 결속력을 와해시키고 당을 변질시키는 심각한 요인의 하나가 되었다.

표 10 1963년 총선에서 공화당 공천자의 출신 정당과 배경 분석

구분	출신 배경	지역구		비례대표		전체	
		수	%	수	%	수	%
구정치인	자유당	24	18	4	13	28	17
	민주당	11	8	0	0	11	7
	무소속	12	9	0	0	12	7
	소계(1)	47	36	4	13	51	31
정치 신인	군부	23	18	10	32	33	20
	민간	61	47	17	55	78	48
	소계(2)	84	64	27	87	111	69
총계	(1)+(2)	131	100%	31	100%	162	100%

주: 구정치인의 경우 가장 오래 몸 담았던 정당을 의미. 일부는 당적 변동으로 출신 정당이 불명확. 일부 민간인 중에 과거 정당 활동을 한 분이 있으나 근거를 찾지 못함.
출처: 조종현, 『의정30년 사료』, (국회도서관, 1983), 50-84쪽; 《동아일보》, 1963년 11월 2일자. 3면.

공화당의 공천 결과에 많은 당원들이 반발하였다. 서울 영등포 갑구와 을구, 마포구, 경남 고성군, 창령군, 울산 등지에서 공화당을 탈당하거나, 중앙당에서 농성을 하는 등 후유증이 심각하였다. 사실 공화당 공천자 중 25명은 지방당에 공천을 신청하지도 않았는데, 당선 가능성이 높다고 하여 중앙당에서 공천한 낙하산식 인사였다. 25명 중 20명은 공천 전에 당적을 갖지 않은 사람들이었다. 앞에서 언급한 것처럼 이들 20명 중 16명이 구정치인들이었다. 더욱이 이들 구정치인 중 적어도 네 명은 선거부정이나 부패 등으로 국민의 지탄을 받은 사람들이었다.[7] 공천 후유증을 무마하기 위해 당무회의가 이들 넷을 새로운 인물로 대치할 것을 결의하였으나, 박정희 총재는 문제를 더

---

7) 당시 언론은 경남 충무-고성의 최석림, 창령군의 신영주, 울산-울주의 김성탁, 경북 울진-영양의 김광준이 이러한 후보들이라고 보도하였다. 김광준의 경우 민정당의 공천을 받았다가 반납하고 공화당 후보가 되었다.

복잡하게 만든다는 이유로 거부하였다. 박 총재 스스로 이번 공천은 "이상 6, 현실 4"를 반영한 것이라고 자인하였다. 이러한 비율은 지역구에서 정치신인(64%)과 구정치인(36%)들이 공천된 비율과 비슷하다.

지방 당원들의 요구가 받아들여지지 않자, 일부 지역구에서는 과격한 반대가 계속되었다. 일부 선거구에서 지방 당원들이 후보 등록을 방해하는 사태까지 벌어졌다. 11월 4일, 15명의 중앙당 간부들이 지방에 내려가 공천 후유증 수습에 나선 결과, 낙하산식 공천을 받은 인사들 중, 약 절반가량은 지방당의 지지를 얻게 되었다. 나머지 절반의 후보들은 당조직 대신 주로 사조직에 의존하여 선거를 치렀다.

총선을 앞두고 공화당과 10개 정당이 131개 선거구에서 847명의 후보를 등록시켰다. 공화당의 최고 경쟁상대는 민정당이었다. 민정당 후보 윤보선이 대선에서 예상보다 훨씬 적은 표차로 아슬아슬하게 패배한 후 민정당의 분위기는 상당히 고무되어 있었다. 한편 공화당은 막대한 자금과 대통령에 당선된 박 의장을 동원하여 정치안정을 위해서는 공화당이 국회에 안정의석을 가져야 한다고 유권자들에게 호소하였다. 중앙선거관리위원회에서 선거비용 한도액을 1개 지역구에서 평균 110만 원으로 정했으나, 모든 공화당 소속 후보들이 200만 원 이상을 뿌린 것으로 알려졌다. 공화당은 국회의원 선거에서 모두 1조 1500만 원을 사용한 것으로 공식적으로 보고했으나, 많은 사람들이 3조 원 이상으로 추정하였다.[8] 선거부정과 타락 등 정치적 비리를 척결하려고 나선 군인들이 막대한 자금을 동원하여 유권자의 표를 사려고 애썼다. 공화당 후보들은 당의 재정 지원에 기대는 경향이 많았고,

---

8)　이웅희·김진현, 「정치자금」, 《신동아》, 1964년 9월호, 113쪽.

민정당을 비롯한 야당후보들은 거의 전적으로 자신의 돈으로 선거운동을 전개했다.

그런데 총선 막바지에 공화당은 예상하지 못한 사건으로 정치적 이득을 보았다. 총선 투표일 3일 전인 11월 23일, 미국의 케네디 대통령이 암살되었다. 암살 이후 장례식까지 한국의 언론들은 모두 총선 보도 대신 이 사건을 신문 1면에 보도하였다. 결과적으로 총선 마지막에 공화당을 공격하려던 야당후보들은 언론의 주목을 받을 수 없었다. 이처럼 전혀 예상하지 못한 사건이 선거에 변수로 작용하였다.

1963년 11월 26일, 총선결과 공화당은 총 175석 중 지역구에서 88석, 전국구에서 22석, 모두 110석을, 민정당은 모두 41석을 얻어 각각 제1당과 제2당이 되었다. 공화당의 득표율은 33.5%에 불과했으나 의석률은 62.9%로 선거제도의 엄청난 이득을 보았다. 공화당은 1구 1인 선출의 소선거구 지역선거에서 대정당으로 이득을 보았을 뿐만 아니라, 새로 도입한 비례대표제도의 이득도 보았다. 특히 야당이 여러 정당으로 분열되어 있었기 때문에 여당 지지표는 공화당에 집중되었으나 야당 지지표는 여러 정당에 나누어지는 바람에 공화당은 지역구 선거에서 어부지리를 얻었다. 지역구 선거에서 공화당은 33.5% 득표율로 67.2%의 의석을 차지한 반면, 야당진영은 통틀어 66.5%의 득표에도 불구하고 32.8%의 의석을 차지하였다. 한편 비례대표의 경우 전체 의석(131석)의 3분의 1인 44석을 두고 경쟁하였는바, 지역구 선거에서 얻은 각 정당의 득표를 기준으로 의석을 배분하였기 때문에 득표율과 의석률 간의 비례성(proportionality)이 낮아졌다. 즉, 지역구 선거에서 승리한 정당이 비례대표 의석 배분에서도 유리하였다. 그리고 다소 복잡한 의석 배분 방식에 따라 각 정당의 비례대표 의석이 결정

표 11 공화당과 국회의 초선의원 비율

구분	국회	초선		현직자		국회의원 경력자		전체 의석
		수	%	수	%	수	%	수
공화당 + 유신정우회	6대	82	74.5	17	15.5	11	10.0	110
	7대	60	46.5	62	48.1	7	5.4	129
	8대	65	57.5	42	37.2	6	5.3	113
	9대	68	46.6	66	45.2	12	8.2	146
	10대	62	42.8	69	47.6	14	9.7	145
전체 국회의원	2대	179	85.2	31	14.8	0	0.0	210
	3대	147	72.4	43	21.2	13	6.4	203
	4대	111	47.6	99	42.5	23	9.9	233
	5대	118	50.6	76	32.6	39	16.7	233
	6대	108	61.7	50	28.6	17	9.7	175
	7대	74	42.3	82	46.9	19	10.9	175
	8대	110	53.9	69	33.8	25	12.3	204
	9대	89	40.6	108	49.3	22	10.0	219
	10대	89	38.5	118	51.1	24	10.4	231

출처: 중앙선거관리위원회, 『대한민국 선거사』, 제1,2,3집, (중앙선관위, 1973, 1980).

되었다. 우선 5% 미만 득표, 또는 지역구 의석 3석 미만 정당은 비례대표 의석 배분에서 제외되었다. 그 결과 이번 총선에서 공화당과 세 개의 다른 정당(민정당, 자민당, 국민의 당)만 비례대표 의석을 배분받았다. 그리고 제1당이 50% 이상의 득표가 아니더라도 무조건 비례의석의 절반을 차지하였다. 따라서 공화당은 득표율이 33.5%였으나 비례대표 의석 44석의 절반인 22석을 배분받았다. 한편 제2당(민정당)은 나머지 의석의 3분의 2를 배분받도록 되어 있었기 때문에 14석을 차지하였다. 다음으로 나머지 여덟 개 의석은 다른 두 개 정당(민주당, 자민당)의 득표율에 따라 배분되었다.

1963년 총선으로 출범하는 6대 국회의 가장 큰 특징은 초선의원이 많다는 점이다. 표 11에서 보는 것처럼 전체 국회의원의 62%가 초선이었다. 과거 4대와 5대 국회의 경우 각각 48%, 51%에 불과하였다. 이렇게 초선이 많은 이유는 공화당 공천으로 군 출신 인사와 정치에 때묻지 않은 민간인이 많이 당선되었기 때문이다.

　본래 공화당은 군인들의 선거 참여를 위해 만든 것이므로, 1963년 첫 선거에서 군 출신들이 공화당을 통해 얼마나 많이 국회에 진출하였는지 조사해 보자. 공화당의 공천을 받은 33명의 군 출신 중에서 두 명만이 실패했다. 그런데 군 출신 당선자 31명 중에서 육사 8기 출신이 10명으로 가장 많았다. 이들은 김종필의 동기로서 30대 나이에 주로 영관급 장교 출신으로 그동안 줄기차게 군인의 민정참여를 옹호하였다. 그때까지 의정 사상 이렇게 많은 군 출신이 국회에 진출한 적이 없었으며, 또 동일한 직업 배경을 가진 국회의원이 31명이나 된 것도 처음이었다. 군 출신이 상대적으로 많았지만 공화당이나 국회를 좌지우지할 정도는 아니었다. 첫째, 이들이 공화당 국회의원의 과반에 훨씬 못 미치기 때문에 당 내에서 자신들이 원하는 것을 하려면 민간인들의 협조가 필요하였다. 둘째, 군 출신 당선자들이 개인적인 인간관계 때문에 여러 파벌로 나누어져 있어서 공화당과 국회 내에서 행동 통일이 이루어질 수 없었다.
　그럼 새로 구성된 국회에서 군 출신 인사들과 함께 의정활동을 펼칠 민간인 당선자들의 정치적 배경을 살펴보자. 민간인 당선자의 경우 공화당과 야당 간에 큰 차이가 있었다. 공화당 민간인 당선자는 30대, 40대 인사로 학계, 언론계, 관계 등, 주로 정치권 밖에서 경력을 쌓은 후 처음으로 국회에 진출한 사람이 많았다. 이와 대조적으로

표 12 선거제도의 정치적 효과: 실제 의석과 가상 선거제도에 의한 의석 비교

총선 시기	정당	실제 의석			가상 선거제도 의석		실제 득표율 (%) (A)	실제 의석률 (%)		비례 지수	
		지역구	비례**	전체	완전 비례	지역구 + 완전비례		지역구 (B)	전체 (C)	지역구 B/A	전체 C/A
1963	공화당	88	22	110	59	103	33.5	67.2	62.9	2.01	1.88
	민정당	27	14	41	35	36	20.1	19.8	23.4	0.99	1.16
1967	공화당	102	27	129	89	124	50.6	77.9	73.7	1.54	1.46
	신민당	28	17	45	57	42	32.7	21.4	25.7	0.65	0.79
1971	공화당	86	27	113	98	110	47.8	56.2	55.4	1.16	1.16
	신민당	65	24	89	89	87	43.5	42.5	43.6	0.98	1.00
1973	집권세력*	73	73	146	85	101	38.7	50.0	66.7	1.29	1.72
	신민당	52	0	52	71	76	32.5	35.6	23.7	1.10	0.73
1978	집권세력*	68	77	145	73	92	31.7	44.2	62.8	1.39	1.98
	신민당	61	0	61	76	86	32.8	39.6	26.4	1.21	0.80

주: * 유신시기의 집권세력은 공화당과 유신정우회를 의미/ ** 1973년과 1978년의 경우 비례대표가 아닌 유신정우회 의석.

야당 민간인 당선자는 50대와 60대 인사로 당과 국회에서 오랫동안 일한 경험이 있었다.

민간인 당선자 중에는 구자유당 출신이 상대적으로 많은 편이었다. 이들은 자유당의 이승만정권 붕괴 후 민주당의 장면정권에서 정계에서 물러나 있다가 5·16 군사 정변으로 장면정권이 무너지자 다시 새로운 집권당인 공화당에 편승한 것이다. 20명의 구자유당 출신이 당선되었는데, 이 중에서 18명이 공화당 공천으로 당선되었다. 이 숫자는 상대적으로 높은 수치인바, 자유당이 이승만정권 붕괴 후 실시된 1960년 총선에서 겨우 두 명밖에 당선되지 않았는데, 이제 구자유당 출신 정치인들이 공화당 간판을 달고 화려하게 부활한 것이다.

이제 선거제도의 정치적 효과를 심층적으로 분석해 보자. 양대 정당의 실제 득표율을 기준으로 현행 선거제도로 얻은 의석과 가상 선거제도에서 얻을 수 있는 의석을 비교해 보자. 첫째, 가상 선거제도로 모든 의석을 각 정당별 득표율에 따라 의석을 배분하는 완전비례제로 하는 경우 공화당과 민정당은 110석과 41석 대신 각각 59석, 35석이 된다. 이렇게 가상적인 완전비례제에서 양대 정당의 의석은 크게 줄어들고, 특히 공화당은 과반 미달이다. 한편 지역구는 현행대로 하고, 비례대표 의석 배분만 완전비례로 하는 경우 공화당은 103석, 민정당은 36석으로 실제 의석보다 각각 7석과 5석이 줄어든다. 다시 말해 양대 정당은 현행 선거제도로부터 이득을 보았다.

한편 양대 정당의 의석률과 득표율의 차이를 계산하는 비례(proportionality) 지수를 계산해 보면 어느 정당이 얼마나 이득을 보았는지 확연히 알 수 있다. 의석률 나누기 득표율을 했을 때, 만약에 어느 정당의 의석률과 득표율이 똑같으면 비례지수는 1.0이 되고, 비례지수가 1.0 이상이면 이득을 본 것이고, 1.0 이하이면 손해를 본 것이다. 표 12의 마지막 칸에 나와 있는 것처럼 1963년 선거에서 공화당의 비례지수는 지역구 의석의 경우 2.01, 전체 의석의 경우 1.88로서, 지역구에서는 득표보다 두 배 이상, 전체적으로 88%의 이득을 보았다. 그런데 제1야당인 민정당의 경우 지역구 비례지수가 0.99로 이득이 거의 없지만, 전체의석은 1.16으로 16% 정도 이득을 보았다. 이것은 비례대표 의석 배분에서 이득을 얻은 것이다. 이처럼 군정기간에 공화당 사전조직을 하면서 도입한 선거제도가 양당제를 목표로 1당과 2당에 유리하게 만들어놓았기 때문이다.

4. 요약: 1963년 선거와 공화당의 패권정당 가능성 평가

5·16으로 권력을 장악한 박정희와 군부 인사들이 군복을 벗고 공화당에 참여하여 마침내 대선과 총선에서 승리했다. 공화당이 대선과 총선에 승리한 요인은 크게 두 가지였다. 첫째, 야당진영의 분열 덕택에 공화당이 두 차례 선거에서 승리할 수 있었다. 그리하여 박정희 후보는 대선에서 15만 표 차이로 간신히 윤보선 후보에게 승리했다. 이 표차는 다른 야당후보들이 얻은 표보다 훨씬 적었다. 적어도 이론적으로는 야당이 단일후보를 냈다면 승리할 수 있었다. 한편 총선에서 공화당은 단지 33.5% 득표율로 67.2%의 의석을 차지했는데, 이것도 야당의 분열이 작용하였다. 야당진영이 통틀어 66.5%라는 득표율에도 불구하고 겨우 32.8%의 의석을 차지한 것은 분열되어 있었기 때문이다. 둘째, 공화당은 농촌 유권자 덕택에 승리할 수 있었다. 대선에서 박정희 후보는 농촌에서 59%의 지지를 얻은 반면 윤보선 후보는 41%의 지지를 얻었다. 그리고 총선에서는 공화당이 농촌 의석의 74%를 획득하였다. 많은 농촌 유권자들은 여전히 권력에 복종해야 한다는 전근대적인 정치의식이 강한 편이어서 집권당을 지지하는 경향이 높았다.

공화당이 비록 선거에서 국민들로부터 통치를 위임받았지만 공화당 사전조직 세력이 구상한 패권정당이 될 정도로 높은 지지를 얻지는 못했다. 대선과 총선에서 공화당의 득표율은 각각 47.6%, 33.5%로 과반에 미치지 못하였다. 이처럼 공화당의 지지가 높지 않았던 배경에는 두 가지 이유가 있었다. 즉 군부가 공화당에 대해 전폭적인 지지를 보내지 않았고, 또 다수 국민들이 권위주의 리더십을 받아들이

지 않았다. 군부세력 중 일부는 공화당에 반대하거나 야당을 지지하거나 군부의 정치참여 자체를 반대하였다. 휴전선 근처의 군부대가 많은 지역, 즉 철원, 화천, 인제, 춘천, 원주에서 박정희 후보의 득표가 33-42%에 그쳤다.[9] 그리고 많은 유권자들이, 특히 서울을 비롯한 도시 유권자들은 군부출신이 주도하는 공화당을 열렬히 지지하지 않았다. 대선에서 박정희 후보는 서울에서 겨우 30%를 득표한 반면, 윤보선 후보는 65%를 득표하였다. 총선에서 공화당은 서울의 14개 선거구 중에서 두 곳에서만 승리했다. 1960년 4·19 학생의거 당시, 이승만 독재에 항거한 유권자들은 주로 도시 주민들이었는데, 이들이 군부출신의 권위주의 리더십과 그들이 주도하는 공화당을 적극적으로 지지하기 어려웠다. 결국 1963년 선거를 통해 공화당과 권위주의 리더십이 통치의 기회를 얻었지만, 정치적 안정을 보장받을 정도로 지지기반이 강력하지 않았다. 더욱이 군인들이 군복을 벗고 민간인이 되어 통치에 나선 만큼 과거 군정에서 한 것처럼 강제력을 사용하기가 더욱 어려워졌기 때문에 새로운 정치 전략이 필요해졌다.

제2절 민주공화당 파벌정치와 사무국의 쇠퇴, 1964-1965

1963년 대선과 총선에서 승리한 공화당은 이제 패권정당의 꿈을 실현할 수 있는 기회를 얻었다. 창당 멤버들은 새 정부에서 공화당이 국정 운영의 핵심 역할을 할 수 있기를 기대하였다. 이를 위해 공화당

---

9)   C. I. Eugene Kim, "The Significance of the 1963 Korean Elections," *Asian Survey*, (March 1964), 4: 3, p. 769.

사무국이 당의 원내교섭단체를 통제하면서 국회 내부와 외부의 정치과정을 조정하는 권한을 가졌다. 이런 제도를 도입한 목적은 패권정당을 수립하려는 것이었다. 선거가 끝난 직후 김종필이 외유에서 돌아와 당의장으로 복귀함으로써 창당 멤버들은 패권정당의 꿈에 부풀었다.

그러나 민정이양과정에서 거의 모든 구정치인이 공민권을 회복하고, 심지어 선거과정에서 이들 중에서 상당수가 공화당에 참여하여 국회의원이 되었다. 더욱이 민정에 참여한 군 출신 인사들 중에서 아직도 김종필에 반대하는 인사들이 상당하였다. 이들 민간인과 군 출신은 결코 공화당 사무국의 패권정당 구상을 공유하지 않았다. 그리하여 1963년 12월 군정이 공식적으로 종료되고 제3공화국의 새 정부가 정식으로 출범한 직후, 통치과정을 장악하려는 공화당은 많은 걸림돌에 부닥쳤다. 이 절에서는 3공화국 초기(1964-1965년)에 공화당이 정국의 주도권을 장악하는 데 실패하게 된 과정을 설명하고, 이러한 실패에 영향을 끼친 내부, 외부 요인들을 분석하고자 한다. 특히 패권정당의 꿈을 가지고 정국을 장악하기 위해 노력한 공화당 사무국의 변화에 초점을 맞추어서 파벌싸움을 비롯한 정치과정을 설명하고자 한다.

1. 민정이양 후 첫 정부의 요직 임명과 공화당

공화당은 민정에서 정당정부(party government)를 목표로 했으나, 새로운 내각을 구성하는 과정에서 이미 기대에 어긋나고 있었다. 대통령당선자 박정희가 임명한 18명의 내각에 공화당 출신은 여섯 명밖에 없고, 대부분 관료출신이었다. 박정희 대통령은 공화당 창당 멤버들이 구상한 공화당 중심의 정부를 전혀 고려하지 않았다. 박정희 대통령은 신정부 출범을 앞두고 집권세력 내부의 결속을 다지기 위해 김종필 공화당 의장과 비공식 협의를 하는 과정에서 후자가 공화당 중심의 내각 구성을 간곡히 건의했지만 전자는 이를 받아들이지 않았다. 국무총리 외에 내각의 각료들은 국회의 동의가 필요 없기 때문에 박정희 대통령이 마음대로 선정할 수 있었다.

공화당 중심의 정부가 되지 못한 것은 박정희의 리더십 스타일과 현실적 필요 때문이었다. 그는 정치적 고려보다 행정의 효과를 우선하는 '행정적 민주주의'를 주장한 바 있고, 또 근대화 작업을 대중동원보다 행정조직에 의존하려는 관료주의적 지도자이다. 그가 공화당에 참여하지 않은 많은 사회지도자들의 지지를 얻기 위해서 공화당 외의 인사들을 그의 내각에 참여시킬 필요가 있었다. 예를 들면 민정의 초대총리에 최두선을 임명한 것은, 그가 동아일보사 사장으로 언론의 지지를 얻을 것으로 기대하였기 때문이다.

한편 공화당의 새 당직자 인선에서는 박정희가 김종필계열의 인사들을 중용한 편이다. 김종필을 당의장에, 그의 오랜 정치적 동지인 김용태를 원내총무에, 그들과 함께 당 사전조직에 공이 많은 윤천주를 사무총장에 임명하였다. 한편 국회의장에 비교적 알려지지 않은 이효상을, 국회부의장에는 장경순(전 공화당 사무총장)을 내정하였다.

한편 박정희 대통령은 JP(김종필)계에게 공화당의 요직을 맡겼다. 이들이 창당과 선거과정에서 커다란 공로를 세웠기 때문이다. JP계가 공화당의 핵심 당직 세 개(당의장, 사무총장, 원내총무)를 포함하여 한 명을 제외한 12명의 공화당 당무위원이 되었다. 당무위원회가 당의 최고의결기구였기 때문에 이제 공화당은 JP계가 장악하게 된 것이다. 이것은 박정희 대통령이 김종필의 리더십을 높이 평가하고, JP계의 힘을 인정한 것이었다. 공화당 사무총장 윤천주는 고려대 정치외교학과 교수 출신으로 공화당 사전조직의 핵심인물로서 사무국 중심의 당 조직을 만들고 당 엘리트들을 충원하고 교육시켰기 때문에 이제 그의 정치적 구상을 실현시킬 수 있는 기회를 얻었다. 원내총무 김용태는 김종필과 충남 공주 동향이자, 공주고등학교와 서울대 사대 동창으로 5·16에 가담한 극소수 민간인 중 한 사람으로 중앙정보부장 고문 자격으로 공화당 사전조직에 관여하면서 많은 민간인을 충원하였다.

당시 JP계는 주로 육사 8기 JP 동기생 중에서 공화당에 참여한 인사들과 공화당 사전조직을 통해 일찍이 충원된 민간인들로 구성되어 있었다. 전자의 경우 김동환, 길재호, 신윤창 등이었고, 후자의 경우 과거 정치에 때 묻지 않은 관계, 학계, 언론계, 법조계 출신이었다. 이처럼 JP계는 비교적 정치경험이 적은 인사들이었고, 신정부에서 선거, 의회, 통치과정에서 공화당이 강하고 안정된 역할을 맡아 패권적 지위를 달성하는 것을 꿈꾸고 있었다.

한편 제3공화국의 신정부를 준비하는 과정에서 김종필의 리더십을 지지하지 않는 군 출신과 민간인들은 별도의 파벌을 형성하게 되었다. 첫 번째 파벌은 당이나 국회나 행정부의 요직을 얻기 위해 군부지도자에서 민간정치인으로 변신한 사람들로 박정희 대통령에 대한 개인적인 충성심이 강했는데, 김종필의 리더십이나 공화당의 패권정당 구상에 대해서는 전혀 관심이 없었다. 오히려 공화당의 패권정당 구상은 김종필의 리더십만 강화시켜 줄 뿐이라고 믿었다. 그런데 이들은 파벌을 이끌 만큼 강한 리더십이 아직 없는 상태에서 우선 선거기간에 당사무총장을 역임하고, 신정부에서 국회부의장에 내정된 장경순 씨를 중심으로 모였다.

또 다른 파벌은 대선과 총선과정에서 공화당에 참여한 구정치인들이었다. 이들은 5·16 이전에 이미 정치를 경험하였고, 자기 나름의 정치적 네트워크를 가지고 있으며 권모술수에 능하였다. 이들은 개인적인 부나 추종자 집단 또는 관료사회의 강한 연계 등을 활용하여 독자적으로 정치활동을 할 수 있기 때문에 김종필의 패권정당 구상에 전혀 관심이 없었다. 특히 김종필이 만든 사무국 중심의 정당조직이 그들에게는 낯선 것이었다. 구정치인 중에서 18명은 과거 자유당 출신으로 총선과정에서 공화당 공천을 받아 당선된 국회의원들이었다. 이들이 매우 강력한 파벌이 될 잠재력을 가졌지만 아직 지역이나 이념적 차이를 극복하지 못해 결속력이 강한 하나의 파벌로 활동하는 단계에는 도달하지 못하였다. 이 파벌의 잠재적 리더는 김성곤으로 금성방직공장 등을 운영하고 있어서 경제적으로 부유한 편이고 또 정치경험이 비교적 풍부하였다. 그가 국회 재경위원장으로 내정되었다.

새 정부 출범을 앞두고 박정희 대통령은 제3공화국의 국회의장에 학자 출신의 구정치인, 이효상을 임명하였다. 그는 경북대 철학과 교수 출신으로 5·16 직전 약 9개월 동안 무소속으로 참의원에서 활동하였으나 중앙정치무대에 거의 알려지지 않은 인물이었다. 그가 공화당에 참여한 후 1962년 가을에 대선과 총선과정에서 박정희 후보와 함께 전국 유세를 하면서 둘 사이에 개인적인 유대가 형성되었다. 그는 개인적인 추종자가 별로 없었기 때문에 국회의장이 되더라도 박정희 대통령에게 정치적 위협이 될 수 없었고, 또 박정희 대통령과 동향이었기 때문에 국회의장으로 내정되었다. 당시 유력한 국회의장 후보였던 전 공화당 총재 정구영은 원칙에 충실한 성품이었기 때문에 박정희 대통령과 충돌할 수도 있어서 배제된 것으로 보인다.

제3공화국 초대 정부의 리더십 구성을 보면 내각, 국회, 공화당 요직에 군 출신과 민간인 간에 균형을 맞추려고 노력한 결과 거의 똑같은 숫자를 충원하였다. 국무총리(최두선), 당사무총장(윤천주), 국회의장(이효상)은 민간인 출신이고, 당의장(김종필), 대통령비서실장(이후락), 공화당 원내 총무(김용태)는 군인 또는 5·16에 가담한 인사를 등용하였다. 그리고 18개 국회 상임위원장직도 똑같이 아홉 개씩 민간인과 군 출신으로 배분하였다.

이처럼 박정희 대통령이 민간인과 군 출신, 그리고 여러 파벌들이 골고루 행정부, 국회, 공화당의 고위직을 나누어주기 위해 노력했으나 요직에서 배제된 인사들은 인선 결과에 비판적이었다. 예를 들면 정구영 전 공화당 총재는 박정희 대통령이 당과 국회의 요직 인선에서 분명한 원칙이 없다고 비판하였다. 또 국회부의장을 노렸던 백남억 씨는 국회 법사위원장직을 거절하였다가 나중에 받아들였다. 요직을 둘러싼 치열한 경쟁은 앞으로 공화당 내 파벌싸움이 심각할 것임을 예고해 주었다.

1963년 12월 17일, 6대 국회가 정식으로 개원함에 따라 공화당은 공식적으로 집권당의 역할을 시작하였다. 같은 날에 박정희 대통령도 5대 대통령에 취임함으로써 군정이 공식적으로 종료되고 제3공화국이 시작되었다.

2. 한일수교를 둘러싼 정치적 위기

군정이 종식되고 민정이 시작되자마자 군정시기의 억눌렸던 정치적 분노가 터져 나오기 시작했다. 야당을 비롯한 언론, 학생들은 군정의 실정과 부패를 폭로하고 박정권과 공화당을 공격하기 시작했다. 야당이 국회에서 군정기간에 일어난 3분(밀가루, 시멘트, 설탕) 폭리 사건, 4대 의혹 사건에 대한 진상 조사를 요구하고 나서자, 공화당은 국회에서 정치적 곤경에 빠졌다. 이러한 과정에서 군정기간에 정부 재산 불하과정에서 뇌물을 받은 혐의로 공화당 의원 한 명이 의원직을 잃었다.[10]

야당과 함께 대학생들과 언론이 박정희정부에 대해 오랫동안 간직했던 반감을 드러냈다. 이들의 분노는 군부 쿠데타와 군정에 대한 것이었다. 특히 반대세력은 공화당과 박정희정부의 정통성에 도전하였다. 박정희정부가 한일 국교정상화를 시도하자 야당, 대학생, 언론을 비롯한 반대세력들이 공동전선을 펼쳤다.[11]

여야 간의 대립은 한일 국교정상화 문제로 극에 달하게 되었다. 박정권은 1963년 선거 때문에 중단된 한일회담을 매듭짓기 위해 그동안 이 문제를 다루어온 김종필 공화당의장을 내세워 빠른 시간 내에 국교정상화를 이루고자 힘썼다. 김 의장은 일본의 오히라 외상을 동경에서 만나 모든 현안 문제를 4월 내로 해결하고, 5월 내에 협정에 조인하기로 합의했다고 발표했다. 박정권이 군정기간에 추진한 한일 국교정상화 협상을 재개하자 야당을 비롯한 반정부세력이 '대일 굴욕외교 반대' 슬로건 아래 뭉쳤다. 야당은 김-오히라 간에 합의한 청구권자금 6억 불이 지나치게 적다고 주장하고, 대안으로 27억 불을 주장하였다. 그리고 어업협정에 있어서 12해리가 아닌 40해리 전관수역을 주장하고, 박정권이 정권 유지를 위한 방편으로 한일회담을 추진하고 있고, 일본에 지나치게 많은 양보를 하고 있다고 비난하였다.[12] 그리

10) 《동아일보》, 1964년 2월 5일자.

11) Kwan-Bong Kim, *The Korea-Japan Treaty Crisis and the Instability of the Korean Political System*, (New York: Praeger, 1971).

12) Chong-Sik Lee, *Japan and Korea: The Political Dimension*, (Stanford: Hoover Institution Press, 1985), pp. 49-55.

고 많은 반대세력은 박정권이 본질적으로 쿠데타에 의해 집권한 세력이기 때문에 한일회담을 추진하기에 적당하지 않다고 생각했다. 야당이 '대일 굴욕외교' 반대를 위한 전국유세에 나서자, 공화당도 이에 맞서 3월과 4월에 16개 도시에서 한일회담 지지를 얻기 위해 대중집회를 가졌다.[13] 그리고 김종필 당의장이 서울대를 방문하여 대학생들과 한일 수교관련 토론을 벌였다. 박정희 대통령도 대학생 대표들을 초대하여 한일수교 방안을 지지해 줄 것을 설득하였다.

그러나 공화당 내 파벌싸움으로 인해 집권세력이 한일수교를 위한 국민의 지지를 결집시키는 데 총력을 기울일 수 없었다. 첫 번째 사건은 20여 명의 공화당 국회의원들이 엄민영 내무장관에 대한 해임건의안에 대해 당론을 따르지 않고 반란표를 던진 것이었다. 해임건의안은 엄민영 장관이 대학생들의 한일수교 반대운동을 잘못 다루었다는 것을 이유로 야당이 제기한 것인데, 일부 여당의원이 동조함으로써 여당 지도부의 통제력을 훼손시켰다. 국회의원들이 반란표를 던진 배경에는 사무국이 당내 의사결정과정을 장악하고 있는 데 대한 불만으로서 국회의원들의 정치적 영향력을 확대하려는 의도가 숨어 있었다. 이 사건 직후 10여 명의 공화당 국회의원들이 2개 항의 요구조건을 내걸었는바, 첫째, 보다 많은 국회의원들이 당무회의와 사무국 직책을 맡아야 하고, 둘째, 지구당 사무국 직원의 축소를 주장하였다. 이러한 국회의원들과 사무국 간의 정치적 갈등은 당내 파벌 갈등과 긴밀히 연관되어 있었다. 사무국은 김종필계의 권력기반으로서 독립적으로, 자율적으로 운영되고 있었다. 이와 대조적으로 반김종필계는 사무국 대신 원내에 세력이 컸기 때문에 사무국조직이나 권한을 약화

---

13) 민주공화당, 『민주공화당사, 1963-1973』, (민주공화당, 1973), 174쪽.

시키려고 노력하였다. 김성곤 국회재경위원장이 반김종필계의 보스가 되어 김용태 원내총무가 사퇴하지 않으면 자신이 재경위원장직을 그만두겠다고 위협하였다. 김 원내총무는 김종필의 오른팔에 해당하는 JP계의 핵심이었다. 김성곤은 김 총무가 원내 전략 수립과 국회 운영과정에서 당내 다른 지도자와 전혀 의논하지 않는다는 이유로 김용태를 공격하였다. 다시 말해 JP계를 약화시키는 첫 단계로 김용태의 사퇴를 들고 나온 것이다. 김성곤은 자유당 출신으로 자신의 재산과 개인적인 네트워크를 활용하여 동료 국회의원들을 규합하였다.

그러나 김성곤을 비롯한 반JP계의 이러한 정치적 요구가 전혀 받아들여지지 않자, 다시 분란을 일으켰다. 첫 번째 사건이 일어난 지 2주만에 약 20명의 공화당 국회의원들이 김유택 경제기획원장관과 원용석 농림부장관에 대한 불신임건의안에 찬성표를 던졌다.[14] 야당이 비료와 식량정책 실패에 대한 책임을 묻기 위해 양대 장관에 대한 불신임 건의안을 국회에 제출하였다. 비록 불신임건의안이 부결되었지만 공화당 국회의원들의 분열로 인해 국회를 정상적으로 운영하는 것이 매우 어려워졌다.

박정희 대통령과 김종필 당의장이 이러한 당내 분규를 해결하기 위해 의논했으나 해결책에 대해 양자 간에 의견차이가 있었다. 박정희 대통령은 공화당 사무국과 국회의원 간의 갈등이 당내 분규의 핵심이기 때문에 전자의 권한과 역할을 약화시킴으로써 후자의 협력을 얻어 국회운영에 도움을 얻으려고 하였다. 이와 대조적으로 김종필 의장은 당-정 관계를 개선시키기 위해 보다 많은 공화당 인사들을 내각과 행정부에 임명하도록 건의하였다. 그러나 4월 15일, 박정희 대통령은

---

14) 《동아일보》, 1964년 4월 18일자; 민주공화당, 『민주공화당사, 1963-1973』, 176쪽.

당이 행정부에 간섭해서는 안 된다는 점을 명확하게 하고, 사무국의 역할과 권한을 축소하는 대신 국회의원들의 권한을 확대하도록 조치하였다. 박정희 대통령의 이러한 결정의 배경에는 당 사무국이 정치적 분란의 중심이 되고 있고, 또 대규모 사무국조직을 운영하는 데 경비가 너무 많이 든다는 점을 고려한 것이다. 당시 중앙과 지방의 사무국조직을 유지하는 데 매달 평균 5000만 원이 드는 것으로 추정하였다.[15]

김종필과 다른 공화당 지도자들이 박정희 대통령을 설득하기 위해 노력했으나 허사였다.[16] 김종필 당의장은 할 수 없이 공화당 사무국을 축소하는 방안을 발표하였는바, 첫째, 당 사무국 직원의 절반을 줄여 약 350명으로 하고, 둘째, 당무회의의 숫자와 역할을 확대하고, 셋째, 국회의원들이 지구당 위원장을 맡도록 하였다. 당 사무국 간부들이 크게 반발하였으나 김종필 의장의 결정을 번복시킬 만한 방안이나 힘이 없었다. 마침내 공화당 중앙위원회 상임위원회의 의결에 따라, 첫째, 당무회의 구성원을 12명에서 15명으로 늘리고, 둘째, 국회운영에 관한 것을 관장하는 당 사무차장을 신설하여 국회의원 중에서 임명하고, 셋째, 두 개의 정책위원회 부위원장직을 신설하여 정책연구실장이 당연직 부위원장을 맡고, 넷째, 원내부총무를 두 명에서 네명으로 늘리고, 마지막으로 원내정책위원회를 재조직하기로 의결하였다.

그러나 김종필 당의장의 이러한 공화당조직 재편성 노력이 그의 리더십 위상을 강화시켜 주지 못했다. 오히려 반JP 세력들은 그가 허약

---

15) 이웅희·김진현, 앞의 글, 133쪽.
16) 《동아일보》, 1964년 4월 16일자.

하다고 인식하여 그를 직접적으로 공격하기 시작했다. 이번에는 국회에서 분란이 일어났다. 공화당 주도로 삼민회 소속 김준연 의원에 대한 구속 동의안이 국회에서 통과되자, 이효상 국회의장은 사표를 제출하였다. 김 의원의 구속 사유는, 그가 "박정권이 일본정부로부터 1억 3000만 불의 정치자금을 받았다"는 허위사실을 유포했다는 것이다. 그런데 이 의장은 자신에게 한마디 상의도 없이 공화당이 의원 구속안을 전격 통과시킨 데 대한 불만이었다.[17] 더욱이 공화당이 국회의원 구속동의안을 통과시키는 과정에서 여야 국회의원 간에 난투극이 벌어져 국회 마비현상이 발생하였다. 김종필 당의장이 이효상 국회의장을 설득하여 사퇴를 철회시켰다.[18]

여야 간의 대립과 공화당 내 파벌싸움은 1주일 뒤에 장경순 국회부의장의 김종필 당의장에 대한 정면 공격으로 극에 달하였다. 장 부의장은 김종필이 당 내부와 외부로부터 비판을 받고 있기 때문에 김 의장의 사퇴만이 정국을 수습할 수 있는 유일한 길이라고 주장하였다. 이에 김종필 지지자들은 장 부의장이 정당한 절차를 거쳐 의사 표현을 하지 않아서 당규를 어겼고 내분을 조장했기 때문에 징계를 내려야 한다고 주장하였다. 박정희 대통령은 JP파와 반JP파 사이에서 진퇴양난이었다. 사태 수습을 위해 박정희 대통령은 마침내 김 의장에게 사퇴를 권고한 결과, 그의 동의를 받았다. 그러나 김종필계열의 격렬한 반대로 사표를 수리하지 못하고, 박정희 대통령, 이효상 국회의장, 장경순 부의장, 김종필 당의장이 회동하여 다음과 같이 합의했다. 첫째, 김종필은 당의장에 남는다. 둘째, 원내의 지위를 향상시키도록

---

17) 《동아일보》, 1964년 5월 1일자.
18) 중앙선거관리위원회, 『대한민국정당사』, 제1집, (중앙선관위, 1973), 278-279쪽; 《동아일보》, 1964년 5월 1일자; 민주공화당, 『격랑을 헤치고』, 172쪽.

당을 정비한다. 셋째, 당무위원들은 업무분담을 한다.[19] 당내 분규 수습을 위한 이러한 합의에도 불구하고 반김종필파는 물러서지 않았다. 이번에는 반대당이 제안한 정치활동정화법 폐지안에 대해 지지를 보냈다. 약 200여 명의 구정치인들이 여전히 정치활동정화법에 묶여 정치활동을 하지 못하고 있었다. 야당이 이들의 정치활동을 금지해야 할 이유가 없다고 주장하자, 반김종필파 공화당 국회의원들이 동조하였다.

박정희 대통령이 공화당을 재편한 지 1개월 만에 다시 정국을 장악하기 위한 새로운 조치를 발동하였다. 계속되는 대학생들의 한일회담 반대 데모를 수습하고, 한일회담을 성사시키기 위해 박정희 대통령은 개각을 단행하였다. 5월 9일, 박정희 대통령은 국무총리와 여섯 개 부처 장관을 경질하였다. 정일권 외무부장관을 국무총리에 기용하였는데, 그는 45세로서 육군참모총장을 역임한 바 있고, 과거 군부 내 함경도파를 이끌었다. 함경도파는 과거 이승만정권에서 군부에서 가장 많은 고위간부직을 차지하였다. 정일권 총리는 1956년에 예편한 후 처음에는 터키, 나중에는 미국에서 대사를 지냈다. 정 총리는 온건하고 실용주의적이며 충성심이 강했다. 특히 정 총리는 정치자금 모금이나 군부 인사에 일절 관여하지 말라는 박정희 대통령의 지시를 매우 충실히 따랐다. 제3공화국 초대 최두선 내각이 4개월 만에 단명으로 끝나고, 정일권 내각이 들어섰다. 공화당은 당 중심의 내각을 주장해 왔으나 실현되지 않고, 새 내각에 세 명의 당 출신이 임명되었을 뿐이다. 문교부장관에 전출된 윤천주 사무총장 후임에 예춘호가 임명되고, 백남억이 새로 정책위원장에 임명되었다.

---

19) 민주공화당, 『민주공화당사, 1963-1973』, 187-188쪽.

이러한 조치에도 불구하고 한일회담 반대 학생데모가 더욱 가열되자, 6월 3일 박정희 대통령은 마침내 서울 일원에 계엄령을 선포하였다. 군부의 압력으로 김종필은 당의장직을 사퇴하고 두 번째 외유에 나섰다. 새 당의장에 정구영이 임명되었다. 이어 공화당은 사무국조직을 더욱 축소하고, 원내총무단을 경질하였다. 김성진 총무의 후임에 구정치인인 현오봉이 임명되고, 부총무 세 명 중 두 명이 또한 구정치인으로 충원되었다. 이러한 구정치인의 요직 진출은 그들의 의회경험을 빌려 원내 운영을 원만히 해나가려는 것으로 공화당 내에서 구정치인들의 위상이 높아지고 있다는 것을 의미한다.

계엄정국을 맞아 여야는 계엄해제를 위한 협상에 들어갔다. 공화당은 계엄령 해제의 전제 조건으로 '언론윤리위원회법'과 '학원보호법'을 통과시킬 것을 주장하고, 야당은 '선해제, 후통과'를 주장했다. 여야 간의 막후협상 끝에 7월 28일, 56일 만에 계엄령이 해제되고, 언론윤리위원회법은 통과시켰으나 학원보호법은 보류되었다. 한편 박정권은 당초의 한일회담 연내 타결 계획을 연기시켰다.

3. 공화당의 당헌 개정과 사무국의 쇠퇴

김종필 당의장의 외유가 공화당 내 파벌싸움을 완화시키지 못하고 오히려 심화시켰다. 당 사무국을 장악하고 있는 김종필계열은 원내세력을 등에 업고 당 사무국을 약화시키려는 반김계열의 공세를 막으려고 애썼다. 김종필계열은 자기 이익 추구에 집착하는 국회의원들이 당을 장악하면 당이 공공이익을 대변하지 못하기 때문에 이를 위해 강력한 사무국조직을 유지해야 한다고 주장하였다. 이에 반해 반김세력은 국민이 선출한 국회의원들이 임명직 사무국 요원들의 통제를 받는 것은 부당하다고 반박하였다. 우선 반김계열은 당사무총장의 권한을 약화시키는 안을 박정희 총재에게 제출하였다. 8월 15일, 최석림, 강상욱, 김진만, 최영두, 이종극, 신영주 의원 등 19명은 아서원에 모여 '당내 위기의 근본적인 해결에 관한 건의문'을 채택, 동료의원들의 서명을 받기로 함으로써 다시 포문을 열었다. 이 건의문은 원내 서클의 양성화, 중간 보스제에 의한 집단지도체제 확립, 당조직의 일원화, 당내에 비민주적 요소 제거, 학생과 언론탄압 중지 등으로 되어 있었다.[20] 이러한 반김계열의 공세에 대해 김종필계열은 서명을 계속할 경우 해당행위로 오는 전당대회에서 제명처분도 불사한다고 위협하였다. 그리고 반김계열을 도와주고 있는 것으로 알려진 이후락 비서실장의 사임을 요구하였다.

당헌 개정에 대한 논란이 계속되자, 당무회의는 10월 30일, 당헌개정소위를 구성하고 당헌에 대한 전면적인 재검토를 의결하였다. 그러나 의견차이가 심해서 별다른 진전을 보지 못했다. 반김계열은 지구당의 사무당원은 위원장이 임명하거나 지구당 사무국의 폐지, 당무회의 기능을 강화하여 당기구를 당무회의 중심으로 해야 한다고 주장한 반면, 김종필계열은 대체로 현체제의 고수와 함께 중앙위와 중앙상임위의 권한 강화에 그칠 것을 강조했다. 반김계열을 지지하는 의원들이 늘어나자, 이들은 12월 말로 예정된 전당대회를 보이콧하겠다고 위협하였다. 그러나 박정희 대통령의 설득으로 당헌 개정을 전당대회 이후로 미룰 것에 합의했다.

전당대회가 끝난 후, 김종필계열 중심으로 당직이 개편되자 반김계열은 당헌 개정을 위해 총공세를 폈다. 1965년 1월 25일, 당무회의에

---

20) 이성춘, 「민주공화당 17년의 드라마」, 《신동아》, 1980년 4월호, 464쪽.

서 당헌개정연구소위를 구성한 후, 한 달간의 막후협상 끝에 개정안을 마련했다. 개정의 골자는 사무국 기능의 축소와 원내 중심의 당 운영으로서 반김계열이 김종필계열의 발판인 사무국을 축소시키는 데 성공하였다. 새 당헌의 핵심은 첫째, 사무총장의 인사권이 당의장에게, 재정권은 재정위원장에게 귀속되는 내용이었다. 둘째, 지구당 사무국 요원의 임명 제청권을 위원장에게 부여하고 사무국 소속의 자동 케이스 대의원을 선출제로 하는 등 위원장 중심으로 지구당을 운영하는 것이다. 이렇게 사무국 중심에서 원내 중심으로 당헌을 개정한 것은 공화당의 역사에 일대 전환점이 되었다. 첫째, 사무국 축소로 김종필계열의 권력기반이 약화되었다. 둘째, 지구당 요원들은 당에 대한 충성보다 자기의 임명권자인 위원장에게 충성하는 사당적 요소가 강해졌다. 셋째, 원내 중심의 당 운영으로 선거와 의회 활동에 중점을 둔 결과, 비선거 시 지방 유세 등 대중동원의 요소가 더욱 약화되었다.

4. 한일수교와 공화당의 파벌 재편성

박정권이 1965년 초에 지난해 6·3사태로 인해 지연된 한일협상을 재개하자, 다시 야당과 학생들의 끈질긴 반대에 부닥쳤다. 민정당과 삼민회로 갈라져 있던 야당은 민중당이라는 통합야당을 성사시키고 정부의 대일 정책에 반대하는 사회세력과 제휴하여 전국유세를 벌였다. 박정희행정부와 공화당도 이에 맞서 4월부터 6월까지 전국 29개 도시에서 한일 국교정상화의 필요성을 역설하는 유세를 벌였다. 그리고 학생데모가 가열되자 박정희 대통령은 4월 20일 서울 일원에 위수령을 발동하였다. 마침내 박정권은 6월 22일 한일협정에 가조인하였다. 8월에 한일협정 비준을 위한 임시국회가 열리자, 야당은 국회를 보이콧하고 전원 의원직 사퇴서를 제출하였다. 공화당 단독으로 비준안을 통과시킴으로써 야당은 계속 등원을 거부하였다. 야당 내에서 국회 내 투쟁을 주장하는 의원들이 의원직 사퇴를 철회하여 10월 중순에 국회가 정상화되었다. 그러나 윤보선 의원을 비롯하여 김도연, 정일형, 서민호, 정성태, 김재광, 윤제술 등 7명의 의원들은 의원직 사퇴로 맞섰다.

한일 국교정상화가 박정권은 물론 한국의 향후 정치경제에 심대한 영향을 끼칠 것으로 예상되었다. 요새 유행하는 문자로 한일수교는 "게임 체인저(game changer)"였다. 수교 이후 일본의 자본, 기술, 물자가 한국으로 유입되면서 산업화의 동력을 마련하였다. 마산 수출자유지역을 비롯해서 서울, 인천, 울산, 부산 등지에 새로운 공장이 들어서고 농촌 인력이 도시로 쏟아져 들어오기 시작하였다. 박정희정권은 국가주도의 수출 위주 산업화 전략을 채택하여 농촌과 농업 투자 대신 도시와 공업을 중시했다. 당시 노동 인구의 약 70%가 종사하고 있는 농업은 상대적으로 부가가치가 낮기 때문에 농촌 노동력을 부가가치가 높은 공업으로 이동시키기 위해서는 일본을 비롯한 외국의 자본과 기술을 도입하여 공장을 많이 지어야 1인당 국민소득이 올라갈 수 있다고 판단하였다. 또 국내 시장이 너무 좁고 구매력이 약하기 때문에 수출 위주의 산업화를 추진하였다. 이러한 국가주도의 산업화 전략은 행정부 관료의 역할과 힘을 증대시켰다. 왜냐하면 이들이 외국 자본과 기술의 도입 여부를 결정하고, 정부 차관과 상업 차관을 국내 기업에 나누어주고, 공장입지를 선정하고, 세금과 관세를 매겼기 때문이다. 이러한 국가주도의 산업화 과정에서 국가 관료에 비해 공화당의 역할과 힘은 상대적으로 축소되었다. 이것은 공화당의 패권정당 노력에 찬물을 끼얹는 것이었다. 왜냐하면 패권정당이 되려면 집권당이 국가 관료를 통제할 수 있어야 하는데, 관료의 힘은 점차 세지고, 공화당은 점차 힘이 약화되는 양상이었기 때문이다.

한편 한일 국교정상화 관련 협정을 비준하는 국회에서 향후 한국의 안보는 물론 정치경제에 심대한 영향을 끼칠 또 다른 결정이 내려졌다. 월남전에 국군을 파견하는 동의안이 가결되어 1개 사단이 파월하게 되었다.[21] 이미 1964년에 130명의 의료진과 10명의 태권도사범을 포함한 비전투요원을 파견하였다. 그리고 1965년 2월에 2000여 명의 비전투요원의 추가 파병과 함께 전투요원의 파병이 시작되어 한때 5만 명의 한국군이 월남에서 임무를 수행하였다.[22] 한국군의 월남 파병을 통해 장병들의 외화 획득, 국내 기업의 월남 진출, 한국인들의 월남 취업 등으로 국제수지 흑자에 많은 기여를 하였다. 미국 정부가 월남 참전 한국군에게 금전적 보상을 주었고, 또 한국 기업이 월남에서 물자 수송과 건설에 참여할 수 있도록 배려하였다. 예를 들면 1968년 한국은 월남전에서 3억 8000만 달러를 벌어들였다. 당시 한국의 수출이 1억 달러가 되지 않은 상황에서 이 돈은 매우 큰 액수였다. 그리고 1969년에는 1만 5000명의 한국인 노동자와 기술자들이 월남에서 미국과 한국 기업에서 일하였다. 그러나 한국군의 월남 파병은 국제공산주의의 연대를 강조하는 북한의 남한에 대한 군사적 도발을 가속화시키는 결과를 가져왔다. 1960년대 북한의 이러한 도발은 박정희정권의 정치통제와 권력 강화에 기여하였다.

한일협정 비준을 성공리에 마친 공화당은 당의 지위를 높이려는 노

---

21) 월남전 파병 결정 과정에 대한 자세한 설명은 다음을 참조. 김종필, 앞의 책, 314-321쪽.

22) Sungjoo Han, "South Korea's Participation in the Vietnam Conflict: An Analysis of the United States-Korean Alliance," *Orbis*, (Winter, 1978), p. 893.

력을 전개했으나 여의치 않았다. 정구영 당의장은 박정희 총재에게 막대한 정치자금을 확보하고 당에 간섭하는 이후락 비서실장과 장기영 부총리 겸 경제기획원장관의 사임을 요구했으나 아무런 효과가 없었다. 이에 정 의장은 사표를 제출하고, 전례용 중앙위원장이 당의장 대행을 맡았다. 이 사건은 당의 독자적인 정치자금 마련을 통해 자율성을 높이려는 노력이 수포로 돌아간 것을 의미한다.[23] 사실 이 비서실장과 장 부총리는 박정희 대통령의 지시에 따라 정치자금을 모으고, 나누어주는 역할을 담당한 것으로 알려졌다. 김종필계열은 아직도 정부 내에서 당 우위를 확보하려는 희망을 버리지 않았다. 그들은 김종필의 당의장 복귀를 통해 당에 활력을 불어넣으려고 하였다. 김종필은 1964년 말에 외유를 마치고 귀국했으나 아무런 당직을 갖지 않은채 한일 국교정상화를 위한 대국민 설득 유세에 참가하였다. 1965년 9월 24일, 시민회관에서 열린 당 중앙상임위원회는 박정희 총재에게 오는 12월에 있을 제3차 전당대회까지 김종필의 중용을 요청하는 건의문을 채택, 복귀의 기반을 마련했다. 12월 27일 개최된 전당대회에서 김종필은 마침내 당의장에 선출되었다. 1964년 6월 박정희-김종필 체제가 붕괴된 후, 1년 6개월 만에 새로 복원된 것이다. 그러나 반김 세력의 득세로 김종필의 세력 기반은 예전과 달리 매우 약해졌다.

김종필계열의 세력 약화는 전당대회 직전에 열린 국회의장단과 원내총무, 사무총장 인선에서 나타났다. 김종필계열은 반김계열이 주로 지지하고 박정희 총재의 승인을 얻은 이효상-장경순 국회의장단의 재

---

23) Dal-Joong Chang, *Economic Control and Political Authoritarianism: The Rise of Japanese Corporations in Korean Politics, 1965-1979*, (Sogang University Press, 1985), pp. 120-121.

표 13 1965년 12월, 공화당의 국회의장단과 당 지도부 선출 및 임명 결과

선출, 임명직	직책	반김종필계열	김종필계열
선출직	국회의장	*이효상(55/88)**	정구영(69/60)**
	국회부의장	*장경순(86/97)**	민관식(54/54)**
임명직	원내 총무	김택수(신임)	*김동환
	사무총장	*길재호(신임)	예춘호

*는 박정희 총재의 선택.
**의 첫 번째 숫자는 1차 투표 득표수, 두 번째 숫자는 2차 투표 득표수.
출처: 조종현, 『의정30년 사료』, (국회도서관, 1983), 115쪽.

선 결정에 반발하여 정구영-민관식에 투표하였다. 1차 투표에서 이효
상(55표)은 정구영(69표)보다 적은 표를 얻었으나 2차 투표에서 간신
히 전체 의석의 과반수를 얻었다. 장경순도 1차 투표에서 표의 반란
으로 인해 2차 투표에서 당선되었다. 김종필 당의장은 2차 투표를 앞
두고 당의 단합을 위해 박정희 총재가 선택한 이효상-장경순에게 투
표할 것을 설득한 결과 2차 투표에서 이들이 간신히 당선되었다. 1차
투표에서 이러한 당내 반발에 대해 박 총재는 당내 기강을 바로잡을
결심을 하고, 박정희 총재가 공화당 당무위원들과 원내 총무단을 청
와대로 불러 항명자들을 모두 제명하도록 지시하였다. 박 총재는 자
신의 지시가 받아들여지지 않으면 당총재 사퇴도 불사하겠다고 강경
한 태도를 밝혔다. 정구영 전 당의장이 박 총재 설득에 나섰으나 실패
하였다. 김종필을 비롯한 당내 지도자들이 다시 한 번 박 총재를 설
득한 결과 처벌을 완화하여 김용태, 민관식 의원에게 6개월간 자격정
지, 그리고 신형식, 김종갑 의원에게 경고 조치를 내렸다.[24] 이 조치가
김종필계열에는 큰 타격이었다. 그런데 이것은 박정희 대통령이 취한

---

24)   김종필, 앞의 책, 325쪽.

일련의 당내 기강확립을 위한 숙청과 처벌의 시초였다. 박정희 대통령은 권력 강화를 위해 엿과 채찍을 광범위하게 구사하기 시작했다.

한편 김종필계열이었던 길재호 의원이 당사무총장에 임명된 후 반김종필계열에 합세함으로써 김종필계열의 세력 약화가 두드러졌다. 1965년 12월, 박정희 대통령은 길재호와 김성곤을 각각 사무총장과 재정위원장에 새로 임명하였다. 길재호는 과거 김종필계열에 속했으나, 사무총장에 임명된 후 반김계열에 점점 가깝게 되었다. 길재호와 김성곤은 반김계열의 4인체제(길재호, 김성곤, 김진만, 백남억)에서 핵심적인 역할을 담당하게 된다. 이러한 파벌의 재편성으로 당시 한국의 언론들은 흔히 이들을 '신주류', 김종필계열을 '구주류'로 부르게 되었다. 특히 김성곤 재정위원장은 정치자금 모금에서 박정희 대통령의 묵인 아래 공화당과 기업 간의 연결고리 역할을 하였다. 예를 들면 1966년과 1970년에 김성곤은 한국에 진출한 걸프 석유회사로부터 각각 100만 달러와 300만 달러를 불법 정치자금으로 받은 것이 미국 의회에서 나중에 밝혀졌다.[25] 당시 김성곤은 한국에서 가장 큰 정유회사를 운영하고 있었다.

제3절 민주공화당 후계자 문제와 1967년 선거, 1966-1968

권위주의정권에서 최고지도자 승계 문제는 흔히 정권의 장래를 좌우하는 가장 민감한 사안이다. 왜냐하면 민주주의정권과 달리 권위주

---

25) U.S. Senate, *Hearings before the Subcommittee on Multinational Corporation of the Committee on Foreign Relations*, (Washington D.C., Government Printing Office, 1976), p. 9.

의정권은 권력승계 제도나 절차가 정해져 있지 않기 때문이다. 스테판(Alfred Stepan) 교수는 권위주의정권의 제도화는 반드시 권력승계제도의 공고화가 필요하다고 주장하였다.[26] 그렇지 않으면 승계 문제가 정치적 불안요인이 될 수 있다. 이 절에서는 공화당 내 승계 문제를 둘러싼 갈등과 그 정치적 파장을 분석하고자 한다. 당시 헌법은 박정희 대통령의 연임만을 허용하였기 때문에 그에게는 1967년 대선이 마지막 대선이었다. 그러나 1967년 대선과 총선을 앞두고 공화당 내에서는 이미 승계 문제 관련 암투가 벌어지고 있었다. 공화당 인사들은 김종필계열과 반김계열로 양분되어 있는 가운데, 전자는 박정희 대통령 연임 이후에 김종필을 당연히 후계자로 생각하고 있었으나, 반김세력은 박정희 대통령의 계속집권을 위한 개헌을 위해 1967년 총선에서 개헌에 필요한 3분의 2 의석을 차지하려는 노력을 물밑에서 전개하고 있었다. 일반 국민들의 "눈에 보이지 않는 정치(invisible politics)"가 공화당 내 양대 파벌 간에 치열하였다.

1. 집권세력의 후계자 관련 암투

1963년에 제정된 헌법은 대통령의 임기를 중임에 한하도록 정하였다. 당시 공화당을 비롯하여 정치권은 박정희 대통령의 두 번째 임기가 끝나면 김종필 당의장이 승계할 것이라고 예상하였다. 지난 2년간 공화당 내 반김종필세력이 득세하는 바람에 김종필 의장의 정치적 영향력이 과거에 비해 약해졌지만, 공화당 내에서 여전히 그를 지지하

---

26) Alfred Stepan, *The Military in Politics: Changing Patterns in Brazil*, (Princeton: Princeton University Press, 1971).

는 세력이 막강한 편이었다. 단순하게 얘기하면 김종필이 아직 박정희 대통령 다음으로 2인자라고 생각하는 사람이 많았다. 특히 공화당 사전조직에 참여한 인사들은 김종필이 박정희 대통령의 권력을 승계해야 한다는 열망을 가지고 있었다. 그런데 박정희 대통령은 1966년 들어 국정운영에 대한 자신감과 함께 조국근대화에 대한 의욕을 더 한층 보이고 있었다. 당시 박정희 대통령의 나이는 불과 49세로, 그의 다음 임기가 끝나는 1971년에 정계 은퇴를 하기에는 너무 젊은 나이였다. 그의 계속집권에 김종필이 걸림돌이 될 것으로 예상되었기 때문에 그와 그의 측근들은 김종필계열의 대권에 대한 집념을 경계하기 시작했다. 양측은 희미하게나마 박정희 대통령 재선 이후의 정국에 대한 구도를 그리기 시작했다. 이러한 이해관계의 충돌이 일찍 나타나기 시작했다. 즉 김종필계열이 독자적인 권력기반을 다지기 시작하자, 반김세력은 감시를 강화하기 시작했다.

1966년 9월, 첫 번째 사건이 터졌다. 삼성재벌 계열 회사인 한국비료가 밀수에 가담한 사실이 발각되었는데, 김종필의 오른팔인 김용태의 주장에 의하면 이후락 대통령 비서실장과 장기영 경제기획원장관이 삼성 회장 이병철의 밀수사건에 연루되었다는 것이다. 김용태를 비롯한 김종필계열은 이후락과 장기영의 사퇴를 요구하였다. 그러나 후자는 김용태 자신이 삼성과 정치적 거래를 시도했다가, 여의치 않자 한국비료 밀수사건 관련 정보를 흘렸다고 주장하였다. 더욱이 김용태가 몰래 무소속 국회의원 김두한의 뒤를 봐주고 있다고 폭로하였다. 김두한 의원은 국회에서 한국비료 밀수사건에 대한 행정부 질의를 하면서 장관들에게 똥물을 투척하였다. 김용태-이후락을 비롯한 집권세력 내 파벌 간에 심각한 내분이 일어날 것으로 우려되었으나 이들이 서로 상대방에 대한 공격을 자제함으로써 내분이 수습되었다.

이 사건은 정치자금을 둘러싼 집권세력 내의 갈등이었다. 박정희 대통령과 그의 측근들이 정치자금 모금을 거의 독점하자, 김종필계열의 돈줄이 막혀버렸다. 사실 이후락과 장기영이 박정희 대통령과 기업인 간에 심부름을 하는 것으로 알려졌다.

두 번째 사건은 김종필계열에 더 큰 상처를 안겼다. 일본 정계의 막후 실력자로 알려진 고다마 요시오(Kodama Yoshio)가 한국을 방문하여 김종필 측근을 면담한 결과, "이 나라의 진정한 지도자는 김종필이고, 그가 만들어놓은 제도하에서 박정희 대통령이 통치하고 있으며, 1970년대에 김종필이 대권을 잡을 것"이라는 요지의 얘기를 들었다.[27] 이러한 얘기를 박종규 경호실장에게 전달하였으나 믿지 않으려 하므로, 고다마는 다음날 새로 김종필 측근을 만나, 그들의 얘기를 녹음하여 자신이 들은 얘기가 정확한 것임을 증명하였다. 이러한 사건을 당시 언론에서는 익명과 함께 '불충'사건이라고만 밝혀 독자들이 이 사건의 진상을 알 수 없었다.[28] 박정희 대통령이 이러한 얘기를 분명히 들었겠지만, 아무런 제재조치를 취하지 않았다. 아마도 1967년 선거에 지장이 없도록 숙청작업을 선거 이후로 미루었던 것으로 본다.

2. 공화당과 1967년 대선

공화당은 파벌싸움에도 불구하고 1967년 4월과 6월로 예정된 대선과 총선에 대비하여 총력을 기울였다. 1963년 선거에서 공화당이 예상 외로 고전을 했기 때문에 이번 선거에서 미리미리 준비해서 확실

---

27) 김형욱·박사월, 『혁명과 우상: 김형욱 증언록』, (독립신문사, 1983), 150쪽.
28) 《동아일보》, 1966년 11월 7일자.

하게 승리하려는 의도로 일찍 선거 준비에 박차를 가하였다. 공화당은 선거를 위한 정치자금 확보와 지방조직의 강화 등에 힘을 쏟았다. 그런데 공화당의 선거자금은 규모가 너무 커서 당원의 당비나 자발적인 기부금으로는 도저히 충당할 수 없었다. 당시 일반 당원들은 당비를 내는 진성 당원이 거의 없고, 거의 모두가 돈을 받고 일하는 "품삯 당원"이었다. 즉 돈을 받고 당의 행사에 참여하거나 선거운동에 나서는 일반당원과 돈을 받고 일하는 지구당 간부들을 위해 공화당은 엄청난 선거자금이 필요했다. 더욱이 공화당은 유권자의 표를 얻기 위해 공약이나 정책을 개발하지만 주로 유권자에게 향응이나 금품을 제공하면서 표를 얻기 위해 노력하기 때문에 선거자금이 엄청나게 필요했다. 그런데 당시 한국 기업이나 유권자들은 경제적 여유가 없었기 때문에 자발적으로 거액의 선거자금을 낼 형편이 아니었다. 결국 당은 불법 정치자금에 의존하지 않을 수 없었다.[29] 공화당은 기업에 은행 대출이나 상품 가격 결정, 공공자산 불하와 임대, 공공사업 계약 등에 각종 특혜를 제공하는 대신 정치자금을 수수하는 경우가 많았다. 예를 들면 김성곤 재정위원장은 한국에서 정유공장을 운영하는 미국의 걸프회사로부터 1966년에 100만 불의 정치자금을 받았다.[30] 이 사실은 10년 뒤에 미국 상원 청문회를 통해 알려졌다.

공화당은 막대한 자금력으로 지방조직 강화와 당원 증가에 박차를 가하여, 공화당 역사에서 가장 많은 당원과 가장 막강한 지방조직을 마련하였다. 당세 확장에 앞서 공화당은 우선 전국 지구당 실태조사에 들어갔다. 1966년 11월에 중앙당이 여덟 명의 조사단을 충청도와

29) 중앙선거관리위원회, 앞의 책, 제1집, 1067쪽; 조일문, 「정치자금의 이론과 현실적 고찰」, 《사상계》, 1970년 2월호, 48쪽.
30) U.S. Senate, op. cit., p. 9.

전라도에 파견하였다.[31] 조사단은 많은 지구당 사무실의 경비가 충분하지 않았고, 지구당 간부들이 별로 활동적이지 않아서 당조직을 강화하거나 직능단체 또는 이익집단의 지지를 얻는 노력이 부족하다고 지적하였다. 보고서에 의하면 현직 지구당 위원장이 총선 공천을 받기 위해 다른 인사들과 경쟁하는 바람에 지구당이 제대로 운영되지 못하는 경우를 발견하였다. 예를 들면 경쟁자가 현직 지구당 위원장을 비판하고 다니거나, 자신이 중앙당의 지지를 받고 있는 국회의원 후보라고 주장함으로써 내분이 일어나는 경우가 발생하였다. 따라서 중앙당에서 후보 공천을 앞두고 지구당 내 경쟁을 규제하는 조치가 필요하다고 지적하였다.

공화당은 선거에 대비하여 지방당 조직 확대에 나섰다. 각 지구당 별로 기간조직과 핵심조직을 만들어 풀뿌리조직의 근간으로 삼았다. 기간조직은 지구당별로 수직적으로 만들고, 핵심조직은 수평적으로 만들었다. 전국 131개 지역구에 평균 22개의 기간조직을 만들었다.[32] 기간조직은 기본적으로 행정조직에 따라 4단계로 구성된 수직조직이었다. 첫 단계는 도시의 동, 농촌의 읍면 단위에 관리장, 두 번째 단계는 각 투표구별로 투표구 관리장, 세 번째 단계는 통 단위의 활동장, 마지막 단계는 반 단위의 연락장이다. 각 지구당은 도시의 동 단위나 농촌의 읍, 면 단위에 한 명씩의 관리장과 한 명씩의 부녀관리장을 정점으로 기간조직을 만들었다. 관리장과 부녀관리장은 네 명의 투표구 관리장(여자 한 명, 남자 세 명)을 두었다. 각 투표구관리장은 각 통별

---

31) 공화당, 「기획철: 지구당 사무 감사 결과」, 1966년 10월-12월.

32) 민주공화당, 『민주공화당사, 1963-1973』, 828쪽.

표 14 공화당의 당원 변화, 1963-1980

연도 월/일	당원수(1)	유권자수(2)	(1)/(2) (%)
1963 3/5	154,982		
5/20	200,000		
8/31	706,011		
9/9	1,020,000		
10/15	1,568,000		
12/31	1,495,675	13,344,149	11.2
1964	1,572,910		
1965	1,454,046		
1966	1,513,085		
1967	1,776,262	14,717,354	12.1
1968	1,421,656		
1969	1,355,646		
1970	1,299,607		
1971	1,695,068	15,610,258	10.9
1972	1,152,166		
1973	1,151,363	15,690,130	7.3
1974	1,154,147		
1975	1,046,377		
1976	1,002,465		
1977	1,033,494		
1978	1,037,184	19,489,490	6.7
1979	1,259,846		
1980 3/31	1,261,050		

출처: (1) 1963: 민주공화당, 『격랑을 헤치고』, (서울인쇄, 1964), 45, 70, 90쪽; (2) 1963-1972: 민주공화당, 『민주공화당사, 1963-1973』, (민주공화당, 1973), 849쪽; (3) 1963년 9월 12일: 이성춘, 「민주공화당 17년의 드라마」, 《신동아》, 1980년 4월호, 453쪽; (4) 1971-1979: 중앙선거관리위원회, 『정당의 활동과 개황 및 재산상황 등 보고집』, (서울, 1981); (5) 1980: 민주공화당 지방국, 『1980년 1/4분기 당세보고』, 1980년 5월 6일.

로 한 명의 활동장, 한 명의 활동차장, 한 명의 청년 활동차장, 한 명의 부녀 활동차장을 둠으로써 보통 네 명 또는 다섯 명의 도움을 받았다. 마지막으로 활동장이 각 반별로 4-5명의 연락장과 4-5명의 연락차장을 관리하였다. 표 15에서 보는 것처럼 당시 공화당은 전국적으로 2889명의 관리장과 부녀관리장, 8430명의 투표구 관리장, 3만 7256명의 활동장, 7만 4589명의 활동차장, 3만 5256명의 청년활동차장, 3만 5256명의 부녀활동차장, 13만 3524명의 연락장과 13만 3524명의 연락차장을 둔 결과, 총 기간조직 인원이 46만 3613명에 달하였다.

한편 지방당 간부들을 위해 중앙당과 시, 도 지부, 그리고 지구당에서 3일 또는 1일간 연수를 실시했다. 예를 들면 1965년 10월부터 1967년 1월 사이에 중앙당이 전국의 관리장과 투표구관리장을 대상으로 3일간의 교육을 시켰다. 또 같은 기간에 시-도 지부가 활동장을 대상으로, 그리고 지구당이 연락장을 대상으로 1일간의 교육을 실시하였다. 이러한 교육의 핵심은 당에 대한 충성심을 높이는 것이었다. 특히 다가오는 선거에 대비하여 선거법과 선거운동 방식 등을 교육시켰다. 이런 교육에 참가하는 당원들은 일정한 액수의 수당을 받았기 때문에 참여율이 높았지만 공화당은 엄청난 정치자금이 필요했다.

표 15에서 보는 것처럼 공화당 풀뿌리조직에는 핵심당원이 있었는데, 1967년 선거를 앞두고 핵심당원이 63만여 명이었고, 이 외에 일반당원이 50만여 명, 위에서 설명한 기간조직 당원 46만여 명을 모두 합하면 총 당원 수가 170만을 넘었다.[33] 이것은 전체 유권자의 12.1%, 전체 인구의 6.1%에 해당하는 숫자이다.

공화당이 대한민국 역사상 처음으로 대규모의 정당조직을 갖추기

---

33) 같은 곳.

표 15 1967년 공화당의 대중 조직

조직 구분	수준	조직명	미국식 당조직 이름	전국 총계(단위: 명)
기간조직	지역구 단위	관리장	ward leader	2,889
		부녀 관리장	women ward leader	2,889
	투표구 단위	투표구 관리장	ward subleader	8,430
	동, 리, 읍, 면 단위	활동장	precinct leader	37,256
		활동차장	general precinct subleader	74,589
		청년 활동차장	youth precinct subleader	35,256
		부녀 활동차장	woman precint subleader	35,256
	통, 반 단위	연락장	precinct captain	133,524
		연락차장	precinct deputy captain	133,524
	소계			463,613(A)
핵심 조직		핵심당원	Core party members	633,268(B)
총계 (A+B)				1,096,881

출처: 민주공화당, 『민주공화당사, 1963-1973』, (민주공화당, 1973), 828쪽.

위해 노력하였지만 지방의 풀뿌리조직이 튼튼하다고 할 수 없다. 왜냐하면 많은 당원들이 공화당의 이념이나 정책을 지지해서 참여한 것이 아니라 공화당에서 지급하는 물질적 보상을 기대하여 참여한 것이기 때문이다. 사실 170만 당원 중 거의 절반이 수시로 돈을 받고 당의 행사에 참여하거나 선거운동을 하였다. 자발적으로 당비를 내는 진성 당원은 거의 없었다. 그런데 당원들의 물질적 요구가 증가하기 때문에 당은 더 많은 정치자금을 필요로 하였다. 이처럼 공화당이 방대한 지방조직을 유지관리하기 위해 엄청난 정치자금을 조달하려고 노력하였다. 그리하여 공화당의 당세는 얼마나 많은 정치자금을 확보하느냐에 크게 좌우되었다.

1967년 2월 박정희 대통령이 정식으로 공화당의 대통령후보 지명을 받았다. 한편 야당은 한일협정 비준안을 공화당이 단독의결한 후, 이에 대한 처리를 둘러싸고 강경파와 온건파의 대립으로 분열되었으나, 1967년 초에 극적인 타결 끝에 신민당이라는 통합야당을 만들고, 대통령 후보 윤보선, 당수 유진오라는 2원 체제를 갖추었다. 야당은 지난 대선에서 후보 난립으로 박정희 후보를 누를 수 있는 기회를 놓쳤기 때문에 단일 야당후보의 필요성을 절감하였다.

3월 말부터 시작된 전국유세에서 공화당은 1차 경제개발 5개년 계획(1962-66)의 성과를 자랑하며, 박정희 대통령의 리더십이 조국 근대화를 위해 절실히 필요하다고 강조하였다.[34] 이에 반해 야당은 박정권의 경제개발 정책은 '부익부, 빈익빈'을 초래하였다고 공박하고, 공무원의 부정과 중앙정보부의 권력남용을 들어 박정권을 독재정권이라고 공격하였다. 5월 3일 실시된 선거에서 박 후보는 유효투표 51.4%의 지지를 얻어, 윤 후보를 100만 표 이상의 차이로 승리했다. 지난 1963년 선거에서 양 후보의 득표차 15만 6026표에 비하면 박 후보의 대승이었다.

박정희 후보의 선거 지지기반에 큰 변화가 있었기 때문에 대승할 수 있었다. 첫째, 박 후보가 과거에 비해 도시 유권자로부터 많은 표를 얻었다. 특히 서울에서, 1963년에는 겨우 30% 득표했으나 이번에는 45%의 득표를 기록했다. 반면에 윤보선 후보가 51%로 여전히 박 후보보다 앞섰지만 과거 65% 득표에 비해 적었다. 전국적으로 보면 박 후보가 도시에서 1963년에 37.7% 득표했으나 이번에는 50.4%로 윤 후보보다 12.7%나 앞섰다. 지난 1963년 선거에서는 도시에서 윤

---

34) 당시 선거유세에 관한 자세한 내용은 다음을 참조. 김종필, 앞의 책, 326쪽.

후보가 박 후보보다 19.4%나 앞섰다. 박 후보가 농촌개발보다 도시 산업화에 역점을 두었기 때문에 도시에서 과거보다 많은 표를 얻을 수 있었다.

　이런 선거결과는 소위 "터널 효과"를 증명한 것으로 분석된다. 터 널 효과란 터널에서 양쪽 차선의 자동차들이 교통 체증으로 모두 움 직이지 못하고 있다가 한쪽 차선의 차가 움직이기 시작하면 다른 차 선의 차들도 곧 움직일 수 있을 것이라는 희망을 가지게 된다는 것이 다. 이와 마찬가지로 산업화 초기에 자신의 주위에 있는 사람들이 돈 을 벌기 시작하면 자신도 곧 돈을 벌 수 있을 것이라는 기대와 희망 을 가지게 된다는 것이다. 박정희정부의 성장 위주의 저임금 산업화 는 주로 상층과 중산층에게 혜택이 갔지만 하위 계층에서도 돈을 벌 수 있을 것이라는 기대를 하게 됨으로써 박정희 후보에 대한 지지가 늘어난 것으로 본다. 이전에 많은 한국인들이 스스로 패배주의에 빠 져서 자신들이 아무리 노력하더라도 잘살 수 없다고 생각했지만 박정 희정부가 산업화를 본격적으로 추진한 결과 성과가 나타나자 1960년 대 중반부터 자신감을 가지기 시작했다. 박 후보가 산업화의 성과에 힘입어 도시에서 과거보다 많은 표를 얻었다.

　한편 박 후보의 지역 지지기반에 약간의 변화가 있었다. 박 후보가 1963년 대선에서는 영남과 호남을 포함한 남쪽 지역에서 승리했지만 이번에는 동쪽 지역(부산, 경상남북도, 충북, 제주, 강원)에서 승리했다. 즉 지역 투표가 1963년 대선에서 남북으로 갈렸으나 이번에는 동서로 갈리게 되었다. 다시 말해 전라남북도가 박 후보 지지에서 윤보선 지 지로 돌아섰고, 강원도, 충청북도가 윤보선 지지에서 박 후보 지지로 돌아섰다. 한편 서울, 경기, 충남은 여전히 윤보선을 지지했고, 경상남북도와 제주는 계속 박 후보를 지지했다. 1963년과 1967년을 통틀어 경상남북도가 박 후보의 지지기반이라는 것을 알 수 있다. 경상남북도에서 박 후보가 윤 후보보다 130만 표를 더 얻었는데, 이것은 다른 지역에서 윤 후보가 더 많이 얻은 110만 표를 능가하였다.

3. 공화당의 1967년 총선 압승 후 정치적 파장

대선을 치르고 한 달 후에 실시하는 1967년 6월 8일 국회의원 선거를 앞두고 박정희 대통령을 비롯하여 행정부 장차관과 지방단체장들이 공화당을 지원하기 위해 전국을 누볐다. 행정부 관리들은 여당후보를 지지해야 그 선거구에 공장, 다리, 도로, 학교 건설 등이 가능하다고 캠페인하였다. 이러한 행정부 관리들의 여당후보 지원으로 야당후보가 엄청나게 불리하게 되었다. 야당은 행정부 관리들이 선거에서 정치적 중립을 지켜야 한다고 주장하였다. 그리하여 야당이 고위 행정관료들의 여당후보 지원이 선거법에 저촉되는지 여부를 선거관리위원회에 문의한바, 선관위는 이들이 선거 캠페인에 참여할 수 없다고 유권해석을 내렸다. 그러나 공화당이 정식으로 심의를 요청하자, 당총재를 겸하고 있는 선출직 행정수반의 선거유세는 가능하다고 통보하였다. 이제 행정부 관리들이 직접 선거운동을 하는 대신 선거유세에 나서는 박정희 대통령을 수행하였다. 행정부 관리들은 농민들에게 비료를 나누어주고, 교량과 도로 건설 착공식을 하는 등 음성적으로 여당후보를 도왔다. 이와 함께 박정희 대통령은 국회 안정의석 확보를 위해 공화당 후보를 지지해 줄 것을 유권자들에게 호소하였다.

공화당은 총선에 행정부 관리의 개입 외에 표를 얻기 위해 향응이나 돈을 제공하는 등 옛날식 선거운동방식을 답습했다. 그러면서 공화당 후보들은 참신하고 깨끗한 정치인이라는 것을 강조하면서 야당 후보들이 부패하고 구태의연한 인사들이라고 공격하였다. 또 공화당 후보들은 스스로 진보세력이라고 내세우면서, 특히 박정희정부의 근대화 정책의 기수가 되겠다고 유권자들에게 호소하였다. 한 달 전 대선에서 승리한 박정희 대통령을 앞장세워 후광효과(coattail effect)를 노린 것이었다.

6월 8일에 실시된 국회의원 선거에서 공화당은 50.6%의 득표율로 129석을 차지하였는데, 이것은 전체 의석의 73.7%에 해당하였다. 개헌에 필요한 의석이 전체 의석의 3분의 2였기 때문에 공화당 의석이 개헌 정족수를 훨씬 넘었다. 이제 공화당이 박정희 대통령의 3선을 위한 개헌 의사가 있으면 언제든지 가능하게 되었다. 사실 반김종필세력이 박정희 대통령의 3선을 염두에 두고, 총선에서 개헌에 필요한 3분의 2 이상 의석을 얻기 위해 노력한 결과였다. 신민당은 32.7%의 득표율에 겨우 45석을 얻었고, 군소 정당은 대중당의 1석 이외에는 전멸하였다. 선거결과는 공화당을 사전조직하면서 구상한 양당제와 여당의 패권적 지위 수립에 한 걸음 다가선 것처럼 보였다.

이러한 선거결과는 선거운동의 효과 외에 선거제도의 효과가 나타난 것이다. 특히 양당제의 등장은 제도적 효과가 컸다. 첫째, 군정에서 도입한 선거법이 무소속 출마를 허용하지 않았기 때문에 정치인들은 정당후보가 되어야만 했다. 과거에는 무소속 당선자가 많았으나 1963년 총선 이후 무소속이 사라지게 된 것이다. 둘째, 정당법이 신생 정당의 등록 요건을 매우 엄격하게 하는 바람에 군소 정당의 난립을 막았다. 전국 131개 지구당 중에서 3분의 1 이상의 지구당을 창당해야 하고, 지구당에 50명 이상의 당원이 있어야 선관위에 정당으로 등록할 수 있었다. 이처럼 무소속 출마 금지와 정당 등록을 엄격하게 한 배경에는 공화당을 사전조직한 인사들이 야당을 통제하기 쉽게 하기 위해 양당제를 선호했기 때문이다. 또 이들은 미국이나 영국처럼 양당제가 선진국형 정당제도라고 믿었다. 이런 제도가 야당 통합에도 기여하였다. 즉 1963년 선거에서는 야당이 여러 정당으로 분열하는 바람에 패배하였다는 교훈 때문에 1967년 선거를 앞두고 신민당으로 통합하였다. 그런데 통합야당인 신민당이 총선에서 크게 패배하였다.

그런데 총선결과를 보면 대선과 달리 공화당이 도시에서 의석을 많이 얻지 못했다. 공화당이 서울의 14개 의석 중 한 개, 부산의 일곱 개 의석 중 두 개만을 획득했다. 이와 대조적으로 신민당은 도시에서 선전하였는바, 서울, 부산, 대구, 인천, 광주, 대전, 목포, 원주 등 도시에서 세 석 외에는 모두 석권하였다. 이것은 대선 결과와 달랐는바, 공화당의 도시 유권자 지지기반이 안정적이지 못하다는 것을 의미한다. 그런데 공화당은 유교정치문화의 영향이 여전히 강하여 정부에 복종하는 것을 미덕으로 여기는 유권자들이 많은 농촌지역에서는 많은 의석을 얻었다. 이런 유권자의 투표행태를 "여촌야도" 현상이라고 불렀다. 여당은 농촌에서 강하고, 야당은 도시에서 강하다는 것을 의미한다.

1967년 총선결과의 마지막 특징은 공화당의 신진 정치인들이 야당의 유명 인사들을 상대로 승리하였다는 점이다. 이재학, 장택상, 전진한, 조재천을 비롯한 전국적으로 명성이 높은 정치인들이 공화당의 신진 후보들에게 패배하였다. 그리하여 공화당 당선자의 약 50%가 초선이었다.

1967년 대선과 총선결과를 분석해 보면 공화당의 유권자 지지기반이 튼튼해졌다. 공화당은 1963년 대선에서 득표율이 47.6%였으나 이제 51.4%로 증가하였다. 그리고 총선에서 1963년에는 33.5%에 불과했으나 이제 50.6%로 증가하였다. 공화당에 대한 유권자 지지가 증가한 것은 박정희정부의 경제적 성과에 힘입은 바가 컸다. 1963-1966 년 사이에 한국의 연간 경제성장률은 약 9%였고, 연간 상품 수출도 약 45% 증가하였다. 경제발전이 지속되는 경우 공화당의 선거 지지 기반이 안정화될 여지가 있었다.

공화당이 선거에서는 압승했으나, 선거부정 때문에 심각한 정치적 난관에 봉착하였다. 야당은 이번 국회의원 선거가 원천적인 부정선거 라고 주장하고, 재선거를 요구하였다. 공화당이 야당의 재선거 요구 를 거절하자, 야당은 국회 등원을 거부하고 단식 농성에 들어갔다. 한 편 대학생들은 선거부정에 항의하며 전국적으로 데모를 벌였다. 7월 중순에 대학생 데모가 전국 시도로 확산되자 정부는 데모 방지를 위 해 대학의 조기 방학을 종용하였다.

야당과 대학생들의 거센 반발을 무마하기 위해 김종필 당의장은 부정선거 가담자에 대해서는 당에서 가차없이 처벌할 것이라고 선언 하였다. 또 박정희 대통령이 특별 담화를 발표하고, 부정선거를 발본 색원하겠다고 약속하였다. 그 결과 공화당은 일부 선거구 부정을 시 인하고, 재개표 결과 낙선한 권오석 의원(화성)을 제명한 데 이어 양달 승 의원(보성)을 비롯하여 여섯 명의 당선자를 추가 제명하였다. 이로 써 공화당 기율위원회가 여덟 명의 당선자를 제명하고, 25명의 당원 들을 제명하였다. 또 사직 당국에 의해 10명 이상의 부정선거 관련자 들이 구속되고, 273건의 선거재판이 기다리고 있었다. 공화당의 부정 선거 관련자 처벌에도 불구하고 야당은 등원 거부를 철회하지 않아, 정국은 좀처럼 해결의 기미를 보이지 않았다.

7월 10일, 공화당은 신민당 없이 단독으로 새 국회를 개원하고 이 효상과 장경순을 각각 국회의장과 부의장으로 선출하였다. 그러나

표 16 공화당 당선자 중 부정선거 혐의자

	이름	의석 변동 상황
1	권오석	처음에 당선자였으나 재개표 결과 낙선
2	기세풍	7월에 당선 무효, 1968년 9월 보궐선거에 대중당 후보로 패배
3	신용남	7월에 당선 무효, 1968년 9월 보궐선거에서 대중당 후보로 당선
4	양달승	7월에 선거 무효, 1969년 8월에 재선거결과 공화당 후보로 패배
5	이원장	1968년 6월에 재개표 결과 의석 상실
6	이윤용	의석 유지
7	차형근	의석 유지
8	이원우	의석 유지
9	양찬우	의석 유지
10	박병선	1970년 9월 의석 상실, 재선거 없었음
11	이호범	1968년 12월 의석 상실, 1969년 2월 재선거에서 공화당 후보로 당선
12	최석림	1970년 의석 상실, 1970년 5월 재선거에서 공화당 후보로 당선

주: (1)-(8)은 6월 16일 제명, (9)-(12)는 9월 25일 제명된 후 "10·5 구락부"에 참여, 나중에 정우회로 개칭/12명
의 부정선거 혐의자 중 네 명은 의석 유지, 다섯 명은 의석 상실, 세 명은 의석 상실 후 보궐선거나 재선거에서
당선되어 의석 회복.

출처: 조종현, 『의정30년 사료』, (국회도서관, 1983), 32-36쪽; 중앙선거관리위원회, 『대한민국 선거사』, 제1집,
(중앙선관위, 1973), 974-975, 1282쪽.

이후 3개월 동안 공화당은 신민당의 등원을 설득하기 위해 국회를 개
최하지 않았다. 9월 들어 공화당은 단독으로 정기국회를 열어놓은 채
회의를 하지 않고, '열어놓고 기다린다'는 전략을 세웠다. 박정희 대통
령은 부정선거 관련 공무원을 직위해제하면서 공화당에 공한을 보내
"공화당도 이에 준하는 조치를 취하라"고 지시하였다. 이에 따라 당
은 새로 네 명의 의원을 제명하고, 낙선한 세 명의 당원 자격을 정지
시켰다. 이로써 모두 12명의 의원이 제명되었다. 표 16에서 보는 것처
럼 한 명은 이미 재개표 결과 의석을 상실했고, 세 명은 대법원 판결
전에 의원직을 사퇴했다. 나머지 여덟 명은 무소속으로 대법원의 판

결을 기다렸는데, 결국 이 중에서 네 명만이 나중에 의석을 유지했다.

공화당의 이러한 조치에도 불구하고 10월 들어서도 야당이 계속 등원을 거부하자, 특단의 조치를 내렸다. 즉 공화당 단독 국회를 모면하기 위해 고육지책으로 공화당 의원들을 제명하여 새로운 원내 교섭단체를 만들었다. 공화당은 전국구의원 이동원, 김익준, 이병주, 이원엽을 제명하여, 이미 공화당에서 제명된 여덟 명과 함께 12명의 국회의원들이 10·5 구락부(나중에 정우회로 개칭)라는 별도의 원내교섭단체를 만들어, 단독국회를 형식적으로 모면하여 국회를 속개하였다.

1개월이 지난 후 11월 들어 5개월간의 여야 교착상태를 풀 수 있는 해빙 무드가 조성되었다. 공화당 김종필 의장과 신민당 유진오 당수가 국회 개원을 위한 협상을 하기로 합의하였다. 여야 협상대표 4인이 한 달간의 협상 끝에 합의서를 작성하였다. 합의 내용은 공화당의 선거부정 사과, 국회에 부정선거 특별조사위원회 구성, 부정선거 관련자 문책, 공명선거를 위한 선거법, 정당법, 중앙선관위법 등의 개정이다.[35] 11월 29일 신민당 국회의원 44명은 선거 6개월 만에 마침내 등원하였다.

4. 공화당과 국회의 정치적 자율성 약화

공화당이 패권정당이 되려면 당이 국가기구를 통제할 수 있어야 한다. 특히 당이 박정희정부의 통치과정에서 핵심 역할을 수행하고, 당의 의사가 정부정책에 반영되어야 한다. 그러나 공화당의 국회 활동마저 위축되었다. 그 이유는 공화당 박정희 총재가 "행정적 민주주의"를 옹호하면서 공화당이나 국회가 행정부를 통제해서는 안 되고, 오

---

35) 《동아일보》, 1967년 11월 20일자.

히려 지원해야 한다고 주장했기 때문이다. 공화당 지도부가 박정희 대통령의 명령을 거역하지 못함에 따라 당의 정치적 자율성은 점차 약화되었다.

1967년 12월, 오랜 공전 끝에 열린 국회이지만, 공화당은 행정부가 제출한 안건을 통과시키기 위해 변칙적인 방법을 동원하였다. 1967년 말 국회에서 공화당은 해를 넘기지 않기 위해 내년도 예산안을 3분만에 본회의에서 변칙으로 통과시켰다. 야당의 결사적인 반대가 있었으나 소용이 없었다. 2개월 뒤인 1968년 2월에 공화당은 또다시 휘발유를 비롯한 각종 유류세를 올리는 법안을 변칙적으로 통과시켰다. 행정부에서 고속도로 건설 재원을 확보하기 위한 이 법안을 회기만료 3일 전에 제출했기 때문에 공화당은 다음 회기에 처리할 것을 야당에 약속했으나, 박정희 대통령의 엄명으로 변칙적인 방법을 동원하여 통과시켰다. 3개월 뒤에 공화당은 또다시 국회를 변칙적으로 운영하였다. 이해 1월에 박정희 대통령을 비롯한 요인 암살을 위해 북한에서 내려 보낸 1·21 무장공비사건과 북한의 푸에블로호 납치사건 후에 행정부가 안보를 위해 향토예비군 설치법을 마련했다. 그런데 이 법이 국회에서 통과되기도 전에 250만 예비군을 향토예비군에 편성하는 작업을 시작했다. 이에 대해 야당이 비합법성을 문제 삼아 향토예비군법 심의를 거부했다. 한편 행정부와 공화당은 안보위기를 구실로 이를 정당화하고, 야당이 출석을 거부한 가운데 향토예비군법을 통과시켰다.

공화당과 국회가 행정부의 시녀로 전락한 배경은 무엇인가? 첫째, 유교정치사상은 왕의 뜻을 받드는 훌륭한 신하들의 덕치를 이상으로

하기 때문에 관리의 중요성을 강조하는바, 이런 전통 아래 많은 한국인들은 행정부 관리들을 중시하고, 국민의 대표인 국회가 행정부를 견제하는 것보다 뒷받침해야 한다는 의식을 가지고 있었다. 그리하여 일반 국민들과 이익단체들은 국회보다 행정부에 영향력을 발휘하기 위해 노력함으로써 행정부의 힘이 커졌다. 둘째, 공화당은 국가기구를 통제할 수 있는 자원이나 제도를 가지고 있지 못했다. 예를 들면 멕시코에서는 공무원들이 집권당의 당원이 되어야 하는데, 공화당은 이런 제도를 도입할 수 없었다. 셋째, 박정희 대통령이 공화당보다 행정부 관료들을 선호하였다. 그는 산업화와 근대화를 위해서는 공화당을 이용하여 정치적 동원을 하기보다 기술관료들의 합리성에 바탕을 둔 정책이 필요하다고 생각했다. 오히려 박정희 대통령은 그의 "합리적" 통치에 공화당이 방해가 된다고 생각했고, 공화당이 행정부 일에 간섭하는 것을 철저히 배제하려고 노력했다. 박정희 대통령은 당정협의회에는 거의 참석하지 않았으나 수출확대진흥회의에는 매달 참석하여 꼼꼼히 챙겼다.[36] 대통령제 국가에서 대통령이 당을 중시하고, 당이 국가기구를 통제할 수 있는 장치를 도입하지 않으면 당이 패권정당이 될 수 없었다. 넷째, 박정희정부의 국가주도 산업화 과정에서 관료들이 외국 자본과 기술의 도입이나 국내 금융 대출, 상품 가격 산정, 관급공사 배정, 공장부지 선정 등을 결정하기 때문에 관료의 힘이 점차 강해졌다. 마지막으로 지적할 점은 김종필의 리더십에 반대하는 공화당 내 일부 지도자들이 박정희 대통령에 대한 충성, 이후락 대통령 비서실장을 비롯한 행정부 고위관리들과 연대를 통해 정치적 영향력을 확대하고 있었다. 박정희 대통령은 이들을 통해 공화당

---

36) 김종필, 앞의 책, 297-301쪽.

을 통제할 수 있었고, 이들은 박정희 대통령으로부터 당과 국회의 고위직이나 정치자금을 받았다. 이런 상황에서 행정부가 제출한 법안을 공화당이 변칙적으로 통과시키고, 결국 공화당과 국회를 행정부와 대통령의 시녀로 만들게 되었다.

제4절 박정희 대통령의 3선 개헌과 1971년 선거, 1968-1971

1967년 박정희 대통령이 두 번째 임기를 시작하면서 공화당은 점차 행정부에 종속되는 바람에 패권정당의 꿈을 실현할 길이 막막했다. 그럼에도 불구하고 김종필계열은 아직 꿈을 포기하지 않고 있었는바, 김종필이 박정희 대통령의 후계자가 되면 패권정당의 길이 열릴 것이라는 희망을 가지고 있었다. 그러나 박정희 대통령은 현행 헌법에서는 재선 후 물러나야 하지만 3선을 위한 개헌을 해서라도 계속집권을 희망하고 있었다.[37] 이 무렵 박정희 대통령은 자신의 조국 근대화 프로젝트를 비롯한 국정운영에 자신감을 가지게 되어, 이러한 정치적 목표 달성을 위해 계속집권의 뜻을 품고 있었다. 반김종필계열은 박정희 대통령의 이러한 뜻을 지지하고 있었다. 이 절에서는 박정희 대통령의 후계자 문제를 둘러싼 정치적 갈등과 3선 개헌과정을 심층적으로 분석하고자 한다. 특히 3선 개헌이 공화당과 최고지도자의 관계를 어떻게 변화시켰는지, 또 1971년 대선과 총선에는 어떤 영향을 미쳤는지 분석하고자 한다.

---

37) 같은 책, 508쪽.

1. 김종필계열의 정치적 몰락

박 대통령 후계자 문제는 매우 민감한 정치적 쟁점이기 때문에 공화당과 행정부에서 아무도 공개적으로 얘기하는 사람이 없었다.[38] 그러나 박 대통령의 계속집권을 지지하는 핵심인사들과 이를 저지하려는 인사들 간에 치열한 경쟁이 물밑에서 전개되고 있었다. 이러한 갈등이 표면화된 것은 1968년 5월, 공화당 기율위원회(당기위)가 김용태 의원(당무위원), 최영두(6대 문공위원장), 송상남(전 중앙위원)을 전격 제명한 사건이었다. 당기위는 "이들이 국민복지연구회를 조직, 그 목적과는 달리 포섭대상을 교육받은 당원과 청년봉사회장으로 삼아 당내에 사조직을 만들어 해당행위를 했다"고 제명 이유를 밝혔다.[39] 3인의 제명 사유가 겉으로는 이러했지만, 사실은 금기로 되어 있는 박 대통령의 후계자 옹립을 위해 정치적 포석을 했다는 것이다. 송상남이 작성하여 김용태에게 보여준 소위 시국 판단서가 제명의 실제 이유였다.[40] 이 서류에 박 대통령의 3선 개헌을 저지하고 김종필 당의장을 1971년 대통령으로 추대하자는 내용이 있다는 것이다. 김종필의 핵심 측근인 김용태는 이러한 점을 부인하고, 단순히 농촌운동을 도와달라는 최영두, 송상남에게 협조했을 따름이라고 해명하였다. 과연 국민복지연구회가 농촌운동을 위한 조직인가, 아니면 1971년 김종필의 대권을 위한 위장조직인가? 연구회가 본격적으로 활동을 시작하기도 전에, 조직화 단계에서 조사를 받았기 때문에 판단하기 어려운 점이

---

38) 김용태, 「3선 개헌은 엄민영의 발상」, 《월간 조선》, 1985년 2월호, 376-385쪽; 남시욱·박경석, 「한국정당의 파벌」, 《신동아》, 1967년 2월호, 208쪽.
39) 이성춘, 앞의 글, 156-199쪽.
40) 김종필, 앞의 책, 350-351쪽.

많다. 그러나 두 가지 점에서 의심의 여지가 생긴 것이다. 첫째, 농촌
운동을 위한 단체인데 입회원서를 일반인들 대신에 공화당 기간요원
(훈련원 제1기에서 5기생 중 각 150명)과 청년봉사회장 등 900여 명에게
보낸 사실이다. 둘째, 송상남이 작성한 시국 판단서가 문제였다. 비록
김종필 당의장이 이를 본 적이 없고, 또 연구회에 관계한 적이 없는
것으로 알려졌지만, 언제나 의심의 대상이 되고 있는 그의 핵심 측근
(김용태)이 관여한 사실과 이러한 후계자 문제를 다룬 문서는 반김종
필계열에게 김종필계열을 공격할 빌미를 제공하였다.

이 사건이 발생한 5일 후에 김종필 당의장이 돌연 "일체의 공직에
서 물러나겠다"고 폭탄선언을 하였다. 100여 명의 청년당원들이 김
당의장의 복귀와 반김세력 축출을 요구하는 데모를 벌였다. 지난 국
민복지회사건을 통해 반김세력은 비록 김종필세력에게 공격을 시도
했지만 아직 김 의장을 축출하려는 준비를 하지 않아 김 의장의 공직
사퇴선언을 예상하지 못했다. 박 대통령을 비롯하여 당과 행정부의
고위 간부들이 김종필에게 사퇴를 철회하도록 설득했으나, 이미 김
의장은 결심을 굳혔다.[41] 박 대통령은 후임에 윤치영을 임명하였다.
그는 오랜 정치적 경험을 가진 구정치인으로서 1963년에 공화당이 매
우 어려웠던 시기에 당의장을 잠깐 지낸 바 있다.

이로써 김종필은 당을 세 번이나 떠나게 되었다. 1963년 2월, 1964년
6월에 이어 세 번째이다. 지난 두 번과 달리 이번에는 완전히 '자발적
으로' 당을 떠나고, 또 해외에 나가지 않고 국내에 머물렀다. 그의 공
직 사퇴 후 정계에서는 그의 정치적 장래에 대해 여러 가지 추측이 나
왔다. 일부에서는 그가 박 대통령의 후계자가 될 가능성이 희박해졌

---

41) 같은 책, 363쪽.

다고 보았다. 다른 일부에서는 그가 당에 복귀하거나, 다른 방법으로 박 대통령의 후계자가 되리라고 추측하였다. 그러나 양측 모두 그가 지난 수년 동안 반김종필세력에 의해 정치적 영향력이 현저히 줄어든 것을 인정하였다. 박 대통령은 이미 김종필 대신에 새로운 인물을 등용하여 당을 운영하고 있었다. 이들이 김성곤, 길재호 등 흔히 4인체제로 알려진 소위 신주류들이었다.

비록 김종필이 당을 떠났으나 그의 추종세력은 당내에서 결속을 강화하고 박 대통령의 3선 개헌을 저지할 준비를 하였다. 1968년 말과 1969년 초에 윤치영 당의장과 길재호 사무총장이 개헌의 필요성과 가능성을 암시하자, 김종필계열은 소위 '9인위원회'를 만들었다.[42] 이 모임은 비공식, 지하조직이었는데, 예춘호, 양순직, 박종태, 정태성, 윤천주, 김성희, 이영근, 김우경, 김택수 등 아홉 명으로 구성되었다. 이 모임의 실질적인 리더는 정구영 전 당의장이었다.[43] 한편 김종필은 중앙정보부의 엄격한 감시를 받고 있어서 참가하지 못했다. 이들을 지지하는 당내 국회의원이 40여 명이나 있었다.[44] 표 17에서 보는 것처럼 1969년 4월경에 공화당, 정우회, 여당 성향 무소속을 모두 합해도 126석으로 개헌에 필요한 의석보다 겨우 9석이 많았기 때문에 이 숫자만 보면 개헌저지가 가능하다. 따라서 김종필계열 국회의원의 지지 없이 개헌안은 통과될 수 없었다.

1969년 4월에 김종필계열은 개헌저지를 위한 전략으로 개헌이 발의되기 전에 개헌 반대세력의 실력을 과시함으로써 발의 자체를 저지하기로 하였다. 즉 야당이 제출한 권오병 문교부장관의 불신임안에

---

42) 예춘호, 「삼선개헌: 그 음모와 배신」, 《신동아》, 1985년 8월호, 196-197쪽.
43) 김종필, 앞의 책, 371쪽.
44) 이영석, 『정구영 회고록: 실패한 도전』, (중앙일보사, 1987), 210-211, 245, 264쪽.

대해 공화당은 반대하기로 결정했으나 김종필계열은 찬성표를 던지기로 하였다. 불신임안이 찬성 89, 반대 57, 기권 3으로 가결되어 제3공화국 이래 처음으로 야당의 불신임안이 가결되었다. 야당 의원이 모두 48명에 불과한데, 찬성표가 89표나 나온 것은 결국 당내에서 적어도 40여 명이 당의 결정에 따르지 않았다고 볼 수 있다.[45] 물론 반대표를 던진 공화당 의원들이 모두 김종필계열이나 3선 개헌에 반대하는 의원이라고는 볼 수 없다. 왜냐하면 권오병 장관의 대정부 질문 과정에서 보여준 부적절한 행동을 보고 불신임안에 찬성한 공화당 의원도 있기 때문이다.

그런데 김종필계열의 전략은 박 대통령의 강압적 조치로 빗나가게 되었다. 김종필계열은 개헌 반대세력이 막강하므로 박 대통령을 비롯한 개헌 추진세력이 개헌 통과가 어려울 것으로 판단하여 개헌 발의 자체를 하지 않기를 바라고 있었다. 특히 김종필계열은 박 대통령이 이들을 당에서 쫓아내지 못할 것으로 보았다. 그러나 박 대통령은 당의 결정에 따르지 않은 모든 의원을 제명하라고 명령하였다. 당기위는 찬성표를 던지라고 의원들을 선동한 10명을 선정하여 박 대통령에게 제출한 뒤, 그를 설득하여 다섯 명만 제명하도록 결정하였다. 양순직, 예춘호, 박종태, 김달수, 정태성, 윤천주, 신윤창, 오학진, 오원선, 김우영 의원 중 앞의 다섯 명이 제명되었다. 이 사건으로 인해 김종필계열의 정치적 타격은 심각하였다. 박 대통령의 정치적 의지를 꺾을 수 없다는 것이 명백해진 것이다. 이들은 공화당의 사전조직 때부터 지금까지 당의 패권적 지위를 수립하기 위해 뭉친 정치적 동지들이었으나 지난 수년간 쇠퇴를 거듭하였다. 그들은 박 대통령의 리

---

45) 김종필, 앞의 책, 377쪽.

표 17 3선 개헌 전후 1969년의 국회 의석 변동 상황

정당	일자					
	2/28 (1)	4/15 (2)	5/15 (3)	8/14 (4)	8/22 (5)	9/8 (6)
공화당	114	109	109	109	108	108
정우회	12	12	12	11	11	11
무소속	1	6	6	6	6	6
대중당	2	2	2	2	2	2
신민당	46	46	46	47	47	44
소계	175	175	175	175	174	171
결원	0	0	0	0	1	4
총계	175	175	175	175	175	175

주:
(1) 이호범이 나주 재선거에서 공화당 공천으로 당선.
(2) 공화당에서 제명된 다섯 명이 무소속이 됨.
(3) 김규남 공화당의원이 간첩죄로 전국구 의원직을 상실하고 김용채가 승계.
(4) 양달승 정우회의원이 보성-벌교 재선거에서 신민당 이중재 후보에게 패하여 의원직 상실.
(5) 조창대 공화당의원이 비행기 사고로 사망.
(6) 신민당 소속 국회의원 중 공화당의 3선 개헌에 찬성하던 세 명(성낙현, 조흥만, 연주흠)의 의원직을 박탈하고자 신민당은 세 명을 제외한 소속 국회의원 전원을 제명한 뒤 당해체를 하고, 즉각 창당대회를 함.

출처: 중앙선거관리위원회, 『대한민국정당사』, 제1집, (중앙선관위, 1973), 685-687쪽; 중앙선거관리위원회, 『대한민국선거사』, 제1집, (중앙선관위, 1973), 1282쪽; 조종헌, 『의정30년 사료』, (국회도서관, 1983년), 95쪽; 《조선일보》, 1969년 5월 15일자.

더십하에서는 당의 지위 향상을 도모할 수 없다고 판단하고, 박 대통령의 법정 임기만료 후에 김종필을 내세워 그들의 정치적 목표를 달성하고자 했으나 박 대통령과 반김세력의 견제로 그들의 정치적 입지가 매우 약해졌다.

박 대통령의 정치적 억압은 야당에게 더욱 심해졌다. 개헌 반대를 천명하고 야당 결속을 위해 노력하고 있는 신민당 원내총무 김영삼이 귀가 중 차에서 내리면서 초산 테러를 당했으나 다행히 다치지 않았

다. 이러한 정치적 테러에 대해 김영삼 의원이 국회에서 '독재자 박정희', '어떤 기관(중앙정보부에 대한 별칭)의 만행'을 규탄했다. 범인이 끝내 잡히지 않았을 뿐만 아니라 야당은 국회에서도 이 사건의 진상을 규명할 길이 없었다. 신민당 유진오 총재가 이 사건의 진상 조사를 요구하자, 장경순 국회부의장이 폐회를 선언하였다. 야당은 직권남용을 이유로 장경순 부의장과 이효상 국회의장의 사퇴를 요구했으나 받아들여지지 않았다. 공화당은 오히려 이들을 1969년 7월에 다시 국회의장과 부의장으로 선출하였다. 국회의장 선출과정에서 이효상 의장이 첫 번째 투표에서 80표만을 얻어 선출에 필요한 과반수 미달이었다. 2차 투표에서 92표로 선출되었지만 공화당 의원이 102명이었는데 92표가 나온 것은 모든 공화당의원이 당의 결정에 따르지 않은 것이다. 그러나 과거처럼 조직적인 반란표가 나오지는 않았다

2. 공화당과 3선 개헌과정

박 대통령과 그의 측근들이 3선 개헌을 위한 막후공작을 계속하고 있었지만 1969년 7월까지 공개적인 언급을 삼갔다. 막후에서 개헌에 필요한 준비작업으로 3분의 2 이상의 국회의원들의 지지를 얻는 것이 급선무였다. 그러나 이미 정국은 3선 개헌 반대의 목소리가 높아지고 있었다. 야당을 비롯한 각계 대표들은 '3선 개헌반대 범국민투쟁위원회'를 결성하여 지방유세에 나서고, 대학가에서는 개헌 반대 데모가 시작되었다. 7월 4일, 야당이 박 대통령에게 3선 개헌에 관한 입장을 명확히 표명해 달라는 서면 질의에 박 대통령은 마침내 "개헌에 반대하지 않는다"고 답하였다. 이와 함께 공화당 내 개헌 추진세력은 공개적으로 개헌 작업을 추진하게 되었다. 당내 개헌 추진세력은 소위

4인체제로 불리는 길재호 사무총장, 김성곤 재정위원장, 백남억 정책위원장, 김진만 전 총무로 구성되어 있었다. 그리고 행정부에서는 이후락 비서실장과 김형욱 중앙정보부장을 비롯하여 거의 모두가 나섰다. 이들은 박 대통령 추종자라는 것 외에는 별다른 공통점이 없었다. 7월 12일, 박 대통령은 개헌을 위한 방편으로 공화당 사무총장을 길재호에서 오치성으로 바꾸었다. 개헌 반대세력들이 길 총장에 대한 반감이 심하였기 때문에 이들과 관계가 원만한 오치성을 통해 개헌 설득을 용이하게 하려는 것이었다.[46]

2주 후에 공화당 당무회의는 공식적으로 개헌안을 채택하였다. 이 개헌안에는 (1) 대통령의 연임금지 조항을 삭제하고, 세 번 연임을 허용하도록 하였다. (2) 대통령탄핵 발의와 통과에 필요한 의원 수를 30인에서 50인으로, 과반수에서 3분의 2로 변경하였다. (3) 국회의원들이 행정부의 장차관을 겸직할 수 있도록 하였다. (4) 국회의원 최대 정수를 200에서 250으로 늘렸다.[47]

이러한 개헌안을 가지고 박 대통령과 그의 측근들은 본격적으로 개헌 반대자들을 설득하려고 노력했는데, 가장 중요한 목표는 김종필이었다. 1969년 7월, 박 대통령이 김종필을 세 차례 단독으로 만나 설득한 결과 성공했다.[48] 그는 개헌 반대로 박 대통령과의 인간적인 관계에 깊은 상처가 생기고, 집권세력이 분열되는 것을 방지하고자 하였다. 그가 개헌 지지로 선회하여 개헌 반대자들을 설득함으로 말미암아 김종필계열을 주축으로 한 개헌 반대세력은 큰 힘을 잃었다.[49]

---

46) 《동아일보》, 1969년 7월 12일자.
47) 중앙선거관리위원회, 앞의 책, 제1집, 135쪽.
48) 김종필, 앞의 책, 371–376쪽.
49) 1969년 8월 정구영이 김종필의 자택을 방문하여 "개헌에 대해 찬성이나 반대를

박 대통령은 야당과 학생들의 개헌 반대운동이 가열되자, 7월 25일 특별 담화를 통해 "개헌안이 부결되면 불신임으로 간주, 즉각 물러나 겠다"면서 "여당은 빠른 시일 안에 개헌안을 발의하고 야당은 합법적 으로 반대운동을 펴달라"는 등 7개 항을 제의하였다.[50] 이것은 개헌안 부결이 가져올 권력 공백에 대한 국민들의 불안을 이용하여 개헌 찬 성을 유도하려는 것이었다.

공화당은 개헌안 발의를 위한 마지막 절차로서 개헌안에 의원들의 서명을 받기 위해 의원총회를 열었다. 7월 29일, 오전 10시 30분부터 다음날 새벽 4시 20분까지 장장 18시간에 걸친 마라톤 회의가 장충동 영빈관에서 개최되었다. 개헌에 찬성하는 의원들은 주로 근대화를 계 속 추진하기 위해서 박 대통령의 리더십이 필요하다고 주장하고, "말 을 타고 강을 건너다 강 중간에서 기수를 바꿀 수 없다"고 주장하였 다. 한편 개헌 반대 의원들은 박 대통령이 3선 개헌을 하지 않고 물러 나면 경제발전의 공로와 함께 정치발전에 이바지하여 민족의 영웅으 로 길이 남을 것이라고 주장하였다. 이 회의가 오래 걸린 이유 중의 하 나는 개헌 반대론자들이 찬성의 선행조건으로 제시한 요구들을 박 대 통령에게 직접 전달하고 답을 얻으려고 했기 때문이다. 회의 도중 이만 섭 의원은 개헌 찬성의 조건으로 다섯 가지를 요구하였다. (1) 정부, 여 당의 개편에 의한 창당 이념 구현, (2) 부정부패 발본색원, (3) 공정한 국민투표 실시, (4) 정보기관의 정치 간여 중지, (5) 제명된 여섯 명의 전 공화당의원들의 복당.[51] 이러한 요구조건 중에서 핵심은 김형욱 중

하지 말고 그냥 침묵을 지켜달라"고 요청했으나 후자는 거절했다. 같은 책, 381쪽.
50) 이성춘, 「김종필은 왜 후계자가 되지 못했나?」《신동아》, 1984년 8월호, 156-199쪽.
51) 이만섭, 「개헌 찬성의 5개 선행 조건」, 《월간 조선》, 1985년 2월호, 386-397쪽.

앙정보부장과 이후락 비서실장의 퇴진이었다. 회의 도중에 이러한 요구 사항을 박 대통령에게 전달하기 위해 김성곤, 장경순 의원이 청와대를 방문하였다. 박 대통령은 "김형욱과 이후락의 거취문제는 나한테 맡겨달라"고 말했다.[52] 마침내 참석의원 108명이 모두 서명하였으나, 이 중에는 아직도 마음을 정하지 못하고 억지로 서명한 의원들도 있었다.[53] 공화당 의원 109명 중 정구영 의원만이 서명을 하지 않았다. 그런데 이 자리에서 개헌세력은 반대자들이 마음을 돌리도록 모든 방법을 강구하였다. 나중에 알려진 바에 의하면 끝까지 개헌에 반대하는 의원을 회의장 옆방으로 데리고 가서 무력을 행사하기도 하였다. 특히 청와대와 중앙정보부는 의원들의 모든 찬반 토론을 몰래 모니터링하고 있었다.

개헌 추진세력은 당내 이탈세력에 대비하고, 대외 설득을 위해 야당 의원 세 명(성낙현, 연주흠, 조흥만)을 회유하여 개헌 찬성을 발표하도록 하였다. 이들이 어마어마한 돈을 받고 개헌에 찬성했다는 소문이 돌았다. 8월 7일, 국회에 제출된 개헌안 발의에 서명한 의원은 공화당 108명, 정우회 10명, 대중당(전 공화당 의원) 한 명, 신민당 세 명 등 모두 122명이었다(표 18 참조). 이 숫자는 개헌 정족수 117명보다 다섯 명이 더 많았다.

개헌 저지를 위해 혼신의 힘을 기울이고 있는 야당은 세 명의 변절자가 의원직을 상실하도록 극단적인 조치를 취하였다. 정당법에 당이 해체되거나 의원이 탈당한 경우에 의원직을 상실하고, 제명된 경

---

52) 김종필, 앞의 책, 387쪽.
53) 이만섭, 앞의 글, 386-397쪽.

우에는 의원직을 유지할 수 있었다. 이에 착안하여 신민당은 변절한 세 명을 제외하고 소속의원 전원을 제명한 후, 당 해체를 결정하였다. 그 후 새로 신민당을 창당하는 절차를 가졌다. 이제 개헌 지지 의원은 122명에서 119명으로 줄어들어 개헌안 통과에 필요한 의원 수, 114명 보다 다섯 명이 더 많았다. 따라서 야당은 개헌안을 부결시키기 위해 개헌안에 서명한 의원 중 여섯 명의 반대표를 확보하려고 심혈을 기울였다.

한편 1969년 6월부터 대학생들의 3선 개헌 반대 데모가 전국적으로 번져나갔다. 서울을 비롯한 주요 도시의 대학생과 고등학생 데모를 진압하기 위해 박정희정부는 위수령을 발동하였다. 야당은 대학생, 대학교수, 언론인, 작가, 종교지도자들로 구성된 '3선 개헌반대 범국민투쟁위원회'를 결성하였다. 이 위원회가 박정희 대통령에 대한 탄핵을 발의하기로 결정하였다. 임기 중간에 사임하겠다고 위협하면서 국민투표를 실시하는 것은 위헌이라는 주장이었다. 그러나 야당 의석이 워낙 적어서 탄핵안은 성공하지 못했다.

9월 들어 공화당은 국회에서 3선 개헌 절차를 본격적으로 추진하였다. 개헌안에 대한 국회의 질문과 답변이 끝나고, 9월 13일, 표결 절차를 남겨두었으나 야당의 철야 농성으로 불가능하였다. 이에 이효상 의장은 14일이 일요일이므로 15일에 회의를 속개한다고 선포하였다. 그러나 공화당은 일요일인 14일 새벽 2시 25분, 야당이 농성 중인 본회의장 건너편 제3별관 특별회의실에서 야당에 통고하지 않고 회의를 속개하여 개헌안을 통과시켰다. 개헌안에 찬성하는 공화당 107명, 정우회 11명, 무소속 4명, 총 122명만이 참석하여 25분 만에 변칙 통과시켰다. 공화당의원 중 정구영, 무소속 중 양순직, 김달수, 예춘호,

표 18 3선 개헌안 발의자와 최종 찬성자

정당	전체 의석	개헌안발의에 서명한 의원수	개헌안에 찬성한 의원수
공화당(1)	109	108	107
정우회(2)	11	10	11
대중당(3)	2	1	1
무소속(4)	6	0	3
신민당(5)	47	3	0
총계	175	122	122

주:
(1) 109명의 공화당의원 중 정구영 의원만이 개헌안에 반대하였으나, 8월 말 조창대 의원이 비행기 사고로 사망하여 107명이 개헌안에 찬성투표.
(2) 정우회의원 중 양찬우 의원이 개헌안 발의에 서명하지 않았으나 개헌안에는 찬성투표.
(3) 대중당의 신용남 의원은 개헌안 발의에 서명하고 찬성투표를 하였으나, 서민호 의원은 반대.
(4) 무소속은 모두 공화당에서 제명된 의원들로서 김용태, 정태성, 박종태 의원은 개헌안에 찬성하고 예춘호, 양순직, 김달수 의원은 끝까지 반대.
(5) 신민당 소속 국회의원 중 공화당의 3선 개헌안 발의에 서명한 의원은 세 명(성낙현, 조홍만, 연주흠)인데, 이들은 신민당의 당해체로 인해 의원직을 상실하여 찬성투표를 하지 못함.

그리고 신민당 소속 44명이 불참하였다. 개헌 발의에 서명하지 않았던 김용태, 박종태, 정태성, 양찬우 의원이 찬성했다. 개헌 문제로 공화당에서 쫓겨난 김종필계열 의원 여섯 명 중, 세 명만 반대 입장을 지키고, 세 명은 마음을 바꾼 결과이다.

개헌안이 국회를 통과한 후, 공화당은 국민투표에서 과반수의 지지를 확보하기 위해 전국유세에 나섰다.[54] 공화당은 "안정이냐 혼란이냐"로 개헌 지지를 호소하고, 야당은 "어떤 일이 있어도 장기집권을 막아야 한다"고 국민들에게 호소하였다. 10월 17일 실시된 국민투표

---

54) 공화당과 김종필의 자세한 유세 내용은 다음을 참조. 김종필, 앞의 책, 382-385쪽.

표 19 한국의 개헌 역사

개헌 차수	개헌 시기	주요 개헌 내용
최초 헌법	1948. 7. 17	국회에서 대통령 간선제 도입
1차 개헌	1952. 7. 7	이승만 대통령이 대통령 직선제 도입
2차	1954. 11. 29	자유당이 초대 대통령에 대한 임기 제한 규정 제거
3차	1960. 6. 16	4·19혁명 후 대통령제를 내각제로 전환
4차	1960. 12. 29	3·15 부정선거 관련자 처벌을 위한 소급입법 허용
5차	1962. 12. 26	내각제를 대통령제로 전환, 지역구–비례대표제 혼합선거제도 도입
6차	1969. 10. 21	공화당이 대통령의 3선 허용 개헌
7차	1972. 12. 27	유신헌법으로 대통령 간선제 도입
8차	1980. 10. 22	신군부가 7년 임기의 단임제 대통령제 도입
9차	1987. 10. 29	6월 민주화항쟁 후 대통령 5년 단임제 도입.

출처: 중앙선거관리위원회, 『대한민국선거사』, 제1,2,3집, (중앙선관위, 1973, 1980); 《동아일보》, 1980년 7월 19일.

에서 유권자의 77.1%가 투표에 참가하여, 유효 투표의 65.1%가 찬성하였다. 이로써 박 대통령의 3선이 가능하게 되었다.

박정희 대통령의 3선 개헌은 1948년 대한민국 정부수립 이래 여섯 번째 개헌이었다. 이승만정권 붕괴 직후와 장면정권 붕괴 후 군정에서 이미 헌법을 두 번이나 전면적으로 개정하였고, 3선 개헌 이전에 이미 네 번이나 일부 개정이 있었다. 이 중 세 번은 현직 대통령의 계속집권을 위한 개헌이었다. 이처럼 대통령이 자신의 임기연장을 위해 개헌하는 바람에 헌정질서가 문란해졌다. 이승만 대통령이 자신의 장기집권을 위해 두 번이나 개헌함으로써 독재정치가 득세한 것을 보았던 정치권과 국민들이 3선 개헌을 적극적으로 저지하지 못하고 박정희 대통령에게 독재의 길을 열어준 원인은 무엇일까? 박 대통령의 3선 개헌을 가능하게 한 요인을 세 가지로 요약할 수 있다. 첫째, 박 대통령이 중앙정보부 등을 동원하여 야당이나 시민사회는 물론 공화당까지 3선 개헌에 반대하는 인사들을 무력화시킴으로써 개헌에 성공하였다. 대표적인 사례가 야당 총무 김영삼에 대한 초산 테러, 대학생을 비롯한 3선 반대세력에 대한 탄압, 그리고 3선 개헌에 반대하는 공화당 국회의원에 대한 위협 등이다. 물론 강압적인 방법과 함께 회유, 매수 등이 있었으니 야당 국회의원 세 명의 개헌 찬성은 이러한 정치공작의 산물이었다. 박정희정부가 아직 정기적으로 선거를 실시하고, 국회를 통해 입법 활동을 하는 등 민주주의제도를 유지했지만 형식적인 것에 불과하였고, 정치적 절차나 과정이 점차 권위주의화되는 추세를 보여주었다. 특히 3선 개헌을 전후하여 정보기관의 국내 정치개입이 기승을 부리기 시작했다. 둘째, 집권세력 내 정치 및 관료 엘리트들이 박 대통령의 속내를 확인하고 1967년 선거 전부터 3선 개헌을 목표로 정치적 포석을 한 후, 앞장서서 3선 개헌을 추진하였다. 1967년 총선에서 공화당이 개헌에 필요한 3분의 2 이상의 의석을 차지한 점에서 알 수 있다. 공화당 내에서는 소위 4인체제로 알려진 반김종필세력이 주축이었고, 행정부에서는 김형욱 중앙정보부장과 이후락 비서실장 등이 연대하여 3선 개헌을 추진하였다. 이들은 자신들의 정치적 지위를 유지하고 정치적 영향력을 확대하기 위해서는 오래전부터 박 대통령의 후계자 물망에 오른 김종필을 견제하고, 박 대통령의 계속집권을 추진하는 것이 필요했다. 박 대통령과 이들이 전형적인 후견인-피후견인 네트워크(patron-client network)를 형성하였다. 박 대통령은 이들에게 정치적 지위와 혜택을 주면서 보호해 주는 역할을 하였고, 피후견인들은 박 대통령에 대한 충성과 함께 각종 명령을 수행하는 것은 물론 온갖 서비스를 제공하였다. 마지막으로 지적할 점은 일반 국민들의 지지와 묵인이 3선 개헌을 가능하게 하였다는 것이다. 당시 일반 국민들은 정치적 효능감이 약해서 3선 개헌에 적극적으로 저항하지 않았다. 당시 1인당 국민소득이 1000달러가 되지 않는 상황에서 많은 국민들은 가난에서 벗어나는 것이 급선무였고, 정치에 참여할 수 있는 여유가 없었다. 당시 유교정치문화의 영향이 여전히 강해서 일반 국민들은 권력에 순종하는 것을 미덕으로 여겼기 때문에 집권세력에 지지를 보냈다. 더욱이 당시 산업화의 초기 단계로서 열심히 일하면 잘살 수 있다는 희망이 싹트는 시기였기 때문에 많은 국민들은 박 대통령의 산업화−근대화 프로젝트를 지지하는 입장이어서 그의 3선 개헌에 대해 묵인하는 태도를 보여주었다.

야당은 개헌안의 국회 변칙 통과와 국민투표 부정을 이유로 국회 등원을 거부하였다. 야당은 처음에 불법으로 통과된 3선 개헌안은 무효라고 주장하였다. 그런데 1969년 11월 들어 야당은 개헌안을 무효화시키기 어렵다는 판단 아래 등원의 조건으로 선거법 개정과 3선 개헌의 주역들을 사임시키도록 요구하였다. 야당의 요구는 이효상 국회의장, 정일권 총리, 그리고 네 명의 장관이 3선 개헌에 책임을 지고 물러나야 한다고 주장하였다. 그리고 야당은 다음과 같이 선거법 개정을 요구하였다. 첫째, 당시 중앙정부가 임명하는 지방정부의 장을 선출직으로 바꾸어 지방선거를 실시하도록 요구하였다. 이러한 조치는 야당이 지방에 풀뿌리조직을 만들기 위한 것이었다. 둘째, 선거비용을 줄이기 위해 대선과 총선을 동시에 실시할 것을 요구하였다. 셋째, 행정부 관리들의 선거운동을 금지한다. 넷째, 국고에서 여당과 야당에 동일하게 선거자금을 나누어주는 제도를 도입한다. 당시 공화당이 정치자금을 거의 독점하였다. 다섯째, 언론의 자유 보장과 중앙정보부의 국내 정치 개입 금지를 요구하였다.

이러한 야당의 요구를 일부 수용하여 박 대통령은 이후락 비서실장과 김형욱 정보부장을 경질하였다. 1970년 1월에는 야당과의 대화와 협상을 통해 국회를 정상화한다는 명분 아래 원내총무 김택수를 김진만으로 바꾸었다. 후자는 정치 경험이 풍부한 구정치인 출신으로 1963년 공화당에 참여한 후 소위 4인체제의 핵심인사가 되었다. 그런데 여야 간의 협상에 진전이 없어 공화당은 계속 단독으로 국회를 운영하였다. 한편 1970년 5월, 유진오의 뒤를 이어 새로 야당 당수가 된 유진산은 여야 협상에 관계없이 독자적 등원을 결정하였다. 9개월 만에 국회가 정상화되었다. 등원과 함께 야당은 새로운 요구를 내놓았는데, 이것은 야당이 작년 11월에 내놓은 정치개혁안보다 훨씬 양보한 것이었다. 첫째, 내무부 대신 선거관리위원회가 유권자 명부를 작성한다. 둘째, 국고에서 선거비용을 마련하여 양대 정당에 똑같이 배분하는 제도를 도입한다. 셋째, 도시 인구 증가를 고려하여 선거구 재획정을 통해 도시 선거구를 늘려 도시 유권자의 대표성을 높인다. 당시 도시화가 급속도로 진행되면서 농촌 인구는 줄어들고 도시 인구는 늘어나고 있는바. 도시에서 강세인 야당이 도시 선거구를 늘리려는 것이었다. 여야 간의 선거법 협상 결과 야당은 도시 선거구를 늘리는데 성공하였다. 그 결과 국회의원 정수가 175명에서 204명이 되었다. 왜냐하면 농촌 선거구를 가진 국회의원들의 반발을 줄이기 위해서는 농촌 선거구를 줄이지 않고 그대로 두는 가운데 도시 선거구만 늘어났기 때문이다.

3. 공화당 선거 준비와 1971년 대선

공화당 내 박정희 대통령의 권력독점 현상이 심화된 반면, 야당은 젊은 지도자들의 리더십 도전으로 오히려 활력을 찾았다. 신민당이 3선 개헌저지의 실패로 인해 "만년 야당"의 신세를 면하기 어려운 상황이 되었고, 또 유진오 당수의 신병으로 말미암아 리더십 부재 중에 김영삼 총무가 40대 기수론을 내걸고, 1971년 대통령후보 지명전에 나설 것을 선언하였다. 김영삼과 함께 40대로서 정치적 라이벌인 이철승과 김대중 또한 대통령후보 지명전에 나설 것을 선언하여 3자 간에 치열한 접전을 벌였다. 새로 당수를 맡은 유진산은 옛날처럼 당의 원로들이 막후협상에 의해 대통령후보를 선정하려고 해보았으나 대세는 이미 공개경쟁이 불가피하게 되었다. 야당 역사상 최초로 이루어진 40대 대통령후보 지명 전당대회에서 복병 김대중이 2차 투표에서 당선되었다. 1차 투표에서는 김영삼이 최고 득점자였으나 결선투표에 앞서 3위 득표자 이철승이 2위 득표자 김대중을 지지한 결과 김대중이 458표를 얻어 410표를 얻은 김영삼을 누르고 신민당 대선후보가 되었다.[55] 마지막 순간에 유진산 당수가 선두주자인 김영삼 후보를 지지했으나 예상 밖의 결과가 나왔다. 이제 야당 원로들의 막후정치시대가 사라지는 것처럼 보였다. 김영삼은 각 파벌의 지도자 중심으로 "고공전"을 전개했으나 김대중은 지방 대의원의 숙소를 찾아다니면서 이들을 개별적으로 만나 설득하는 "진지전"을 전개한 결과, 후자가 승리한 것이다. 이를 계기로 야당의 중앙당과 지방당의 관계가 매우 밀접하게 되었다.

이에 반해 공화당은 박 대통령에 대한 의존도가 점점 더 커졌다. 박 대통령은 중앙정보부와 보안사령부를 활용하여 정치권과 군부를 강력히 통제하였다. 한편 박 대통령은 자신의 심복들이 서로 견제하도

---

55) 중앙선거관리위원회, 앞의 책, 제1집, 741쪽.

록 분할통치(divide and rule)를 계속하였다. 1970년 10월에 내년도 선거에 대비한 박 대통령의 공화당 당직자 인사는 이러한 분할통치의 전형적인 패턴을 따랐다. 소위 3선 개헌에 공로가 많은 4인체제를 유지하는 한편 이들을 견제하도록 김종필계열을 다시 중용하였다. 박 대통령은 길재호 무임소장관을 새로 공화당 사무총장에 임명하고, 백남억 정책위원장을 당의장으로 승진하고, 김성곤과 김진만은 각각 재정위원장과 원내총무에 유임시켰다. 이들 4인체제가 이제 당내 최고의 파벌이 되어 주류 행세를 하고 있었다.[56] 이들을 견제하기 위해 박 대통령은 김종필을 공화당 상임고문에, 김용태를 당무위원에 임명하였다.[57] 이들은 2년간 당을 떠나 있다가 새로 복귀한 결과, 옛날과 같은 세력을 갖지 못하여 이제 당에서 비주류가 되었다.

공화당은 고위직 인사에 이어 1971년 선거에 대비하여 서울전담기획실을 신설하여 서울 지역 유권자들의 지지를 확보하려고 애썼다. 공화당은 지난 두 번의 선거에서 서울에서 크게 패하였는데, 지난 10년간의 급속한 도시화와 함께 서울 인구가 증가하여 유권자가 두 배가되었다. 즉 1971년 선거를 앞두고 서울시 유권자 수는 약 300만 명으로 전체 유권자 수 1560만 명의 5분의 1에 육박하였다. 따라서 1971년 선거에서 서울의 중요성이 높아지게 된 것이다.

선거 대비책의 하나로 공화당은 지역구 국회의원 후보를 조기에 발표하였다. 이들이 중심이 되어 대통령 선거에서 득표활동을 하도록하고, 대선 득표 실적이 좋지 못한 사람들은 최종 공천에서 탈락시킨다고 언명하였다. 후보명단을 보면, 박 대통령이 공화당을 완전히 장

---

56) 당시 공화당 최고의결기구인 당무위원회 15명 중 8명이 4인체제 파벌에 속했다.
57) 이 외에 정일권 전 총리와 윤치영 전 당의장을 당의 상임고문으로 임명했다.

악한 것을 알 수 있고, 이제 친정체제가 등장한 것을 알 수 있다. 박 대통령의 측근 인사들이 대거 등용되고 당의 중진들 중에서 많은 수가 부패, 축첩, 호화주택 소유, 군 미필, 지구당 관리 부실, 당내 분란 등 갖가지 이유로 탈락하였다. 108명의 현역 의원 중에서 김택수 전 총무와 네 명의 현 국회상임위원장을 비롯하여 58명이 탈락하고, 88명의 신인들이 선정되었다.[58] 신인들 중에서 52명이 과거 군 장성이거나 대통령 비서실, 경호실, 정보부 출신이었다.[59] 이들 정치 신인은 박 대통령에 대한 충성심이 높은 반면, 다선의 중진의원들은 독자적인 정치 기반이 있기 때문에 박 대통령에게 잠재적인 위협이었다. 이제 박 대통령이 이들을 제거한 후 친정체제를 구축하려는 것이다.

공화당은 1971년 3월에 거행된 전당대회에서 박정희 대통령을 차기 대통령후보로 공식 지명하였다. 그리고 이 자리에서 김종필을 신설한 당부총재에 선출하였다. 박 대통령은 선거유세에 김종필이 필요하였다. 대선 선거운동이 본격화되자 공화당과 박정희 후보는 젊은 야당후보의 날카로운 정치적 도전에 고전하였다. 1971년 대선에서 가장 중요한 쟁점의 하나는 3선 이후 박 대통령의 거취 문제였다. 야당 대통령후보 김대중은 박 대통령이 이번 선거에 이기면 종신 대통령을 위해 '총통제'를 추구할 것이라고 경고하였다. 김 후보의 이러한 호소는 장기집권을 혐오하는 유권자들의 강력한 지지를 받았다. 따라서 박 대통령은 3선 이후의 자기 거취에 대해 해명하지 않을 수 없었다. 서울 장충단 공원에서 개최된 마지막 유세에서 박 대통령은 "여러분들은 지난번 헌법 개정을 통해 나에게 단 한 번 더 재선의 기회를 주

58) 민주공화당, 『민주공화당사, 1963-1973』, 677-678쪽.
59) 같은 책, 679쪽.

었기 때문에 앞으로 여러분들에게 표를 달라는 것은 이번이 마지막"
이라고 호소하였다.[60] 많은 사람들은 박 대통령의 이 말을 듣고, 그가
이번 임기 이후에 권좌에서 물러날 것으로 믿었다.

선거에 나타난 두 번째 쟁점은 미국의 아시아정책 변화에 따른 우
리나라 안보 문제였다. 닉슨의 '아시아는 아시아인의 손으로'라는 정
책에 따라 미국은 2만여 명의 주한미군을 한국 정부에 아무런 통고
없이 이미 지난해에 철수하였다.[61] 이러한 감군조치가 닉슨행정부의
일방적인 행동으로 진행되자, 미국에 대한 한국민의 불신이 커졌다.
미국의 한국 방위공약 준수 여부에 대한 불확실성을 해결하기 위해
김대중 후보는 한반도에 전쟁 억제를 위해 4대국(미국, 일본, 소련, 중
공)의 남북한 교차승인을 통해 안보를 확보하자는 공약을 제시하였
다. 이것은 엄청난 정치적 파장을 가져왔다. 미국 대신 4대국이 남한
의 안보를 보장하는 것은 파격적인 제안이었다. 당시 많은 유권자들
은 미국이 한국전쟁에서 한국을 구출해 주었다는 생각을 여전히 가지
고 있었기 때문에 4대국의 남북한 교차승인과 4대국의 한국 안전보
장론은 충격이었다. 이와 함께 김 후보는 향토예비군제도를 보다 효
율적인 제도로 대체하겠다고 공약하였다. 이러한 공약에 대해 박정희
후보는 비현실적인 공약이라고 공박하고, 한국의 방위 능력을 제고하
기 위해 방위산업을 육성하겠다고 약속하였다.

그리고 박정희정권의 성장 위주의 경제개발 정책이 선거의 최대 쟁
점 중 하나로 등장했다. 김대중 후보는 지난 수년간 정부가 도시 노

---

60) 《동아일보》, 1971년 4월 26일자.

61) Young-sun Ha, "American-Korean Military Relations: Continuity and
Change," *Korea and the United States*, Youngnok Koo and Dae-Sook Suh,
(eds.) (Honolulu, University of Hawaii Press, 1984), p. 116.

동자와 농민의 복지를 소홀히 하고, 빈부의 격차를 증대시키고, 지역 간 발전의 불균형을 심화시켰으며, 최근 세계경제의 침체에 적절히 대응하지 못했다고 비판하였다. 김 후보는 정부의 국가주도, 저임금 정책의 대안으로 '대중경제'를 주장하였다. 비록 구체적 내용이 부족하였지만 최근 경제난에 시달리면서 소득 불평등의 확대에 분노하고 있는 유권자들에게 호소력이 있었다. 당시 한국경제는 1969년의 15% 성장에서, 1970년, 1971년에 각각 7.9%와 9.2%의 성장을 기록하여, 고도성장이 약간 주춤한 상태였기 때문에 김 후보의 이러한 주장은 상당한 호응을 얻었다.[62]

4월 27일에 시행된 선거에서 박정희 후보는 94만 표 차이로 승리했다. 야당의 도전이 상당하여, 박 후보에 대한 지지도가 지난 선거에 비해 줄어들었다. 그리고 선거결과는 심각한 지역편차를 보여주었다. 박 후보는 자신의 출신 지역인 영남에서 160만 표 차이로 이기고, 호남에서 김 후보의 득표는 박 후보의 두 배였다. 그러나 호남 지역의 인구와 투표율이 저조하여 김 후보는 영남에서 잃은 표를 능가할 수 없었다. 이러한 지역주의 투표는 여러 가지 요인이 있지만, 박정권하에서 지역 개발과 인재 등용에 있어서 호남 푸대접에 대한 반발이었다.

4. 1971년 국회의원 총선거

5월 25일에 실시된 국회의원 선거에서 공화당은 전체 204석 중 113석을 차지하여, 겨우 다수당이 되었다. 지난 총선에서 공화당은 전체

---

62) Edward Mason, et. al., *The Economic and Social Modernization in the Republic of Korea*, (Cambridge, Harvard University Press, 1980), p. 98.

의석의 73.4%를 차지했으나 이번에는 55.7%에 불과하였다. 한편 신민당은 의석을 거의 두 배로 늘려 45석에서 89석이 되었고, 국민당과 대중당이 각각 1석을 얻었다. 득표율만 보면 공화당은 지난 선거의 50.6%에서 48.7%로 1.9% 하락하였는데 의석률은 지난 선거의 73.7%에서 55.4%로 18.3%나 크게 하락하였다. 이렇게 득표율에 비해 의석률 차이가 큰 이유는 1인 선출의 지역구 소선거구에서 공화당이 아슬아슬하게 패배한 곳이 많아 사표가 되었기 때문이다. 이번 선거결과에서 주목할 사항은 신민당이 서울의 19개 선거구에서 한 곳을 제외하고 모두 차지하였다는 것이다. 또 하나 주목할 사항은 공화당과 신민당 간의 의석 차이가 24석으로, 역대 국회 중에서 여야 간의 의석 차이가 가장 줄어들었다. 이제 공화당은 8대 국회에서 강력한 야당을 맞게 되었다. 이런 선거결과를 보고 일부 정치학자들이 이제 한국에서 양당제도가 정착될 가능성이 높다고 전망하였다.[63] 이러한 전망은 두 가지 점에서 오류였다. 첫째, 공화당이나 신민당의 지지기반이 안정되어 있지 못하다는 점을 간과한 것이다. 둘째, 공화당은 민주적, 경쟁적 정당체제 수립을 위해 만들어진 것이 아니고, 어디까지나 권위주의 세력의 계속집권을 위해 만든 관제여당이기 때문에 선거를 통해 여당에 도전할 수 있는 야당이 등장했다는 것은 공화당의 존재 자체를 위협하는 것이었다. 다시 말해 한국의 정치학자들이 공화당을 민주주의 정당으로 간주한 것은 일반 국민들을 현혹시키는 결과를 초래했다.

이제 공화당이 창당 이래 패권정당이 되기 위해 유권자 지지기반

---

63) 김영국, 「의회정치가 사는 길」, 《신동아》, 1971년 8월호, 90–103쪽.

표 20 도시화에 따른 공화당의 지지기반 변화

	지역	1963		1967		1971	
대선	대도시(100만 이상)	41.5		55.4		41.8	
	중도시(20만 이상-100만 미만)	40.1		54.7		48.5	
	소도시(5만 이상-20만 미만)	41.1		54.4		53.2	
	농촌(2만 미만)	**54.2**		54.7		**59.1**	
	농촌(2만 이상-5만 미만)	**55.7**		**56.7**		**61.0**	
	전국	50.7		55.4		54.2	
		득표율	의석률	득표율	의석률	득표율	의석률
총선	대도시(100만 이상)	27.0	38.1	36.5	14.3	39.9	11.1
	중소도시(5만 이상-100만 미만)	**41.3**	60.0	**54.9**	50.5	45.1	30.8
	농촌	**34.1**	74.0	**53.3**	94.0	**52.0**	69.9
	전국	33.5	67.2	50.6	77.9	48.8	56.2

주: %는 양당 기준으로 계산한 것임. 지역 편차를 조정하여 계산한 것임. 굵은 숫자는 전국 득표율이나 의석률
보다 높은 것을 의미.

출처: Jae-on Kim and B. C.. Koh, "The Dynamics of Electoral Politics," *Political Participation in Korea*,
Chong Lim Kim, (ed.), (Santa Barbara, California, Clio Books, 1980), pp. 64, 67-68. 80.

을 갈고 닦은 결과를 분석해 보자. 다시 말해 공화당이 지난 여섯 번
의 전국적 선거에서 여당의 지위는 겨우 유지했지만 당의 지지기반
이 안정되지 못하고 들쑥날쑥한 이유는 무엇인가? 첫째, 공화당의 지
지기반이 유동적인 이유 중의 하나는 농촌지역의 지지가 불안정했기
때문이다. 공화당이 도시에서 지지기반이 약하기 때문에 농촌의 지
지기반이라도 강하고 안정적이어야 하는데 상대적으로 강했으나 안
정적이지 못하였다. 표 20에서 보는 것처럼 공화당은 지난 여섯 번
의 선거에서 거의 언제나 농촌의 득표율이 전국 득표율보다 높았다.
그런데 대선에서는 2만 명 미만 인구의 농촌 득표율이 54.2%(1963),
54.7%(1967), 59.1%(1971), 2만 명-5만 명 인구의 농촌 득표율도
55.7%(1963), 56.7%(1967), 61.0%(1971)로 전반적으로 늘어났다. 그러

나 국회의원 총선의 경우 농촌 득표율이 34.1%(1963)에서 53.3%(1967)로 늘어났다가 52.0%(1971)로 줄어들었다. 결국 공화당이 농촌에서 야당보다 강했지만 지지기반이 튼튼하거나 안정적이지 못했다는 결론이다. 결국 공화당이 멕시코의 제도혁명당(PRI)처럼 패권정당이 되려면 적어도 3분의 2 이상의 유권자로부터 안정적인 지지를 받아야 하는데, 공화당은 이러한 수준에 도달하지 못해 결국 유동적 여당(fluid government party)에 머물렀다.

그럼 공화당이 농촌 유권자로부터 확고한 지지를 받지 못한 원인은 무엇이었나? 첫째, 1960년대 산업화 초기부터 농촌인구가 도시로 급속히 유입되는 바람에 공화당의 농촌 지지기반이 흔들렸다. 특히 박정희정권의 농촌 경시, 공업 위주의 산업화 정책은 공화당으로 하여금 농민의 강력한 지지를 얻는 것을 방해하였다. 둘째, 공화당의 지역별 지지도 편차가 컸다. 표 21에서 보는 것처럼 지난 여섯 번의 선거에서 공화당이 점차 박 대통령 출신지인 경상도에 의존하는 경향이 높아졌다. 대선의 경우 경상도 지역에서 공화당 지지가 61.3%(1963), 70.7%(1967), 71.7%(1971)로 증가하였다. 한편 총선의 경우 경상도 지역에서 공화당 득표율이 40.0%(1963)에서 50.5%(1967)로 크게 증가하였다가 48.7%(1971)로 약간 하락하였다.

공화당 창당 이래 세 차례 대선과 총선에서 지역주의가 등장하였다. 그동안 세 가지 요인이 지역균열을 점차 확대시켰는바, 첫째, 박 대통령의 출신지인 경상도가 다른 지역에 비해 훨씬 빠른 속도로 발전하였다. 산업화 초기 공장이 많이 들어선 울산, 부산, 마산 등이 모두 경상도였다. 둘째, 박 대통령이 정부의 주요 요직 인선에서 경상도 출신 인사를 선호하였다. 셋째, 공화당이 점차 지역주의에 호소하는 선거운동을 전개하였다. 마찬가지로 야당도 지역주의에 호소함에 따

표 21 공화당의 지역별 지지기반 변화

	지역	1963		1967		1971	
대선	대통령 출신 지역	61.3		70.7		71.7	
	기타 지역	50.4		50.3		51.5	
	야당후보 출신 지역	37.3		46.5		32.1	
	전국	50.7		55.4		54.2	
		득표율	의석률	득표율	의석률	득표율	의석률
총선	대통령 출신 지역	40.0	88.1	50.5	81.0	48.7	52.0
	기타 지역	32.8	67.7	53.4	91.9	48.1	56.5
	야당후보 출신 지역	24.7	33.3	43.9	40.7	50.4	61.7
	전국	33.5	67.2	50.6	77.9	48.8	56.2

주: %는 양당을 기준으로 계산한 것임. 도시화 편차를 조정한 수치임. 굵은 숫자는 전국보다 높은 수치를 의미함.
출처: Jae-on Kim and B. C.. Koh, "The Dynamics of Electoral Politics," *Political Participation in Korea*, Chong Lim Kim, (ed.), (Santa Barbara, California, Clio Books, 1980), p. 68.

라 유권자의 지역주의 투표 성향이 나타났다. 특히 1971년 대선에서 경상도 출신의 박 대통령과 전라도 출신의 김대중 후보가 경쟁하면서 지역주의 선거운동이 본격화되었다. 그런데 대선에서는 지역주의가 강했지만 총선에서는 지역주의가 강하지 않았다. 이것은 총선에서는 유권자들이 정당을 보고 투표하는 것이 아니라 선거구 후보를 보고 표를 찍는 경향이 강했음을 의미한다.

한편 유권자의 계급 투표 여부에 대해서는 데이터가 없기 때문에 공화당의 사회계급 지지기반을 분석하기 어렵다. 그런데 선거결과를 놓고 유추해 보면, 공화당이 도시에서 득표가 낮은 것은 결국 도시노동자와 하층민들의 지지를 얻지 못했음을 의미한다. 박정권의 성장 위주 저임금 산업화 정책이 상대적으로 도시노동자와 하층민들의 복지를 소홀히 했기 때문에 이들은 공화당보다 야당에 더 많은 지지를 보냈다. 그러나 야당도 이들의 강력한 지지를 얻지 못했는바, 그 이유는 신민당 지도자들도 강한 엘리트주의자들이어서 도시노동자와 같은 하층민들에게 가까이 다가가지 못했기 때문이다. 또 신민당은 노동자들에게 혜택을 줄 수 있는 구체적인 사회경제적 정책을 제시하기보다 주로 자유민주주의를 강조하는 경향이 강하였다. 결국 여당과 야당이 모두 도시노동자들을 위한 정책을 적극적으로 제시하지 않았기 때문에 이들이 정당정치, 선거정치에서 소외되어 있었다. 이들이 야당에 투표하는 경향이 높았지만, 이들의 투표행태도 유동적이었다. 이들은 주로 당시의 경제상황에 따라 투표하는 경향을 보여주었다. 경제가 좋으면 야당 지지율이 떨어지고, 경제가 나쁘면 야당 지지율이 높아졌다.

5. 4인체제의 붕괴와 박 대통령 친정체제의 등장

1971년 6월, 박 대통령은 세 번째 임기를 시작하였다. 새 정부의 행정부와 공화당의 고위직 인사에서 박 대통령은 오랜 추종자들과 신진을 골고루 등용하였다. 그는 새 내각의 총리에 김종필을 임명하였다. 김 총리는 1962년 공화당 사전조직 이래 지난 9년간 패권정당을 만들려고 고군분투하다가 마침내 자신의 노력을 포기하고 행정부 직책을 맡았다.[64] 지난날 그가 공화당을 강화하려고 노력할 때마다 정치적 저항에 부딪쳤다. 왜냐하면 그의 정적들은 그의 행동을 항상 박 대통령의 후계자가 되려는 그의 야심과 결부시켜 생각했기 때문이다. 이제 공화당은 박 대통령의 지지를 받고 있는 그의 정적들의 손에 맡겨졌다.

---

64) 김종필은 자신의 위상이 혁명 초기에는 연출자 겸 동업자였는데, 이 무렵엔 조력자의 수준으로 바뀌었다고 증언한다. 김종필, 앞의 책, 385쪽.

박 대통령은 새 당직자 임명에 4인체제를 존속시켰다. 백남억 당의장이 유임되고, 길재호 사무총장은 정책위원장, 김성곤 재정위원장은 중앙위원장, 김진만 원내총무는 재정위원장에 임명되었다. 한편 박 대통령은 길전식과 김재순을 각각 새 사무총장과 원내총무에 임명하였다. 신임 원내총무 김재순은 과거 민주당 출신으로 공화당 창당 무렵에 합류했다. 한편 길전식 신임 사무총장은 군 출신으로 그동안 세 차례 국회의원에 당선되었으나 지난 8년 동안 파벌싸움에 가담하지 않고 조용히 지냈다.

박 대통령은 국회의장단 선출에도 새 인물과 기존 인물을 골고루 등용하였다. 박 대통령은 백두진을 신임 국회의장에 내정하고, 장경순 부의장을 유임시켰다. 백두진은 행정부에서 재무부장관, 총리직 등을 역임한 전형적인 관료형 정치가였다. 그가 처음으로 국회 고위직을 맡았다. 한편 장경순은 군 출신으로 1963년 이래 8년간 국회부의장을 지낸 베테랑이었다. 그런데 7월 26일, 8대 국회 개원식에 이례적으로 박 대통령이 참석하였다. 박 대통령은 지난 4년간 국회에 참석한 일이 없었는데, 이러한 참석은 과반수에 육박하는 의석을 가진 야당이 포진한 새 국회에 대한 탐색전이라고 할 수 있다.

공화당 지도부는 당에 대한 국민의 지지가 점점 약화되고 있기 때문에 당을 강화할 수 있는 특단의 정치적 조치가 필요하다고 느꼈다. 특히 공화당은 다음 선거가 걱정이었다. 그리하여 1971년 9월 말에 공화당은 3차 경제개발 5개년 계획(1972-1976)이 끝나는 1977년에 지방선거를 도입하기로 결정하였다.[65] 지방선거는 1961년 군사정변 이

---

65) 《동아일보》, 1971년 9월 23일자.

후 계속 중단된 상태였다. 공화당은 과거보다 작은 규모의 지방의회를 시, 군 단위에 도입하는 것을 제안하였다. 그러나 지방의회가 정치화되는 것을 방지하려고 정당이 지방선거에 참여하는 것을 허용하지 않는 것이었다. 지방의회 대표는 정당의 이익보다 주민들의 일반 생활을 위해 일해야 한다는 논리였다. 더욱이 지방자치단체장은 여전히 중앙정부가 임명하도록 하였다. 공화당의 안은 형식적인 지방자치였음에도 불구하고 당을 활성화시키기 위해 지방선거 부활을 제안한 것이었으나 받아들여지지 않았다. 박 대통령이 당의 공식 결정을 번복할 만큼 당보다 우위에 있었다. 그는 국정운영에서 정당, 선거 등이 개입하는 것을 싫어하였다. 국민의 지지보다 관료적, 기술적 합리성을 더 중시했다. 그리하여 그는 국정운영의 탈정치화를 선호하였다.

1971년 10월에 공화당 역사에서 마지막 항명사건이 터졌다. 1971년 9월 1일, 정기국회가 열리자 야당은 대정부 질문을 통해 지난 두 차례 선거의 관권개입, 실미도 난동사건, 광주 이주단지 폭동사건, 교련반대 데모로 시끄러운 학원사태, 월남 파견 노무자 KAL 빌딩 난동사건, 기타 사회 문제와 물가 상승 문제 등을 집중 추궁하였다. 한꺼번에 터지는 각종 민생 및 정치 관련 문제로 박정희정권은 어려움에 처하였다. 이런 상황에서 국회 대정부 질의가 끝난 후 야당은 처리방안으로 김학렬 부총리, 신직수 법무장관, 오치성 내무장관 해임건의안을 제출하였다. 이 중에서 오 장관의 해임안이 공화당의원 20여 명의 찬성으로 인해 찬성 107표, 반대 90표, 무효 6표로 가결되었다.[66]

박 대통령이 당을 통제하는 중요한 방법의 하나가 숙청이다. 박 대

---

66) 이 사건의 자세한 내막은 다음을 참조. 김종필, 앞의 책, 330-335쪽.

통령은 오 장관의 해임건의안을 가결시킨 주동자들을 숙청하도록 지시했다. 박 대통령은 이 사건에 대한 조사를 중앙정보부에 지시하였다. 당기위는 김성곤, 길재호에 대해 탈당을 권유하고, 김창근, 강성원, 오치성 의원에게 각각 6개월 당권 정지 처분을 내렸다. 국회의원이 탈당하면 국회의원직을 상실하기 때문에 김성곤, 길재호는 의원직을 잃었다. 김창근과 강성원은 김성곤과 길재호의 지시에 따라 의원들에게 불신임 투표에 찬성하도록 설득한 책임을 물었고, 오치성은 불신임을 당한 책임을 물은 것이다. 그런데 이 사건의 배경은 4인체제의 핵심인 김성곤과 길재호의 신임 오치성 내무부장관에 대한 정치적 공세였다. 후자가 전자들이 추천한 각 시, 도, 군의 행정책임자와 경찰서장들에 대한 인사를 단행하자, 정치적 도전으로 해석하여 반발한 것이다.[67] 이 사건은 결국 4인체제의 몰락을 의미하고, 정보부의 정치 개입을 한층 더 강화시켜 주었다. 이제 공화당 대신 정보부가 야당을 비롯한 정치권을 통제하는 기구로 등장했다. 4인체제 중 두 명이 아직 당에 남아 있었지만 정치적 영향력이 크게 줄어들었다. 이들 4인체제는 박 대통령의 3선 개헌에 앞장선 일등 공신들이었지만, 이제 박 대통령의 개인통치(personal rulership)를 위해 희생되어야 할 시기가 온 것이다.[68] 즉 박 대통령은 공화당 운영에서 4인체제라는 중간보스를 두지 않고 직접 관리하게 되는 계기를 마련하였다. 그 결과 공화당 창당 이래 끊임없이 전개된 파벌싸움을 더 이상 볼 수 없었다.

---

67) 이성춘, 앞의 글, 495쪽; 김진만 의원과 신형식 의원은 각기 다른 증언을 하고 있다. 김진만, 「우리는 5·16 군 출신들에 끝내 밀려났다」; 신형식, 「김성곤은 박정희를 시험했다」, 《월간 조선》, 1985년 3월호, 316–337쪽.

68) Guenther Roth, "Personal Rulership, Patrimonialism, and Empire-Building in the New States," *World Politics*, 20 (January, 1968), pp. 194–206.

당내 파벌싸움은 나쁜 것이지만, 파벌싸움이 사라짐으로써 당내 민주주의가 사라지는 아이러니가 연출되었다.

이 사건은 공화당 역사에 새로운 변곡점이 되었다. 김종필 중심의 공화당 창당세력은 4인체제를 비롯한 반대세력 때문에 패권정당의 꿈을 접어야 했지만, 이제 4인체제는 다시 박 대통령 독재의 걸림돌이기 때문에 제거되었다. 결과적으로 박 대통령의 3선 개헌에 헌신한 4인체제는 결국 박 대통령 개인통치의 길을 열어주었다. 토사구팽의 전형적인 사례이다. 이렇게 공화당의 3선 개헌은 유신체제로 가는 징검다리 역할을 하였다. 3선 개헌을 계기로 박 대통령은 개인 권력을 강화하면서 공화당을 자신의 정치적 도구(political machine)로 만들어버렸다. 그 결과 1971년 선거에서 박 대통령과 공화당에 대한 국민의 지지가 현저히 줄어들었다. 박 대통령과 그 측근들은 야당의 심각한 정치적 도전을 물리치기 위해 새로운 정치적 처방을 필요로 했다.

제4장

패권정당운동이 실패한 이후의 정치

이 장에서는 민주공화당의 패권정당운동이 실패한 결과, 1972년 유신체제가 등장하게 된 과정을 분석하고, 유신체제의 정치과정을 설명한다. 그리고 1979년 박정희 대통령 시해사건 후, 공화당이 당면한 정치적 위기를 극복하지 못하고 강제로 해산되는 과정을 분석한다.

제1절 민주공화당과 유신, 1971-1978

1. 1971년 박 대통령의 "국가비상사태" 선포

1971년 대선을 전후로 공화당은 급격한 국내외 환경의 변화로 인해 내우외환에 부닥쳤다. 지난 10여 년간 박정희정권이 추진해온 급격한 국가주도-저임금-대외수출 위주의 고도경제성장 정책이 심각한 사회경제적 문제점을 야기하였다. 특히 선거를 전후로 사회 각 분야의 정치적 요구가 급격히 분출되었다. 급속도로 늘어난 도시 중산층, 산업노동자, 도시 빈민층이 자신들의 이익을 쟁취하기 위해 집단행동에 나섰다. 우선 사회 여러 분야의 중산층들이 자신들의 작업환경과 생활여건에 대한 불만을 토로하기 시작했다. 대학교수들이 봉급 인상과 함께 대학 행정에 교육부의 간섭 중단을 요구하였다. 또 종합병원 인턴과 간호사들이 봉급 인상을 요구하며 파업에 돌입하였다. 그리고 정부의 사법부 인사 간섭에 대한 항의로 수십 명의 판사들이 사표를 제출하였다. 이와 동시에 산업노동자들이 임금체불 중단을 요구하면서 노동조합 내에 노동자들의 의식교육을 위해 정치교육위원회를 만들려고 시도하였다.[1] 한편 서울시 도시계획사업에 따라 서울 청계천에 살다가 외곽지대인 성남 공공주택으로 쫓겨난 3만여 명의 빈민들이 열악한 주거환경 개선과 일자리를 요구하면서 폭동을 일으켰다. 그리고 정부가 최근 도입한 교련(강제적인 군사훈련)에 반대하고, 정부의 부패 척결을 요구하면서 대학생들의 격렬한 데모가 계속되었다.

지난 10여 년간 수출 위주 경제성장정책으로 인해 한국경제에서 대외 부문이 증가함에 따라 나라 경제가 국제경제 환경의 변화에 취약해졌다. 1960년대 세계경제의 성장에 힘입어 한국의 산업화가 성공적으로 진행되었으나 1970년부터 한국이 경제적 어려움에 봉착했다. 미국이 한국의 대미 섬유 수출에 쿼터를 매기는 바람에 한국은 매년 1억 달러에 상당하는 손실을 보게 되었다.[2] 당시 한국의 전체

---

1) Chae-Jin Lee, "South Korea: Political Competition and Government Adaptation," *Asian Survey*, 12: 1, (January, 1972), p. 42.

2) Hyuck-Sup Lee, "The U.S.-Korean Textile Negotiation of 1962-1972: A Case Study in the Relationship between National Sovereignty and Economic Development," Ph. D. Dissertation, University of Michigan, 1984.

수출액은 8억 3500만 달러에 불과했기 때문에 미국의 수출 규제로 인한 손해는 전체의 12%에 해당하는 것으로 한국경제에 심대한 손실을 초래했다.[3] 더욱이 미국의 닉슨 대통령이 취임 후 베트남전 조기 종식에 나선 결과 한국이 베트남으로부터 벌어들이는 달러도 급격히 줄어들었다.

  1971년 12월 6일, 박정희 대통령이 외우내환을 해결하기 위해 "국가비상사태"를 선포하였다. "나라의 안전보장이 매우 중대한 시점에 처해 있는바, 중공의 유엔 가입을 비롯한 국제정세의 급변, 그 틈을 탄 북한의 남침 위협"을 이유로 6개 항의 특별조치를 발표하였다. 박 대통령은 "싸우면서 일하자"는 구호 아래, 앞으로 국가안보를 최우선시하고 사회 불안을 일절 용납치 않으며, 최악의 경우 국민의 자유의 일부도 유보하겠다는 것이다. 이렇게 그의 독재가 더욱 노골화되었는바, 당시 헌법에는 국가비상사태가 있는 경우 계엄령을 선포할 수 있으나, 대통령에 의한 국가비상사태 선포의 법적 근거가 없었다. 공화당은 비상사태 선포의 법적 근거를 마련하기 위해 대통령에게 비상대권을 부여하는 "국가보위에 관한 특별법"을 12월 21일에 제출하였다. 이 법안은 경제질서에 대한 강력한 통제 권한과 언론, 출판, 집회, 결사, 시위, 단체교섭 등 국민의 기본권을 대통령이 독자적으로 제약할 수 있는 내용을 담고 있었다. 특히 노동자들의 기본권인 단체교섭권과 단체행동권을 주무관청의 허락을 받아야만 행사할 수 있도록 만들어 두 기본권을 봉쇄해 버렸다. 신민당은 이 법을 저지하기 위해 6

---

3) Edward S. Mason et. al., *The Economic and Social Modernization of the Republic of Korea*, (Cambridge, Mass.: Harvard University Press, 1980), p. 139.

일간 국회에서 농성을 했으나 공화당은 야당 몰래 일부 무소속의원들과 함께 12월 27일 새벽 3시 국회 4별관에서 찬성 113명, 반대 없이 법안을 통과시켰다. 이 사건 후 공화당은 1972년 7월까지 반년 이상 국회를 열지 않았다.

이 무렵 박정희정권은 국내 문제뿐만 아니라 미국의 아시아 정책 변화를 비롯해 새로운 국제정세에 적응하기 위해 노력했다. 미국의 닉슨 대통령이 취임하자마자, "아시아는 아시아인의 손으로"라는 괌 독트린을 발표하고 베트남과 한국에서 미군을 철수하기 시작했다. 주한미군 2만 명을 한국 정부에 사전 통고 없이 철수시킴에 따라 박정권은 미국의 대한 방위공약 준수 여부가 우려되었다. 더욱이 미국이 대만을 버리고 중화인민공화국과 관계정상화를 추진함에 따라 박정권은 한미방위조약의 장래에 대해 걱정하지 않을 수 없었다. 사실 미국은 한국에 방위비 분담 증액을 요청했다. 그러나 당시 한국의 국방비가 정부 전체 예산의 3분의 1 정도였기 때문에 추가 지출이 어려운 상황이었다.

이런 상황에서 박정권은 북한과 적대관계를 완화할 수 있는 방안을 모색한 결과 1971년 8월에 한국의 적십자사가 북한 적십자사에 이산가족 확인 및 상봉 문제를 논의하기 위해 만날 것을 제안하였다.[4] 북한이 즉각적으로 반응한 결과, 1개월도 되지 않아 판문점에서 양측 적십자사 대표가 만났다. 이것은 한국전쟁 이래 처음 있는 역사적인 사건이었다. 그동안 남북한은 서신 왕래나 인적 교류가 일절 없었다.

---

4)   Chong-Sik Lee, "The Detent and Korea," In *The World and the Great-Power Triangles*, William E. Griffith. (ed.) (Cambridge, Mass.: MIT Press, 1975).

한국전쟁 이후 20년 만에 처음으로 남북한의 공식적인 접촉을 본 한국인들은 이제 남북 간의 장벽이 제거될 것으로 기대하였다.

1972년 7월 4일, 남북한 당국이 보다 극적인 합의사항을 발표하였다.[5] 공동성명에 의하면 양측 대표가 최고지도자의 승인 아래 비밀리에 평양과 서울에서 만나 향후 남북관계 개선 방안과 함께 통일에 대해 논의한 결과 남북조절위원회를 출범시키기로 하였다. 당시 중앙정보부장 이후락이 평양을 방문하여 조선노동당 조직지도부장 김영주(김일성의 동생)를 만나, 남북 간의 긴장을 완화하고 평화공존을 위해 분위기를 조성하기로 합의하였다. 앞으로 양측이 군사적 도발행위를 중단하고, 조기에 적십자사 대화를 성공시키기 위해 노력하고, 직통전화를 개설하고, "자주, 평화, 민족 대단결"의 원칙 아래 이념, 이데올로기, 체제를 뛰어넘어 통일을 추구하기로 하였다. 7·4공동성명은 남북관계의 극적인 반전을 가져왔는바, 아직 한국전쟁의 악몽 속에서 반공주의가 강한 남한 주민들에게 충격이었다. 한편 7·4공동성명은 많은 정치적 쟁점을 제기하였는바, 예를 들면 대한민국 헌법에는 남한 정부가 한반도 전체를 관할하는 것으로 되어 있고, 북한 정권은 "반국가 불법집단"으로 간주되고 있었는데, 이제 북한을 사실상의 정부로서 인정하는 것인지 의문이었다. 7·4공동성명으로 인해 남한 정부가 북한 정부의 실체를 실질적으로 인정한 셈인데, 김종필 총리는 공식적으로 이것을 인정하지 않았다. 한국 국민들은 박정권의 이런 모호한 태도를 못마땅하게 생각했지만, 통일에 대한 열망은 변치 않았다.

---

5) 7·4공동성명이 나오게 된 배경과 과정에 대한 자세한 설명은 다음을 참조. 김종필, 『김종필 증언록 1』, (와이즈베리, 2016), 394~401쪽.

2. 1972년 유신과 공화당의 변화

급격히 변화하는 국내외 정세에 대처하기 위해 박 대통령은 국가비상사태 선포만으로는 충분하지 않다고 판단하여 강력한 통치권을 쥐고자 했다. 1972년 10월 17일, 그의 개인통치를 강화하는 유신을 선포하였다.[6] 계엄령을 선포하고, 국회를 해산하고, 모든 대중집회를 불허하고, 엄격한 언론 검열과 함께 모든 대학에 휴교령을 내렸다. 국회를 대체하는 비상국무회의가 1972년 10월 27일에 유신헌법을 발표하고, 1개월 내에 국민투표 실시 후 연말 이전에 새 정부를 출범시키기로 했다.

박 대통령은 남북대화를 추진하고, 급격한 국제정세 변화에 대응하기 위해 유신이 필요하다고 주장했다. 특히 "무책임한 정당들이 국가적 과제를 망각한 결과 국회가 권력투쟁의 볼모가 되었다"고 강조했다.[7] 그는 유신을 통해 "한국 실정에 맞는 자유민주주의"를 발전시켜 나갈 것이라고 주장하였다. 유신은 박정희 개인독재를 강화하는 것이었으나 권위주의 리더십은 정치적 장식품으로 여전히 민주주의를 버리지 않았다. 한국이 자유민주주의 국가인 미국의 동맹국으로 남아 있는 한, 그리고 북한의 1당 독재와 차별화하기 위해서는 권위주의 지도자도 입으로는 민주주의를 외쳤다. 그러나 이번에는 "한국형 민주주의"라는 새로운 정치적 수사를 들고 나왔다.

이번 유신체제 도입에는 중앙정보부가 결정적인 역할을 하였다. 박 대통령의 지시에 따라 중앙정보부가 비밀리에 준비하여 궁정 쿠데타

---

6) 김종필은 1971년 선거결과를 보고 박정희가 유신과 비슷한 정치제도를 도입할 것을 마음속에 품게 되었다고 주장한다. 같은 책, 390쪽.

7) 이경재, 「비상국무회의 147일」, 《신동아》, 1973년 5월호, 110-119쪽.

를 통해 유신헌법을 도입하였기 때문에 공화당은 아무런 역할도 할 수 없었다. 계엄령하에서 군인들이 공화당 당사를 접수하고, 당 사무차장 외에는 일절 출입을 할 수 없었기 때문에 공화당은 12월 말까지 모든 활동을 중단하였다.

11월에 실시된 유신헌법 찬반 국민투표에는 추운 날씨에도 불구하고 유권자의 91.9%가 투표하여 91.5% 찬성으로 통과되었다. 많은 국민들이 박정권의 강력한 정치적 통제로 인한 두려움 내지 급격한 국내외 정세 변화로 인한 위기의식에서 찬성 표를 던진 것으로 보인다. 유신헌법의 골자를 살펴보면 첫째, 직선제 대통령 선거가 간선제로 바뀌었다. 고무도장에 불과한 통일주체국민회의라는 선거인단이 대통령을 선출하게 되었다. 둘째, 통일주체국민회의 대의원들은 정당의 참여 없이 선출하도록 하였다. 셋째, 4년 연임만을 허용한 대통령 임기가 6년 무제한으로 바뀌었다. 넷째, 대통령이 실질적으로 국회의원의 3분의 1을 임명할 수 있게 되었다. 다섯째, 1구1인의 소선거구제를 1구2인 선출의 중선거구제로 바꾸었다. 여섯째, 입법부와 사법부의 권한을 축소하였다. 일곱째, 대통령의 긴급조치로 국민의 기본권을 제한할 수 있게 되었다.

유신헌법하에서 공화당의 정치적 역할은 크게 변모하였다. 이제 공화당이 대통령 선거에 아무런 역할을 할 수 없게 되었다. 따라서 새로운 대선제도는 대통령이 공화당에 더 이상 의존할 필요가 없게 만들었다. 더욱이 공화당이 더 이상 국회에서 다수당이 될 수 없게 되었다. 무엇보다 국회의원의 3분의 1을 대통령이 임명한다. 따라서 나머지 3분의 2 의석을 두고 공화당이 야당과 경쟁하게 되는데, 1구2인 선출의 선거구에 유권자가 1표를 던지기 때문에 공화당이 두 명의 후보를 공천하는 경우 모두 낙선할 가능성이 매우 크다. 결국 공화당이 대부분의 선거구에서 한 명의 후보를 공천하게 되는데, 이런 경우 과반수 의석 확보는 불가능하다. 그리고 유신헌법에 따라 개정된 선거법은 선거운동을 크게 제약하는바, 개별후보의 유세, 현수막, 선거 홍보물 배부 등이 금지되어 앞으로 공화당이 유권자와 접촉할 기회가 크게 줄어들었다. 그리고 유신헌법이 국회 권한을 축소한 결과, 공화당이 국회에서 행정부를 견제하기 어렵게 되었다. 예를 들면 국회가 국정조사권을 상실했고, 또 국회의 대행정부 질의에 장관이 나가지 않아도 되도록 되었다. 한편 야당의 무제한 발언(filibuster)을 막기 위해 국회의장의 권한을 높였다. 이미 지난 10년간 국회의 권한이 크게 축소되었는데, 이제 유신헌법으로 인해 국회는 거의 명목상으로 존재하게 되었다. 그 결과 공화당과 야당은 행정부가 제시하는 프로그램이나 정책을 지지하는 것 외에 할 수 있는 일이 별로 없었다.

유신체제를 도입한 근본적인 이유는 박 대통령의 계속집권을 위한 것이다.[8] 이제 박 대통령이 자신의 계속집권을 위해 공화당을 강화하기보다 무력화시키는 정치 전략을 선택한 것이다. 박 대통령이 10년 전에 공화당을 사전조직하면서 채택한 정당-선거를 통해 패권정당을 수립하려는 전략을 완전히 버리고, 이제 정보기관을 비롯한 관료 중심의 국정운영과 정치적 억압에 의존하기 위해 유신헌법과 함께 새로운 선거제도를 비롯한 정치제도를 도입한 것이다. 1972년 12월 15일, 유신헌법 도입 후 첫 번째 실시된 통일주체국민회의 대의원 선거에서 2538명의 대의원이 선출되었다. 통일주체국민회의가 단독 후보인 박정희를 새 대통령으로 선출하였는데, 두 명 외에 모두가 찬성하였다.

---

8) 김종필은 유신 이후 박정희가 절대권력자가 되어갔다고 증언하고 있으나 이미 3선 개헌을 통해 절대권력자가 되었다고 본다. 김종필, 앞의 책, 480쪽.

12월 27일, 박 대통령이 취임식을 거행한 후 정치활동 금지가 풀렸다.

유신의 근본적인 취지가 앞으로 박 대통령이 탈정파적인 입장에서 국정을 운영한다는 것이기 때문에 유신 직후 공화당 간부들은 박 대통령이 공화당을 탈당할 것인지 여부에 촉각을 곤두세웠다. 유신헌법 제정에 가담한 인사 중에는 그에게 공화당을 떠나 비정파적인(non-partisan) 대통령이 될 것을 건의했으나 박 대통령은 계속 공화당에 남기로 결정했다. 1972년 12월 31일, 그가 정일권 공화당 의장에게 공식 서한을 보내고, 계속 공화당 총재직을 유지하겠다는 의사를 밝혔다. 이를 계기로 공화당 간부들이 당헌과 정강정책 등을 수정하고, 1973년 3월에 실시하는 국회의원 선거를 준비하기 시작했다. 이제 당의 정강정책에 유신이 추구하는 "한국형 민주주의"를 강조하였다. 그리고 당헌을 새로운 대통령 및 국회의원 선거제도에 맞추어 수정하였다. 예를 들면 대통령이나 비례대표 후보 선출 조항을 삭제하고, 1구2인 선출의 국회의원 선거제도에 맞추어 153개 지구당을 73개로 통합했다. 그리고 지구당 유급직원의 약 절반을 해고하고, 상설 조직을 연락사무소로 전환했다.

공화당은 국회의원 선거를 앞두고 66개 지역구에 한 명, 일곱 개 지역구에 두 명의 후보를 내고 선거운동을 시작하였다. 114명의 공화당 현역 국회의원 중에서 거의 절반에 해당하는 61명이 공천을 받지 못했는데, 이 중에는 구태회, 민병권, 김진만, 오치성, 김재순, 현오봉, 고재필, 김봉환, 김창근 등 중진들이 포함되어 있었다. 한편 공화당이 새로운 인물을 공천했는바, 정래혁, 장성환, 정희섭, 신기석, 김효영 등으로 군부, 학계, 관료 출신이다. 공천 결과를 보면 이제 공화당 내에서 독자적인 세력을 구축할 수 있는 지도자들을 모두 제거하고 완

표 22 1971년과 1973년 총선결과 비교

정당	1971년 총선						1973년 총선					
	서울		부산		전국		서울		부산		전국	
	득표율	의석	득표율	의석	득표율	의석	득표율	의석	득표율	의석	득표율	의석
공화당	39.1	1	40.5	2	47.8	86	34.2	7	40.3	2	38.7	73
신민당+ 통일당	58.1	18	51.1	6	43.2	65	59.0	9	59.0	4	42.7	54

출처: 1971년 총선: 중앙선거관리위원회, 『대한민국선거사』, 제1집, (중앙선관위, 1973), 1340~1341쪽; 1973년 선거: 중앙선거관리위원회, 『대한민국선거사』, 제2집 (중앙선관위, 1973), 377, 380, 410쪽.

전히 박 대통령의 친위부대가 된 것을 알 수 있다. 그런데 비상국무회의가 도입한 새 선거법은 선거운동을 크게 제약하고 있는바, 후보의 개인 연설회와 선거홍보물 배부 등을 없애고, 선거관리위원회가 주관하는 후보 합동연설회와 선거 포스터만이 허용되었다.

선거결과 공화당이 146개 의석 중에서 73석을 차지하였고, 야당인 신민당과 민주통일당이 각각 52석과 2석을 차지하고, 무소속이 19석을 차지했다. 그런데 박 대통령이 국회의원의 3분의 1을 임명하기 때문에 공화당의 3분의 1 의석과 합하면 집권세력이 전체 의석의 3분의 2를 차지하게 되었다. 선거결과를 보면 유신이 추구하는 두 가지 정치적 목적을 달성한 것이다. 첫째, 야당이 여당에 도전할 수 없게 만든 것이다. 제1야당의 의석점유율이 1971년에는 43.6%였으나 이번에는 23.7%로 크게 줄어들었다. 그 이유는 전체 국회의원의 3분의 1을 대통령이 임명하기 때문이다. 둘째, 공화당 후보가 도시에서 많이 당선되었다. 이번 선거에서 공화당은 5대 대도시의 32석 중 15석을 차지한 반면, 과거 2번의 선거에서는 4분의 1 이하의 의석을 차지했다. 대도시에서 공화당의 득표율은 증가하지 않았는바, 예를 들면 서울에서 공화당의 득표율은 39.1%에서 34.2%로 오히려 줄었지만 의석은 1석에서 7석으로 늘어났다. 이것은 거의 전적으로 1구2인 선출의 중선거구제를 도입했기 때문이다. 즉 야당이 1구에 두 명의 후보를 공천하면 같은 정당후보끼리 야당 표를 나누어가짐으로써 두 명 모두 낙선하는 경우가 발생하기 때문에 1구에 한 명을 공천할 수밖에 없었다. 표 22에서 보는 것처럼 1구2인 선출하는 이번 선거에서 서울과 부산에서 공화당과 야당이 의석을 비슷하게 나누어 가진 반면, 1구1인을 선출하는 1971년 선거에서는 야당이 의석을 거의 석권하였다. 이것을 언론에서는 흔히 여야 동반 당선제도라고 하였는바, 이처럼 유신 창안자들이 대도시에서 여당에 대한 국민의 지지가 있다는 것을 보여주기 위해 1구2인 선출제도를 도입한 것이다.

한편 유신 창안자들이 새로운 선거제도를 도입하는 명분이 부정선거와 돈 선거를 방지하는 것이었는데, 이번 선거에서도 이런 정치적 목적을 달성한다는 것이 얼마나 어려운지를 보여주었다. 공화당 후보 2명(강상욱, 강기천)이 부정선거 때문에 당에서 제명되었다.

총선 직후 박 대통령이 국회의원 3분의 1을 추천하고, 통일주체국민회의가 신속하게 이를 승인하였다. 73명의 의원 중에 29명의 전직 공화당 의원이 포함되었는데, 이들은 법에 따라 공화당을 탈당하였다. 전직 공화당 의원이 약 3분의 1을 차지한 것은 공화당에서 공천을 받지 못한 인사들을 구제하여 이들의 반발을 무마하려는 것이다. 이들이 정치권에서 유신의 선봉장 역할을 맡은 것이다. 이들은 "유신정우회(유정회)"라는 별도의 국회 교섭단체를 구성하여 공화당보다 2석이 많은 원내 1당이 되었다. 유정회는 유신체제와 박정희정권 수호를 위해 만들어졌는바, 공화당과 본질적으로 달랐다. 전자는 독립적인 국회 교섭단체를 구성했지만 정당이라고 할 수 없고 박 대통령에게 무조건 충성하는 정치적 도구(political machine)였다. 공화당이 박 대통령의 3선 개헌 이후 그의 정치적 개인 도구에 불과한 존재가 되었지만 유정회는 선거가 필요 없는 도구여서 박 대통령에게는 정치적으로 너무나 편리하였다. 더욱이 유정회와 공화당이 서로 박 대통령에게 충성 경쟁을 해야 할 형편이 되었다. 그럼에도 불구하고 공화당 국회의원들은 경쟁적 선거를 통해 선출된 국민의 대표이기 때문에 유정회 국회의원과 다르다는 정치적 자부심을 가지고 있었다.

총선 후 공화당은 리더십과 조직 개편에 나섰다. 새로운 인물의 등장보다 기존 인물의 순환 배치였다. 전 국회의장 이효상이 정일권의 후임으로 당의장이 되고, 정일권이 새로 국회의장을 맡았다. 또 박준규가 구태회의 후임으로 정책위원장이 되고, 장경순이 중앙위원장, 김용태가 원내 총무를 맡고, 길전식은 당사무총장에 유임되었다. 구태회는 유정회 부의장으로 자리를 옮겼다. 이처럼 공화당 신임 당직자 중에는 새로운 인물이 전혀 없었다. 당직 개편 후 공화당은 중앙당과 지방당 조직을 더욱 축소하였다. 당무회의에서 두 명의 사무차장을 한 명으로 축소하고, 여성국을 조직국으로 통합시켰다. 그리고 지방당 조직 중 관리장을 없앴다. 이런 조직 개편으로 공화당의 정치적 위상은 더욱 하락하였다.

3. 박 대통령의 정치적 탄압과 긴급조치

유신체제 도입 후 박 대통령은 주로 강압적인 정치적 통제에 의존했기 때문에 공화당의 정치적 역할은 매우 축소된 반면 중앙정보부(약칭 중정)의 정치적 역할은 매우 커졌다. 1973년 8월 김대중 전 대통령후보의 납치사건은 중정이 정치에 직접 개입한 대표적인 사례이다. 그가 동경의 호텔 방에서 다섯 명의 요원들에 의해 납치된 후 5일 만에 서울 동교동 그의 집 앞에서 풀려났다. 박정희정부는 그의 신상 보호와 사건 조사를 명목으로 즉각 그를 가택 연금시켰다. 지난 10개월 동안 김대중은 해외에 체류하면서 일본과 미국 등지에서 해외동포들을 대상으로 유신 반대와 박정권 타도 집회를 열고, 한민통(한국민주회복통일촉진국민회의)이라는 반정부 조직을 결성해 나가고 있었다.

무엇보다 먼저 이 사건이 한일관계를 악화시켰다. 일본정부는 김대중 납치 행위가 일본의 주권을 침해한 사항이라고 한국정부에 강력히 항의하면서, 김대중의 일본 귀환을 요구하였으나 거절당했다. 그러자 일본정부는 한국정부에 압력을 넣기 위해 9월 초에 예정된 한일각료회의를 연기하였다. 원래 이 회의에서 일본이 한국에 2억 달러의 원조를 제공하는 것을 논의하려고 했다. 양국 간의 비밀교섭 끝에 11월 초, 김종필 총리가 김대중 납치사건에 대해 공식 사과를 하고, 재발방지를 약속했다.[9] 그리고 김대중의 자유로운 출국을 보장하며, 일본에서 그의 반정부활동에 대해 사법처리하지 않을 것을 약속했다. 또 일본정부가 이 사건의 핵심인물로 지목한 김동운 중앙정보부 요원(당시 동경 일본대사관 일등서기관)을 파면하고, 그가 어떤 일을 했는지 조사하기로 합의했다. 이러한 한일 간의 정치적 합의 끝에 일본정부는 한국에 대한 경제원조를 논의하기 위한 양국 간의 각료회의 개최에 동의했다.

그런데 김대중 납치사건이 남북관계에도 영향을 미쳤다. 북한 당

---

9)　김종필의 증언에 의하면 일본의 공식 입장과 달리 당시 다나카 수상은 "앞으로 김대중 씨 같은 사람은 일본에 제발 보내지 말아달라"고 했다. 같은 책, 444쪽.

표 23 역대 국회 개회 일수

역대 국회	시기	존속기간	총 개회 일수	연평균 개회일	비고
1대 제헌	1949. 5. 31.–1950. 5. 30.	2년	399일	200일	
2대	1950. 5. 31.–1954. 5. 30.	4년	631일	158일	
3대	1954. 5. 31.–1958. 5. 30.	4년	609일	153일	
4대	1958. 5. 31.–1960. 7. 28.	2년 2개월	212일	98일	4·19 이후 국회 해산
5대	1960. 7. 29.–1963. 12. 16.	9개월	142일	189일	5·16으로 국회 해산
6대	1963. 12. 17.–1967. 6. 30.	3년 6개월	365일	104일	
7대	1967. 7. 1.–1971. 6. 30.	4년	241일	60일	
8대	1971. 7. 1.–1972. 10. 17.	1년 3개월	81일	63일	유신으로 국회 해산
9대	1973. 3. 12.–1979. 3. 11.	6년	170일	28일	유신체제
10대	1979. 3. 12.–1980. 10. 27.	1년 7개월	28일	18일	유신체제

출처: 정영국, 「한국 국회의 기능에 관한 연구」, 연세대 석사학위 논문, 1984, 33쪽.

국이 이 사건을 빌미로 남북대화를 중단시키고, 남한을 다시 비방하기 시작했다. 1971년 8월, 남북적십자사 접촉이 시작된 지 2년 만에, 1972년 7·4공동성명이 나온 지 1년 만에 남북관계는 대화 국면에서 다시 대립 국면으로 전환되었다. 그동안 세 차례에 걸친 남북조절위원회가 개최되었으나 성과를 내지 못했다. 남한은 정치군사적인 문제를 다루기 전에 경제적, 문화적 교류협력을 제안한 반면, 북한은 평화협정 체결, 미군 철수, 상호병력 축소 등을 제안하였다. 남북한 간의 상호 불신 때문에 서로 양보할 의사가 없었다.

김대중 납치사건은 박정희정권의 대외 이미지를 크게 손상시킨 반면, 국내적으로는 한국민들의 반일감정을 활용하여 박정권의 정치적 탄압 대신에 일본을 비판하도록 유도하였다. 공화당을 비롯한 집권세력은 총리와 관계 장관을 상대로 한 국회 대정부 질문에서 일본 정치인들과 언론인들의 오만하고 건방진 태도를 비판하였다. 아무도 국회가 나서서 이번 납치사건에 연루된 것으로 알려진 중앙정보부를 조사할 엄두를 낼 수 없었다.

공화당은 유신체제의 목적이 통치과정의 탈정치화라는 것을 잘 알고 있었다. 그리하여 공화당이 맡은 역할은 아이러니컬하게도 가능한 한 국회를 무력화시키는 것이었다. 그 결과 1973년 1년 동안 국회가 개회한 일자는 총 36일에 불과하였다. 그 후에도 마찬가지였는바, 표 23에서 보는 것처럼 유신시기에 연평균 국회 개회 일수는 28일로 크게 줄어들었다. 이런 상황에서 일반 국민들은 자신들의 정치적 요구를 실현시킬 수 있는 방법이 행정부 관료들에게 민원을 부탁하거나 거리에 나가 시위나 농성을 하는 것이다. 1973년 10월, 유신 이후 처음으로 대학생 데모가 서울대 문리대에서 발생하였는데, 수백 명의 대학생들이 유신철폐, 인권과 민주주의 회복, 중앙정보부 해체 등을 요구하였다. 이후 운동권 학생들이 전국적으로 일반인들을 상대로 유신헌법 개정 서명운동을 전개하였다. 종교지도자, 사회지도자들이 동참한 결과 50만 명이 개헌 지지에 서명했다.[10] 이런 유신헌법 철폐운동에 맞서 박정희정부는 대학 휴업령을 비롯한 강압적인 방법을 사용했다. 그럼에도 불구하고 유신헌법 철폐운동이 계속되자 1974년 1월, 박 대통령은 유신헌법 반대운동을 탄압하기 위해 긴급조치 1호를 발동하였다.[11] 이 긴급조치에 의하면 앞으로 "대한민국 헌법을 부정, 반대, 왜곡 또는 비방하는 일체의 행위를 금한다. 대한민국의 헌법의 개

---

10) 《동아일보》, 1973년 12월 28일자; *Christian Science Monitor*, Jan. 14, 1974.
11) 《조선일보》, 1974년 1월 9일자.

정 또는 폐지를 주장, 발의, 청원하는 일체의 행위를 금한다"고 선언하고 "이를 어기는 자는 비상군법회의에서 심판하여 15년 이하의 징역에 처한다"고 발표하였다. 긴급조치 1호에 따라 비상군법회의를 설치하는 긴급조치 2호를 동시에 발동하였다. 이 긴급조치에 따라 《사상계》 발행인 장준하와 재야 지도자 백기완이 반유신 활동을 했다는 죄목으로 15년간의 징역에 처해졌다.

그러나 긴급조치 1, 2호만으로 대학생들의 유신반대운동을 막을 수는 없었다. 3개월 뒤에 박정권은 반유신 세력을 뿌리 뽑겠다는 계획에 따라 전국의 운동권 대학생 일망타진에 나섰다. 1974년 4월, 정부는 "전국민주청년학생총연맹(약칭 민청학련)이라는 비밀결사조직이 불온세력(인혁당)의 조종을 받아 국가를 전복시키고 공산주의 정권 수립을 추진했다는 혐의로 240명의 대학생과 민간인들을 체포하였다"고 발표했다. 이들이 긴급조치 4호 위반으로 기소된 후, 두 명의 서울대 문리대 재학생(이철, 유인태)이 사형선고를 받고, 30여 명의 대학생들이 무기징역 내지 15~20년형을 선고받았다. 이들의 사형은 집행되지 않았으나, 민청학련의 배후세력으로 지목받은 여덟 명의 인혁당 지도부는 대법원 판결 직후 전격적으로 사형집행을 당했다. 이와 별도로 긴급조치 4호 위반으로 윤보선 전 대통령, 지학순 주교, 박형규 목사, 김동길 교수, 김찬국 교수 등도 체포되어 내란선동죄로 유죄판결을 받았고, 또 이 사건을 취재하던 다치키와 마사키 기자와 일본인 한 명도 내란선동죄 등으로 징역 20년의 중형에 처해졌다. 일본인 체포와 재판은 한일 양국의 외교문제가 되었지만 1975년 2월, 대통령 특별조치로 인혁당 관련자를 제외한 대부분이 형집행정지로 석방되었다.

그런데 박정희정부와 반대세력 간의 정치적 대립이 예상하지 못한 사건으로 인해 일시적으로 완화되었다. 1974년 8월, 일본에 살고 있는 조총련계 청년, 문세광이 서울의 광복절 행사장에 잠입하여 박 대통령 암살을 시도했다. 박 대통령은 다치지 않았으나 영부인 육영수가 총에 맞아 그 자리에서 숨졌다. 문세광은 현장에서 체포되어 북한을 지지하는 조총련 소속이라는 것이 밝혀졌다.

이 사건 직후 박 대통령은 반대세력에 대한 정치적 탄압을 완화하기 위해 긴급조치 1호와 4호를 폐기했다. 정치적 탄압을 완화한 배경에는 두 가지 요소가 작용하였다. 첫째, 육영수 여사에 대한 국민들의 추모 열기를 박 대통령과 유신체제에 대한 지지로 해석하였다. 둘째, 11월로 예정된 미국 포드 대통령의 방한에 앞서 한국의 인권유린 상황에 대한 미국의 비판을 잠재우려는 의도였다. 당시 미국 정부는 한국의 긴급조치를 비롯한 각종 정치적 탄압으로 인한 인권유린을 해소하라고 요청하였다.[12]

박정희정부는 북한의 군사적 도발 행위를 이용하여 유신체제를 정당화하려고 노력하였다. 1974년 10월, 북한이 남한 침투를 위해 군사분계선 남쪽으로 지하 땅굴을 판 것을 한국정부가 발견하였다. 이 땅굴을 통해 1시간에 7000명의 북한군이 남침할 수 있다고 발표했다. 박정희정부는 북한의 남침에 대비하려면 유신체제가 필요하다고 널리 홍보하였다. 정부는 북한의 군사적 위협이 공갈이 아니라 실재라는 것을 보여주기 위해 땅굴 현장 견학을 실시하였다.

---

12) Sungjoo Han, "South Korea in 1974: The "Korean Democracy" on Trial," *Asian Survey*, 15: 1, (January 1975), p. 39.

4. 1975년 유신헌법에 대한 국민투표 재실시

야당인 신민당이 유신헌법을 부정하는 태도로 나옴에 따라 공화당의 입장은 더욱 곤혹스러워졌다. 문세광사건 직후 야당이 일시적으로 온건한 입장이었으나 1974년 10월부터 유신체제 반대운동에 나섰다. 이러한 배경에는 신민당 당수가 김영삼으로 바뀐 속사정이 있었다. 김영삼 총재가 개헌특별위원회를 구성하는 안을 국회에 제출하였다. 공화당과 유신정우회는 유신헌법을 철저히 옹호해야 하기 때문에 이러한 안을 받아들일 수 없었다. 결국 야당은 국회 농성과 가두시위를 전개하는 한편, 종교계, 학계, 언론계 지도자 71명의 재야인사들과 함께 '민주회복 국민회의'를 조직하였다. 국회에서 야당 국회의원이 박 대통령 하야를 주장하는 바람에 집권세력과 반대세력 간의 대립이 더욱 심해졌다. 12월 14일, 국회에서 신민당의 최다선인 8선의 정일형 의원이 "박 대통령의 리더십이 종말에 도달했으니 자진 사퇴하라"고 직설적으로 공격하자, 유신정우회 의원들이 그의 발언을 중단시켰다. 공화당과 유신정우회는 이 발언이 국가원수를 모독한 것이기 때문에 징계하겠다고 위협하였다. 이 사건에서 보는 것처럼 공화당은 박 대통령과 유신체제를 수호하는 정치적 도구에 불과하였다. 공화당은 물론 집권세력 내에서 박 대통령의 계속집권을 만류할 수 있는 정치인이나 정치세력이 없었다. 박 대통령은 북한의 위협이 사라지지 않는 한 유신헌법을 고칠 의사가 전혀 없었다.

박정희정부는 유신 반대세력을 제압하기 위해 새로운 정치 전략을 도입하였다. 첫째, 반대세력이 언론을 통해 일반 국민들에게 유신 반대를 전파하는 것을 막기 위해 언론을 탄압하였다. 박정권이 중앙정보부 등을 통해 당시 야당을 지지하는 《동아일보》와 《동아방송》에 광고를 내지 않도록 압력을 넣자, 광고 수입이 약 70% 줄어들었다. 《동아일보》는 정부의 압력에 굴복하지 않고, 광고 없이, 또는 정부의 언론탄압에 항의하는 독자들의 광고를 실어서 신문과 방송을 내보냈다. 《동아일보》가 7개월간의 피나는 투쟁을 했으나 결국 견디지 못하고, 정부의 요구를 받아들여 20명의 기자들을 해고하였다. 이 사건이 다른 언론에도 영향을 미쳐 언론이 유신체제에 정면으로 도전하기가 어려워졌다.

유신체제 수호를 위한 박정권의 또 다른 전략은 유신헌법에 대한 국민의 의사를 다시 묻는 것이었다. 박정희 대통령을 정점으로 한 집권세력은 유신철폐를 주장하는 반대세력을 제압하기 위해 유신헌법의 존속 여부를 1975년 2월 22일에 다시 한 번 더 국민투표에 부치기로 결정하였다. 공화당을 비롯한 모든 정당은 국민투표에 관한 토론을 할 수 없도록 되어 있었다. 결국 전형적인 국민투표형 독재(plebiscite dictatorship)의 모습이었다. 박 대통령의 이러한 조치는 정치적으로 상반된 의미를 내포하고 있었다. 우선 박 대통령은 그동안 정부가 유신정권의 당위성을 널리 홍보한 결과 많은 국민들이 이에 대해 공감을 하고 있을 것으로 믿고 있었다. 더욱이 국민투표에서 유신헌법이 통과되려면 유권자의 과반수 투표에 유효표의 과반수를 얻으면 되기 때문에, 이 정도의 지지는 쉽게 얻을 것으로 보았다. 그럼에도 불구하고 이러한 번거로운 국민투표 절차를 거치기로 결정한 이유는 결국 박 대통령의 관점에서 볼 때 유신 반대세력을 제압하기 위해서는 다른 정치적 수단을 찾기 어려웠기 때문이다. 즉 국민투표를 정치적 통제의 수단으로 삼으려는 것이었다.

비록 집권세력은 유신헌법에 대한 지지 여부를 국민들에게 다시 묻는다는 것이 대단한 정치적 양보라고 생각했으나 신민당을 비롯한 반대세력은 이러한 국민투표안이 독재정권의 상투적인 수법이라고 비난하고, 보이콧할 것을 결정하였다. 유신체제에 반대하는 신민당과 재야세력은 '민주회복 범국민회의'를 통해 박정권이 언론통제와 함께 유신헌법에 대한 공식적인 찬반 토론을 허용하지 않은 상태에서 국민투표를 실시하는 것은 속임수라고 주장했다. 신민당 총재 김영삼과 김대중 전 대통령후보는 국민투표에 반대하는 단식투쟁을 전개했다. 국민투표를 앞두고 공화당, 유신정우회, 정부조직, 홍보기관, 정부 지원 단체 등은 경쟁적으로 유신체제의 당위성을 유권자들에게 호소하였다. 이러한 노력에도 불구하고 국민투표 결과는 1972년에 비해 유신헌법에 대한 국민의 지지가 현저히 떨어졌다. 이번 국민투표에서 유권자의 79.8%가 참여하고, 유효표의 73.1%가 유신헌법에 찬성했는데, 1972년에는 91.9% 참여에 92.2%가 찬성하였다. 지지가 떨어진 이유 중에는, 1972년에는 국민투표를 계엄령하에서 실시했고, 1975년에는 긴급조치하에서 실시한 결과 이번에는 다소 정치적 통제가 느슨해진 탓도 있을 것이다. 그러나 분명한 것은 그동안 박정권의 정치적 탄압 때문에 1972년에 비해 국민들의 유신체제에 대한 비판이 늘어난 것이다. 1972년에는 국민들이 유신체제의 실상에 대해 분명히 알지 못했으나 지난 3년간의 통치과정에서 유신체제의 문제점이 드러나기 시작했기 때문이다.

유신 이후 박정권의 인권탄압 문제가 국내는 물론 국제사회에서도 정치적 이슈가 되었다. 미국 의회가 한국에 대한 군사원조를 논의하는 과정에서 한국의 인권상황에 대해 문제를 제기했다. 당시 하원은 한국의 인권이 향상되어야만 1억 1500만 달러의 원조를 집행할 수 있도록 조건을 달았다. 그리하여 박정권은 국민투표 직후 긴급조치 위반자 168명을 풀어주었는데, 방면된 야당인사와 대학생들이 중앙정보부와 군 정보기관에서 당한 고문을 폭로했다. 국회에서 야당이 고문 사실에 대해 격렬하게 비판했으나 책임자 처벌이나 재발방지 등에 대한 약속 없이 끝나버렸다. 그동안 박정부는 고문 사실이 없고, 외국인들이 한국 문화를 이해하지 못해 인권탄압이라는 주장을 내놓고 있다고 했지만, 이번 고문 폭로로 인해 정부가 인권을 유린하고 있다는 명백한 사실이 드러났다.

인권탄압으로 인해 국제사회에서 한국의 이미지가 나빠지자, 박정권은 특단의 조치를 취하였다. 1975년 3월, 공화당과 유신정우회는 한국인이 외국인이나 외국 언론을 상대로 박 대통령을 비방하거나 유신체제에 대한 비판을 못 하게 하는 법안을 도입했다. 야당은 이 법안의 통과를 막기 위해 국회 농성으로 맞섰다. 그러나 공화당과 유신정우회는 국회 법사위를 비밀리에 통과시킨 후, 의사당 라운지에서 문을 잠그고 이 법안을 통과시켰다. 국내에서나 해외에서 정부를 비판함으로써 한국의 안보, 국익, 명예를 해치는 경우 7년 징역에 처하도록 하였다. 유신독재가 극단으로 치닫고 있었다.

5. 국내 정치의 국제적 요인: 월남 패망, 중동 특수, 카터 인권 외교

1975년 초에 형식적으로나마 국민투표에서 유신헌법을 존속시키기로 결정이 났으나 박정권과 반대세력 간의 대립은 계속되었다. 야당과 운동권 대학생들의 박정권에 대한 비판은 물론 유신헌법 철폐운동은 여전하였다 그러나 양자 간의 대립이 1975년 4월 사이공이 공산주의자들에 의해 함락되어 베트남이 멸망함으로써 새로운 전기를 맞게 되었다. 4월 8일, 공화당은 한반도 전쟁과 남한 공산화를 방지하기 위해 박 대통령이 긴급조치를 발동할 것을 건의하였다. 공화당은 월남 공산화 이후 세계 공산주의의 다음 목표가 남한 적화라고 주장하였다. 박정권은 즉각 긴급조치 7호를 발동하여 군인들이 고려대학교를 점령하고 유신 반대 데모를 하는 학생들을 체포하였다. 이어 5월 13일에는 긴급조치 9호를 선포하여 유신에 대한 어떠한 반대도 금지시켰다. 긴급조치 9호는 과거 세 차례에 걸쳐 발동한 긴급조치를 총망라한 것이다. 14조항에 걸친 긴급조치 9호 중 핵심은 "대한민국 헌법을 부정, 반대, 왜곡 또는 비방하거나 그 개정 또는 폐지를 주장, 청원, 선동 또는 선전하는 행위"를 금지하는 것이다. 그리고 유언비어를 날조, 유포하거나 사실을 왜곡하여 전파하는 행위를 금지시켰다. 표 24에서 보는 것처럼 박정권은 유신 선포 이후 긴급조치를 정치적 탄압의 중요한 도구로 사용하였다.

그런데 많은 국민들이 월남전 패망으로 충격을 받아 박정권의 안보관을 일시적으로나마 지지하였다. 특히 정부는 김일성이 "남한 해방을 위한 전쟁"에 대해 중국의 지지를 얻으려고 14년 만에 중국을 방문한 사실을 전파하고, 전국의 초중고등학교 학생들과 직능단체 회원 등을 포함하여 수백만 명의 시민들이 참가하는 반공궐기대회를 개최하였다. 동시에 김종필 총리와 장관들이 전국 주요 도시에서 지역 유지들을 대상으로 "안보 브리핑"을 실시하였다. 월남 패망을 이용한 박정권의 안보 캠페인이 박정희 독재 타도에 나선 반대세력의 힘을 약화시켰다. 국민들의 안보불안을 해소하기 위해 야당도 박정권의 안보강화 조치를 지지하지 않을 수 없었다. 1975년 5월 21일, 신민당 총재 김영삼이 박정희 대통령과 청와대에서 영수회담을 개최하고, 정부

표 24 유신시기 대통령의 긴급조치 선포와 폐기 일시 및 주요 내용

순서	선포 일시	폐기 일시	주요 내용
1호	1974. 1. 8	1974. 8. 23	대한민국 헌법 부정, 왜곡 또는 비방 금지
2호	위와 동일	위와 동일	비상군법회의 설치
3호	1974. 1. 14	1974. 12. 31	민생 안정을 위한 조치
4호	1974. 4. 3	1974. 8. 23	민청학련 등 학생운동 금지
5호	1974. 8. 23		긴급조치 1호, 4호 폐지
6호	1974. 12. 31		긴급조치 3호 폐지
7호	1975. 4. 8	1975. 5. 13	고려대 휴교령
8호	1975. 5. 13		긴급조치 7호 폐지
9호	1975. 5. 13		긴급조치 1, 4, 7호 내용을 망라

출처: 이효재, 「한국 사회 구조의 성격: 가부장적 권위주의 사회론」, 『한국사회변동 연구 II』, (한길사, 1985), 167쪽.

의 안보강화 노력에 지지를 보냈다. 이러한 분위기에 편승하여 공화당은 국군 전력증강을 위한 무기 구입에 사용한다는 명목으로 방위세를 새로 도입하였다. 1년에 약 4억 달러의 세금이 추가로 걷히게 되었다. 그리고 중·고등·대학에 학생회를 폐지하고 학도호국단을 설치하고, 또 북한의 남침을 방어하기 위해 향토예비군 외에 새로 민방위제도를 도입하였다. 이러한 조치들은 사실상 학생운동과 시민사회를 더욱 억압하기 위한 것이었다.

월남 패망 후 야당의 유신반대운동이 약화된 것은 사실이지만 반대세력이 모두 박정권의 "총력안보체제" 구축에 동참한 것은 아니다. 1975년 10월, 국회에서 야당의 김옥선 의원은 "안보라는 미명 아래 박정권이 독재를 호도하고 있다"고 비난하였다.[13] 이러한 국회 연설이 북한에 이적행위가 된다는 구실을 내세워 공화당과 유신정우회는 김

---

13) *Korea Times*, October 9, 1975, p. 2.

의원을 제명하겠다고 위협하였다. 10월 13일, 원내 집권세력은 전광석화처럼 김옥선 의원에 대한 제명 결의안을 국회에 제출하였다. 당시 국회의원을 제명하려면 재적의원 3분의 2가 찬성해야 하는데, 공화당과 유신정우회 의원을 합해도 3분의 2에 3석이 모자라지만 친여 무소속 의원들이 있어서 제명안 통과가 가능하였다. 이런 상황에서 여야 합의로 결국 김 의원에게 사법적 책임을 묻지 않는다는 조건으로 의원직을 자진 사퇴시켰다. 지난해 정일형 의원 사건과 이 사건을 통해 국회는 유신체제하에서 자율성이 전혀 없는 허수아비 헌법기관이라는 것을 보여주었다.

유신 반대세력의 조직적인 움직임이 현저히 둔화되자, 박 대통령은 유신체제가 어느 정도 안정되었다고 판단하였다. 유신 선포 후 3년 만인 1975년 12월, 박 대통령은 개각을 단행하고 김종필 총리 후임에 외무관료 출신 최규하를 임명하였다. 19명의 각료 중에서 11명은 유임되고 여덟 명의 장관이 교체되었는데 주로 관료들로 충원되었다. 그리고 1976년 2월에는 3년 임기의 2기 유신정우회 의원 73명을 선정하였는데, 50명이 유임되고, 23명은 신인으로 구성되었다. 현직 유신정우회 의원 중에서 세 명(김진만, 김재순, 김봉환)의 전직 공화당 출신이 탈락하였다. 2기 유신정우회 의원들은 주로 전직 군장성과 행정부 고위관리 출신들이 많았다. 이들의 임기는 3년으로 지역구에서 선출된 국회의원 임기의 절반이었다.

유신체제가 기본적으로 힘으로 유지되고 있었지만, 유신 반대세력들이 분열되는 바람에 유신 반대운동이 일시적으로나마 효과적으로 전개되지 못하여 박정권은 어부지리를 얻었다. 먼저 야당과 재야세력

간에는 의견차이가 있었다. 야당은 기본적으로 국회 내에서 주로 점진적인 방법으로 민주화를 추진하려는 반면, 재야세력은 유신국회에 안주할 것이 아니라 유신철폐만이 유일한 방법이라고 주장하였다. 그리하여 재야세력들은 야당을 "관제야당"이라고 비난한 반면, 야당은 재야세력이 비현실적이고 무모하다고 보았다. 1976년 3월 1일, 재야의 윤보선 전 대통령, 김대중 전 대통령후보, 함석헌, 문익환 목사, 정일형 전 의원 등은 명동성당에서 '민주구국선언문'을 발표하고 유신철폐, 120명의 정치범 석방, 박 대통령 하야를 요구하였다. 소위 명동사건으로 일컬어지는 이 사건으로 20명이 긴급조치 9호 위반으로 재판에 회부되었다. 윤보선, 김대중, 함석헌, 문익환, 정일형 외에 그의 부인 이태영, 다섯 명의 가톨릭 신부, 네 명의 개신교 목사들이 포함되어 있었다. 김대중을 포함한 11명은 구속되고, 윤보선을 포함한 아홉 명은 불구속으로 재판을 받은 결과 2년 내지 8년의 징역형을 선고받은 후 항소심에서 징역 5년 내지 집행유예를 선고받았다.

한편 야당 내에 여러 파벌들이 공존하고 있어서 정부의 공작정치가 가능하였다. 1976년 5월, 신민당 전당대회에서 재선을 노리는 김영삼 당수는 이를 저지하려는 이철승계열의 방해로 대회장에 입장하지 못하고 당사에서 별도의 전당대회를 가졌다. 양파는 서로 상대편의 불법성을 들고 나와 신민당은 양분되었다. 김영삼과 이철승이 서로 신민당 당수라고 주장하면서 중앙선거관리위원회에 유권해석을 의뢰한 결과 "김영삼 당수의 임기는 당헌에 5월 31일까지로 되어 있기 때문에 더 이상 당수로 인정할 수 없다"고 판단하였다. 그 결과 신민당은 당수 부재 상태가 되어 혼란에 빠졌다. 김영삼이 당수직을 사퇴함에 따라 양대 파벌 간의 협상이 진행되었다. 협상 결과, 9월11일 새 전당대회를 열어 이철승을 대표최고위원에 선출한 후 6인의 최고위원으로 구성된 집단지도체제가 2년간 당을 이끌어나가도록 하였다. 6인 최고 위원회는 양대 파벌이 동수로 양분하였다. 그런데 신임 이철승 당수 가 박정희정권과 비교적 타협적 태도여서 박정권은 훨씬 수월해졌다. 이러한 유신 반대세력의 분열과 아울러 중동의 건설경기 덕택에 계속 되는 고도경제성장은 유신체제를 유지하는 데 큰 도움을 주었다. 중 동에 최고 5만 명의 한국 건설요원들이 나갔다.

한편 박정권은 미국을 비롯한 외국으로부터 인권탄압에 대해 심한 공격을 받기 시작했다. 1976년 10월부터 미국의 언론들은 소위 "코리 아 게이트"라고 불리는 한국중앙정보부의 미의회 불법 로비와 재미 한국인에 대한 정치적 탄압을 보도하기 시작했다. 10월 2일 《뉴욕 타 임스(New York Times)》는 "한국의 중앙정보부가 미국정치에 영향을 미 치기 위해 미국 내 활동을 확대했다(South Korea's C.I.A. Extends U.S. Activities Seeking to Influence American Politics)"라고 보도했다.[14] 재 미 한국인 박동선이 박 대통령의 지령에 따라 미국 상·하원의원들에 게 뇌물을 주고 미국의 대한 원조를 유리하게 하려는 비합법적인 로 비활동을 미법무부가 조사하고 있다고 보도하였다.[15] 12월에는 박정 권의 정치적 어려움이 가중되었다. 미국 주재 한국중앙정보부원 김상 근이 미국에 정치적 망명을 요청하고, 미국 내 한국정보부원의 활동 에 대해 제보한 것으로 보도되었다. 《뉴욕 타임스》는 그가 한국에 돌 아가는 경우 중앙정보부의 비밀활동이 탄로난 것에 대한 책임을 물어

---

14) *New York Times*, October 2, 1976.
15) 김종필, 앞의 책, 359–360쪽. 박동선은 미국 의회 청문회에서 미국 의원 32명에 게 약 85만 달러의 선거자금을 제공했다고 밝혔고, 그 결과 미국 의원 세 명이 징계받았다.

적어도 1년 이상 감옥에 가야 할 것으로 보았다. 그런데 엎친 데 덮친 격으로 김형욱 전 중앙정보부장이 미국에 망명한 후, 미국 하원의 국제관계위원회 산하 국제기구소위원회에서 중앙정보부의 미국 내 활동을 증언함으로써 일이 더욱 복잡하게 되었다.[16] 이러한 미국 언론의 보도에도 불구하고 한국은 보도관제로 인해 12월 정부가 발표할 때까지 일반인들은 이 사건을 알지 못했다.

이 사건이 미국 언론에 보도된 지 1개월이 지난 후 공화당이 국회에서 처음으로 이 사건을 다루었다. 11월 4일, 국회 외무위에서 야당 의원 오세응이 미국 신문 보도를 인용한 후 거의 1시간에 걸쳐 행정부 관리들에게 이 사건의 전말을 소상히 밝히도록 요구하였다.[17] 그러나 박정권의 언론통제 때문에 일반 국민들은 1976년 12월, 정부 발표 후 이 사건을 알 수 있었다.

코리아 게이트는 분명히 박정권에 대한 국내외 지지를 훼손하였다. 그런데 다른 한편에서는 박정권이 이러한 사건을 이용하여 국민의 민

---

16) 당시 이 소위 위원장이 프레이저(Donald M. Fraser) 하원의원이었기 때문에 흔히 프레이저 소위라고 불렀다. "코리아 게이트"의 자세한 내용은 미국 의회 자료에 나와 있다. 프레이저 소위는 1976년 10월부터 1978년 5월까지 18개월 동안 박동선 등 37명을 청문회 증인으로 세웠다. The Subcommittee on International Organizations of the Committee on International Relations, Activities of the Korean Central Intelligence Agency in the U.S.: Hearings Part 1(March 17 and 25, 1976); Part 2(June 22, September 27 and 30 1976); Investigation of Korean-American Relations: Hearings, Part 1(June 22, 1977), Part 2, Part 3(November 29 and 30 1977); Part 4(March 16, 21, 22, April 11, 20 and June 20 1978); Part 5(June 1, 6, and 7, 1978); Part 6, Part 7(June 22, 1977, July 20 1978, August 15). 그리고 프레이저 소위의 실무책임자가 펴낸 책이 있다. Robert Boettcher, *Gifts of Deceit: Sun Myong Moon, Tongsun Park and the Korea Scandal*, (New York, Holt Rinehart and Winston, 1980).

17) *New York Times*, November 5, 1976.

족감정에 호소하여 정권에 대한 지지를 유지하려고 노력하였다. 특히 청와대 가까운 곳에 있는 미국 외교관 거주지에서 주한미국 대사관이 박 대통령의 대화를 도청했다는 사실이 드러나자 박정권이 은근히 한 국민의 반미감정을 부추겼다.

이 사건이 마무리되기 전에 1977년 1월, 새로 취임한 미국의 카터 대통령이 일방적으로 미군 철수를 발표하여 한미 간의 불편한 관계가 깊어졌다. 미국이 향후 4-5년 이내에 3만 3000명의 주한미군을 철수한다는 것이다. 박정권은 즉시 유감을 표시하고, 미국이 북한과 다른 공산국가들로부터 불가침 약속을 받아내지 않은 채 일방적으로 미군을 철수하는 것은 한반도 평화에 위협이 될 것이라고 발표하였다. 한편 카터 대통령은 미국 의회와 군부의 반대에 부딪혔다. 주한미군을 일방적으로 철수하는 것은 북한의 남침을 가져올 위험성이 크다고 반발하였다. 오랜 논란 끝에 카터 대통령이 마침내 미군 철수 계획을 변경하여 남북한 관계가 개선될 때까지 주한미군 병력의 일부를 주둔시키기로 하였다.

카터 대통령의 미군 철수 계획이 나왔을 때, 공화당은 국회에서 자주국방 추진을 요구하는 결의안을 통과시켰다. 박정권은 매우 야심찬 방위산업 계획을 수립하였는바, 1980년 말까지 고성능 전투기와 전자무기를 제외하고, 한국군이 필요로 하는 모든 군장비를 국산화한다고 선언했다. 1977년 5월, 박 대통령은 자주국방에 대한 전 국민적 지지를 얻어내기 위해 청와대에서 야당 당수 이철승과 영수회담을 개최했다. 이 자리에서 박 대통령은 야당이 유신을 지지하면 정치범을 석방하겠다고 약속했다. 2개월 뒤에 공화당은 야당을 비롯한 모든 원내 세력과 함께 긴급조치 9호 위반자 석방 건의안을 만장일치로 통과시켰다. 박정권이 200여 명의 정치범 중 31명을 방면하였다. 이러한 정치적 유화 조치는 카터행정부에 전달하려는 메시지였는바, 박정권의 인권탄압 중단을 요구하는 카터 대통령에 대한 성의 표시였다. 또이 조치가 박 대통령의 유신에 대한 자신감 표출이라고 할 수 있다.

공화당은 국내 정치에서 계속 "탈정치화(de-politicization)" 전략을 고수했는바, 1977년 6월에 실시하는 보궐선거에 선거 가열을 막기 위해 후보를 공천하지 않기로 했다. 이것은 지난번 박정희-이철승 영수회담에서 양당이 모두 후보를 내지 않기로 합의한 사항이었다. 정당의 존재 근거가 선거에 후보를 내세워 권력을 쟁취하는 것인데, 공화당이 후보를 내지 않는다는 것은 정당으로서의 역할을 포기한 것이다. 결국 서울에서 두 명의 무소속 후보가 당선되었다. 이러한 정치부재는 학생들의 데모를 유발하는 원인의 하나가 되었다. 1975년 월남 패망 이후 잠잠했던 대학생 데모가 2년 만에 발생했다. 1977년 10월 대학가에서 유신철폐, 교련 반대, 학생회 부활, 대학의 자유 등을 요구하는 데모가 연일 계속되자, 정부는 대학 휴업령 등으로 임시 대처하였다. 그러나 1978년 들어 대학생 데모는 대구, 광주 등지로 확산되었고, 진압경찰에게 사제 폭탄을 만들어 던지거나 파출소를 습격하는 등 점점 과격해졌다.

대학생들의 유신 반대 데모가 계속되자, 박정권이 유신 반대세력을 제압하려고 대통령 선거를 조기에 실시하기로 결정했다. 비록 간접선거이지만 선거를 통해 대통령을 새로 선출함으로써 유신체제가 국민의 지지를 받고 있다는 것을 보여주고자 하였다. 당연히 대선에는 야당의 도전이 허용되지 않기 때문에 집권세력의 의도대로 선거결과가 나올 것이다. 1978년 12월에 대통령의 6년 임기가 끝나지만 6개월 전에 대통령 선거인단인 통일주체국민회의 대의원 선거를 실시하였다. 1978년 7월에 시행된 대의원 선거는 종래보다 입후보자가 현저히 줄어들었다. 아무런 정치적 영향력을 행사하지 못하는 대의원에 대해 많은 정치지망자들이 실망한 결과이다. 대의원 선거 직후 실시된 대통령 간접선거에서 박 대통령은 2583명의 대의원 중 한 명을 제외한 전원 찬성으로 6년 임기의 대통령에 다시 당선되었다.

6. 요약: 유신체제의 본질과 내재적 모순

1972년 유신 이후 공화당은 정치적 영향력을 완전히 상실했다. 공화당은 통치과정의 바깥에 존재하면서 통치과정에 전혀 참여하지 못했기 때문에 사르토리가 명명한 대사형(ambassador-type) 정당으로 전락하였다.[18] 이제 공화당의 위상을 약화시킨 유신체제의 본질에 대해 분석해 보자. 일부 학자들은 한국의 유신을 오도넬(Guillermo O'Donnell)의 "관료적 권위주의" 개념으로 설명하는데, 여기에는 몇 가지 문제점이 있다.[19] 관료적 권위주의 분석 틀은 기본적으로 라틴아메리카에서 군부가 민간정치인들의 민주주의 정부를 무너뜨리고 권위주의 정부를 수립하는 정치변동을 설명하기 위한 것이다. 그런데 한국의 경우 유신 이전의 정치체제가 민간정치인들의 민주주의 정부

---

18) Giovanni Sartori, *Parties and Party Systems: A Framework for Analysis*, (Cambridge, Cambridge University Press, 1976), p. 19.

19) 유신체제의 등장을 관료적 권위주의 시각에서 분석한 논문: Hyug Baeg Im, "The Rise of Bureaucratic Authoritarianism in South Korea," *World Politics* 39: 2, (Jan. 1987), pp. 231-257; 한상진, 「사회위기와 관료적 권위주의」, 《신동아》, 1984년 10월호, 198-207쪽.

가 아니었다. 그래서 관료적 권위주의 이론가들은 유신 이전을 민주주의 내지 "반민주주의(semi democracy)"라고 주장하지만 형식적으로 민주주의제도만을 갖추고, 박정희-김종필계열의 군부지도자들이 공화당을 사전에 만들어 안정된 권위주의정권을 수립하기 위해 노력한 시기이다. 이 시기의 정당정치를 분석한 결과 박정희 대통령은 자신의 계속집권을 위해 3선 개헌을 추진하면서 안정된 권위주의정권을 수립하기 위해 노력했다. 따라서 유신 이전의 정치체제를 민주주의 내지 반민주주의라고 주장하는 것은 정당정치를 비롯한 실제 정치과정에 대한 심층적인 분석 없이 형식적인 민주주의제도만을 중시하는 피상적인 관찰에 불과하다. 특히 한국에서는 관료적 권위주의 현상이 유신 이전에 현저히 나타났다. 즉 박정희정부는 유신 이전에 이미 중앙정보부 등을 동원하여 강압적인 정치통제를 강화해 갔고, 또 정당이나 사회단체를 통치과정에서 점차 배제하고, "행정적 민주주의"라는 기치 아래 모든 정치적-사회적 이슈를 행정적 효율성과 합리성을 기준으로 판단하여 경제관료를 비롯한 기술관료에 의존하였다. 이러한 통치방식을 제도화하려고 시도한 것이 유신이라고 볼 수 있다. 이제 패권정당 방식을 통한 권위주의정권 제도화 대신 박정희의 개인통치를 강화하려는 것이다. 라틴아메리카의 관료적 권위주의는 제도로서의 군부가 정권을 관리했으나 한국의 경우 박 대통령의 개인 리더십에 전적으로 의존하였다. 이런 점에서도 한국은 라틴아메리카 군부정권과 달랐다.[20]

---

20) 과거 남미의 권위주의정권은 1인 독재가 일반적이었으나 1960년대 이후 등장한 권위주의정권은 군지도자들이 교대로 집권하는 새로운 독재체제여서 오도넬이 "관료적 권위주의"라고 개념화하였다. Guillermo A. O'Donnell, *Modernization and Bureaucratic-Authoritarianism*, (Berkeley: Institute of International

박 대통령이 격렬한 정치적 반대에도 불구하고 유신체제를 유지해 나갈 수 있었던 핵심 요소는 두 가지였다. 하나는 고도경제성장이고, 다른 하나는 중앙정보부를 비롯한 국가기관의 효과적인 정치사회 통제였다. 박정권은 1972년부터 1978년까지 계속 연평균 10% 이상의 고도경제성장을 이룩하였다.[21] 더욱이 1973년부터 경공업 중심에서 탈피하여 중화학공업화 전략을 도입한 이래 비교적 성공적이었다.[22] 특히 1970년대에 한국 기업이 중동에 진출하여 수많은 외화를 벌어들여 중화학 공업에 투자하였다. 예를 들면 1978년 한 해에 중동에서 20억 달러의 외화를 벌어들였는데, 이 금액은 한국 전체 수출액의 약 20%에 해당하였다.[23] 경제성장 전략의 성공 덕택에 많은 국민들은 박정권의 권위주의 통치에 대해 상당히 너그러운 태도를 보여주었다. 한편 유신을 떠받치고 있는 두 번째 기둥은 중앙정보부를 비롯한 국가기관의 효과적인 정치사회 통제였다. 예를 들면 중앙정보부는 수많은 인력과 자원을 보유하고 있어서, 야당은 물론 정치권, 재야세력, 운동권 학생, 시민사회, 종교계, 학계, 관계, 언론계 등 사회 각 분야에서 정보를 수집하고, 유신에 도전하는 세력을 사전에 차단하는 데 효과적이었다.

지난 1972년부터 1978년까지 6년 동안 박 대통령이 유신체제를 유

Studies, University of California, 1973).

21) The Bank of Korea, *Economic Statistics Yearbook*, 1973-1979.

22) Inwon Chou, "The Politics of Industrial Restructuring: South Korea's Turn toward Export-led Heavy and Chemical Industrialization," Ph. D. Dissertation, University of Pennsylvania, 1988.

23) The Korea Economic Institute, *Korea's Economy*, Vol. 2, No. 8, Korea's Overseas Construction Industry (Phamplet), August 1983.

지해 나갈 수 있었으나 이 체제를 제도화한다는 것은 거의 불가능하였다. 유신체제는 내재적으로 두 가지 모순을 안고 있었다. 첫째, 유신체제는 통치과정의 탈정치화를 기본으로 하고 있기 때문에 박 대통령을 비롯한 집권세력이 다른 정치 엘리트나 사회 엘리트로부터 지지를 얻는 것이 쉽지 않았다. 집권세력은 이들이 통치과정에 참여하는 경우, 이들 엘리트의 정치적 요구를 충족시키는 것이 쉽지 않다고 판단하여 이들의 참여를 최대한 힘으로 억제하였다. 더욱이 일반 국민의 정치참여를 최대한 억제했기 때문에 유신체제의 정통성을 확보하는 것이 어려웠다.

두 번째 모순은 박정권의 해외 의존 경제성장 전략이었다. 박정권의 경제성장 전략은 외국 자본과 기술의 도입이 필요하였기 때문에 미국을 비롯한 다른 나라와 우호적인 관계를 유지하기 위해 민족주의보다 국제주의적 태도가 필요했다. 그런데 박 대통령을 비롯한 유신지도자들은 "한국형 민주주의"를 강조하면서 반대세력을 제압하기 위해 국수주의적 민족주의 성향을 보였다. 그 결과 한국이 미국, 일본을 비롯한 다른 나라들과 인권 문제 등으로 인해 갈등을 빚었다. 그리고 해외에 진출한 많은 한국 기업과 기업인과 노동자들이 선진국의 정치, 노사관계, 인권, 복지 등을 알게 된 후 한국의 유신체제보다 더 나은 정치경제체제를 도입해야 한다는 요구가 증대하고 있었다. 박정권이 해외 의존 경제성장 전략을 바꾸지 않는 한, 유신체제의 내재적 모순은 심화될 뿐이었다.

제2절 박정희 대통령 시해사건과 신군부의 등장 후 민주공화당의 해산, 1979-1980

유신체제는 유신 이전 체제만큼 불안정하였다. 박정희 대통령은 1972년 유신체제 도입 이후 끊임없이 유신반대운동에 시달렸다. 박 대통령이 정당정치와 의회정치를 억압하고, 강압적인 방법으로 통치했기 때문에 반대세력은 정상적인 방법으로 정치적 의사를 표현할 수 없었다. 따라서 야당은 국회 거부와 장외투쟁에 나서지 않을 수 없었고, 대학생을 비롯한 재야세력들은 데모, 단식투쟁 등 극단적인 방법에 의존하였다. 이 절에서는 1978년 국회의원 총선 직후 집권세력과 반대세력 간의 정치적 대립이 점차 심해지면서 끝내 박 대통령 시해사건으로 치닫게 된 정치과정을 분석하고자 한다. 그리고 박정희 사후 공화당이 살아남기 위해 노력했으나 결국 새로 권력을 장악한 신군부에 의해 해산된 과정을 설명하고자 한다.

1. 유신체제의 종말: 박정희 대통령 시해사건

1978년 총선에서 공화당의 선거운동은 이전보다 훨씬 어려웠다. 11월에 1구2인 선출의 77개 선거구에 각 한 명씩 77명을 공천했는데, 이들이 야당은 물론 친여 무소속 인사들과 힘겨운 싸움을 벌였다.[24] 많은 선거구에서 공화당 후보가 전직 동료들과 경쟁했다. 225명의 무소속 후보 중 약 절반이 전직 공화당이나 박정희정부의 관료 출신이었다. 이 중에는 공화당 원내총무(김진만, 김재순), 공화당 사무총

---

24) 유신 이전에는 무소속 출마를 금지했으나 유신 이후 무소속 출마를 허용하였다.

장(예춘호), 박 대통령 비서실장(이후락), 공화당 의원(박경원, 최두고, 박주현, 오상직, 권오훈, 최치환, 양정규 등) 출신 등이 있었다. 박 대통령이 이들의 출마를 허용한 것은 이들을 내치는 것보다 정치권에 붙들어두는 것이 필요하다고 판단했던 것 같다. 특히 집권세력은 이들의 무소속 출마를 강압적으로 막으면 선거에 부정적인 영향을 미칠까봐 내버려 두었다. 그런데 더 근본적인 원인은 국회의원 3분의 2인 154명만이 선출직이고, 그 외의 모든 공직이 임명직이었기 때문에 정치 엘리트들이 국회의원 선거 외에 중앙이나 지방정부의 선출직 공직에 나갈 수 있는 길이 없었다는 데 있었다. 더욱이 유신헌법은 국회의원 3분의 1마저 통일주체국민회의의 추천을 받아 대통령이 임명하도록 되어 있었다. 그리하여 이 선거를 위해 77개 선거구에서 154개 의석을 두고 여야와 무소속을 합하여 모두 473명이 치열한 경쟁을 벌였다.

당시 경제사정이 매우 어려워 공화당은 총선에서 표를 얻기가 대단히 힘들었다. 2차 오일쇼크와 국내 과잉투자 등으로 인해 1978년 물가 상승률이 14.4%였으나 실제 장바구니 체감 물가는 30% 이상으로 느껴졌다.[25] 이러한 경제난 속에서 야당이 박정희정부의 정경유착 부패를 폭로하자, 유권자의 분노가 폭발하였다. 현대건설이 압구정동의 고가 아파트를 정부 고위관리, 국회의원 등에게 일반인들로부터 공모청약을 받기 전에 비공식적으로 미리 매매함으로써 이들이 전매를 통해 엄청난 경제적 이익을 보았다는 것이다. 선거운동기간에 모든 언론이 현대건설 스캔들을 매일 보도함으로써 형식적으로나마 여당의 지위를 유지하고 있는 공화당은 적어도 수십만 표를 잃은 것으로 추정하였다. 그런데 선거기간에 박정희정부는 이러한 정치적 스캔들을

---

25) 《동아일보》, 1979년 4월 10일-28일자, 9월 7일자.

파헤치는 야당인사나 언론을 강압적으로 탄압할 수 없었다. 왜냐하면 이러한 정치적 탄압이 여당 표를 깎아먹고, 야당을 이롭게 할 가능성이 높기 때문이다. 다시 말해 선거기간에는 야당이나 언론에 대한 권위주의정권의 정치적 통제가 약해질 수밖에 없었다.

1978년 12월 12일에 실시된 총선에서 공화당은 31.7%, 신민당은 32.8%를 획득하여 1.1% 차이로 패배하였다.[26] 득표수를 보면 민주공화당 469만 표, 신민당 486만 표, 민주통일당 109만 표로 두 야당의 표를 합하면 595만 표로 공화당을 압도하였다. 공화당 패배의 원인은 물가 급등에 따른 국민 불만, 부가가치세 도입에 따른 상공인의 저항, 정부가 권장한 다수확 볍씨 "노풍"이 병충해에 약하다는 농민의 불만 등 경제적 요인이 강했다.[27] 신민당은 이번 총선결과를 볼 때, 자신들이 국민들로부터 통치를 위임(mandate)받았다고 주장했다. 그러나 신민당은 국회에서 제1당의 지위를 차지하지 못했다. 그 이유는 유신을 통해 도입된 비민주적 선거제도 때문이었다. 우선 신민당이 지역구 선거 득표율에서는 공화당보다 앞섰으나 의석은 61석으로 공화당의 68석보다 적었다. 그 이유는 공화당이 유리한 농촌에 의석 수를 많이 배정함으로써 농촌이 과대 대표되었기 때문이다. 다시 말해 신민당이 유리한 도시 선거구에 상대적으로 적은 의석이 배정되었다. 더욱이 유신헌법은 국회의원의 3분의 1(77명)을 실질적으로 박 대통령이 임명하도록 되어 있었기 때문에 야당이 지역구 선거에서 승리했으나 국회에서 제1당이 될 수 없었다. 77명이 국회에서 별도의 교

---

26) 군소 정당과 무소속이 35.5% 득표하였는바, 표가 양대 정당에 집중되지 않고 군소 정당과 무소속에 분산되었다.

27) 김종필, 앞의 책, 509쪽.

섭단체(유신정우회)를 구성하여 제1당이 되었다. 결국 집권세력은 국회에서 유신정우회와 공화당(68명)을 합하여 모두 145명으로 신민당(61석)을 압도하였다.

1978년 총선을 통해 국회에 진출한 박정희 지지세력의 사회적 배경을 살펴보자. 3년 임기의 유신정우회 3기 국회의원 77명 중 관료출신이 16명, 군부출신이 11명으로 민군 관료가 27명으로 핵심을 이루어 35%를 차지하였고, 이들 외에 학자 출신이 19명, 공화당 출신이 14명, 언론인 출신이 10명이었다. 이러한 유정회의 인적 구성을 보더라도 유신체제와 박정희정권이 관료적 권위주의라는 것을 말해 준다. 그런데 유정회 1기는 공화당 출신이 29명이었으나 이제 14명으로 절반 이하로 줄어들었는바, 공화당의 정치적 위상이 더욱 떨어지고 있다는 것을 의미했다. 한편 22명의 무소속 당선자 중에는 적어도 14명이 친여 성향이었는데,[28] 이 중에는 박 대통령 비서실장 출신의 이후락, 전직 공화당 원내총무인 김진만, 전직 공화당 사무총장인 예춘호, 전 공화당 의원 최치환, 박경원 등이 포함되었다. 한편 여당 성향 무소속 후보 중 전 공화당 의원 김재순, 최두고, 박주현, 오상직, 권오훈, 양정규 등 여섯 명은 낙선하였다. 이들의 당선 및 낙선 요인은 거의 전적으로 개인적인 것으로, 후보의 선거 캠페인 능력, 지역구의 평판이나 지지기반, 상대후보의 경쟁력 등이었다.

총선결과는 공화당의 정치적 현실을 말해 주었다. 첫째, 공화당의 유권자 지지기반과 대중 조직이 더욱 허약해졌다는 것을 의미했다. 1구 2인을 선출하는 77개 선거구에서 한 명도 뽑히지 않은 선거구가 아

---

28)   친여 무소속 당선자는 이후락, 최치환, 김진만, 변정일, 김수, 박용기, 함종빈, 윤재명, 박정수, 정휘동, 권오태, 임영득, 한갑수, 홍성우 등이었다.

흡 개나 되었다. 지난 선거의 두 명에 비해 일곱 명이나 늘어난 것이다. 둘째, 여권인사가 무소속으로 대거 당선된 것은 공화당이 더 이상 집권세력의 구심점 역할을 못 하고 있다는 것을 의미했다. 유신헌법은 국회의 3분의 1을 박 대통령이 실질적으로 임명하기 때문에 공화당의 위상이 이미 많이 손상되었다. 그런데 이번 총선결과, 공화당의 의석이 유정회보다 9석이나 적었기 때문에 정치적 위상이 더욱 약화되었다.

신민당은 총선결과에 고무되어 과거보다 훨씬 강력한 대여 투쟁을 전개했다. 야당과 집권세력이 국회의장 선출 문제로 부딪혔다. 1979년 3월, 신민당은 집권세력이 정한 백두진 국회의장 내정자가 유신정우회 소속 국회의원이기 때문에 국회의장 자격이 없다고 강력히 반발하였다. 그 이유는 유신정우회 소속 의원은 국민이 선출한 것이 아니라 박 대통령이 임명했기 때문이다. 야당의 반대는 유신체제와 박 대통령에 대한 정치적 도전이기 때문에 박 대통령은 자신의 결정을 굽히지 않았다. 결국 국회 공전이 계속되는 것을 막기 위해 야당이 입장을 바꾼 결과 백두진이 국회의장에 선출되었다. 야당의 이러한 입장 변경은 당시 야당 당수 이철승의 리더십을 크게 손상시켰다. 그가 1976년부터 야당 당수로 있으면서 집권세력에 너무 많은 정치적 양보를 한다는 비판을 들었다. 그는 소위 "중도통합론"을 주장하면서 야당이 극단적인 대여 투쟁을 할 것이 아니라 현행 유신체제 내에서 정치적 반대를 하는 것이 옳다고 믿었다. 그런데 1979년 5월, 신민당 전당대회에서 이철승이 당수 경쟁에서 김영삼에게 아슬아슬하게 패배하였다. 후자는 유신체제 철폐 등, 강력한 대여 투쟁을 약속하였다.

김영삼 당수는 선출되자마자, 박정희정부를 향해 일련의 정치적 공격을 가했다. 우선 국회 내 세력 확장을 위해 아홉 명의 무소속 의원을 신민당으로 영입함으로써 신민당이 공화당보다 더 많은 원내 의석(70석)을 가지게 되었다. 이렇게 되면 공화당이 유신정우회, 신민당 다음의 제3당으로 전락하게 된다. 이것은 공화당의 정치적 위상을 크게 떨어뜨리기 때문에 공화당도 무소속 영입에 나섰다. 신민당에 입당하기로 했던 아홉 명의 무소속 국회의원 중 두 명이 공화당에 가담하기로 입장을 변경하였고, 또 나머지 13명의 무소속 의원들도 공화당에 입당하기로 결정하였다. 이로써 공화당 의원이 총 83명이 되어 원내 제1당이 되었다. 이 과정에서 공화당은 과거 엄청난 정치적 영향력을 행사했던 무소속 의원 두 명을 영입하였다. 대통령 비서실장과 중앙정보부장 등을 역임하면서 10여 년 이상 박 대통령을 최측근에서 보좌한 이후락 의원이 공화당에 입당하였다. 그리고 공화당 4인체제의 일원이었고, 원내 총무를 오랫동안 역임한 김진만 의원이 공화당에 입당하였다. 이들이 앞으로 공화당 내에서 어떤 정치적 행보를 보일지 모두가 주목하였다.

한편 김영삼 당수는 박정희정부를 향해 또 다른 정치적 공격을 감행하였다. 외국 언론과 기자회견을 하면서 김영삼 당수는 "남북한 통일문제를 논의하기 위해 북한의 김일성 주석과 언제라도 만날 용의가 있다"고 천명하였다. 북한은 즉각 호의적인 반응을 보였으나 박정희정부는 김영삼 당수의 제안이 국가안보를 위태롭게 한다고 강력히 반발하였다. 당시 남한 정부의 허락 없이 남한 사람이 북한 당국과 접촉하는 것은 일절 금지되어 있었기 때문에 김영삼 당수의 이러한 제안은 남한 정부에 대한 정치적 도전이었다. 그리고 남북한 통일문제는 가장 민감한 정치적 이슈로서 정부의 통일방안에 아무도 이의를 제기할 수 없었다. 그런데 김영삼 당수가 박정희정부 대신 김일성 주석을 만나 통일문제를 논의하겠다는 것은 도저히 허용할 수 없는 것이었다. 정치 깡패들이 신민당 당사로 쳐들어가서 김영삼 당수를 위협하였으나 박정희정부는 수수방관하였다. 이러한 위협에도 불구하고 김영삼 당수는 국회에서 더 강하게 박정희정부를 공격하였다. 박대통령의 장기집권을 비판하면서 지난 총선결과는 국민들이 박 대통령에 대한 지지를 철회한 것이라고 주장하였다. 김영삼 당수는 대통령 직선제를 회복하고, 정치적 자유를 억압하고 있는 1975년의 긴급조치 9호를 폐지하라고 요구하였다. 그러나 박정희정부가 제도권 언론에 대한 검열을 하고 있었기 때문에 김영삼 당수의 발언이 언론에 제대로 보도되지 않았다. 그리하여 신민당은 김영삼 당수의 발언을 게재한 당보《민주전선》을 발행했으나 정부가《민주전선》신문을 압수하고 편집 책임자를 체포하였다.

1979년 8월 들어 야당이 노동자들의 집단농성을 보호하자, 야당과 집권세력 간의 대립이 극한으로 치달았다. 8월 11일, 파산한 YH회사 노동자 172명이 야당 당사에 들어가 농성을 하면서 밀린 임금 지급과 공장을 스스로 운영할 수 있도록 해달라고 요구하였다.[29] 경찰이 노동자들에게 해산할 것을 요구했으나 거절당하자, 1000여 명의 경찰 기동대가 노동자들을 해산시키기 위해 야당 당사에 진입하여 도망가는 노동자와 야당 인사들을 체포하려는 바람에 당사가 완전히 아수라장이 되었다. 여성 노동자 한 명이 사망하고, 신민당 국회의원과 기자들을 포함한 수십 명이 부상을 입었고, 수백 명의 노동자가 체포되었다.

---

29) 김종필, 『김종필 증언록 2』, (와이즈베리, 2016), 14쪽.

이 사건이 일어날 무렵 김영삼 총재는 "총재 권한 정지" 가처분 소송에 휘말렸다. 당내 반대파들이 김영삼 총재가 지난 전당대회에서 법을 어기고 총재에 선출되었기 때문에 더 이상 총재 권한을 행사할 수 없다고 주장하면서 법원의 판단을 요청하였다. 세 명의 반대파 신민당 국회의원은 이철승 전 총재와 가까운 인사들이었다. 이들의 주장에 의하면 당시 전당대회에서 자격 없는 22명의 대의원이 총재 선출 투표에 참여함으로써 김영삼 총재가 당선되었다는 것이다. 당시 전당대회 총재 경선에서 김영삼 후보와 이철승 후보는 각각 378표, 367표로서 11표의 차이로 전자가 승리하였다. 특히 김영삼 후보는 과반보다 2표가 더 많았다. 그런데 법원은 매우 신속하게 반대파의 주장을 받아들여 김영삼 총재의 권한을 정지시켰다.

그러나 김영삼 총재는 박정희정부의 정치적 탄압에 굴복하지 않고 《뉴욕 타임스》 기자와 인터뷰하면서 "미국은 국민과 끊임없이 유리되고 있는 (박정희) 정권과 민주주의를 열망하는 다수, 둘 중 어느 쪽을 선택할 것인지를 분명히 할 때가 왔다"고 주장하였다.[30] 집권세력은 이 발언이 미국 정부가 한국의 국내 정치에 개입하는 것을 요청한 것으로 사대주의적 발상일 뿐만 아니라 대한민국과 국회를 모욕한 것이라고 주장하면서 김영삼 총재의 국회의원직을 박탈하였다.[31] 야당 당수의 국회의원직 박탈은 한국 의정 사상 최초의 일이었다.

이 사건이 엄청난 정치적 파장을 몰고 왔으니, 김영삼 총재의 고향

---

30) 같은 책, 13쪽.

31) 1979년 10월 4일 국회의사당 별실에서 공화당과 유정회 의원만이 참석한 회의에서 김영삼 의원 제명안을 표결한 결과 출석의원 159명 중 159표 찬성으로 가결되었다. 김종필은 이 자리에서 반대표를 던졌다고 주장한다. 같은 책, 12-13쪽.

인 부산, 마산에서 대규모 시위가 발생하였다. 10월 16일, 5000명의 부산대 대학생들이 캠퍼스에서 박정희정부의 정치적 탄압을 규탄한 후, 부산 시내로 들어가 가두시위를 벌였다. 이틀 뒤, 대학생들이 시민들과 합세하여 야간에 시위를 벌이자, 경찰이 시위대를 진압할 수 없었고, 나중에는 평화적인 시위가 폭동으로 변했다. 21개의 파출소와 18대의 경찰차가 부서지고, 56명의 경찰관이 부상을 당했다. 박정희정부는 마침내 부산 일원에 위수령을 선포하고, 군대를 투입하였다. 다음날, 부산 인근에 있는 마산에서 대규모 학생 시위가 일어났다. 약 800여 명의 경남대 학생들이 시위를 벌이다가 폭동으로 변했다. 1979년 10월 18일 0시를 기해 정부는 부산에 계엄령을 선포하고, 또 10월 20일 정오에 마산과 창원 일대에 위수령을 발동하고, 군대를 동원하여 부산과 마산에서 각각 66명과 59명을 체포한 후 치안 회복에 나섰다.

정치적 위기 상황에서 정부 내 최고위층들이 부마(부산-마산)사태를 어떻게 수습할 것인지에 대해 의견차이를 보였다. 온건파는 박 대통령에게 학생들의 정치적 요구를 부분적으로 들어주고, 정치적 탄압을 완화할 것을 건의했다. 이와 대조적으로 차지철 경호실장을 비롯한 강경파는 이러한 제안을 단호히 거절하고, 이번 사태를 제대로 수습하지 못하는 중앙정보부장 김재규를 비판하였다.[32] 그리하여 차지철이 직접 나서서 부마사태 수습을 위해 군대를 동원하였다.[33] 10월 26

---

32) 당시 정치권력의 중심이 2인자 행세를 하는 차지철 경호실장 쪽으로 쏠리고 있었다. 김종필, 『김종필 증언록 1』, 486쪽.

33) 당시 차지철은 박 대통령의 묵인 아래 청와대를 경비하는 수경사 30대대와 33대대를 여단급으로 격상시키고, 매주 토요일 오후에 경복궁 경내 수경사 30단 연병

일 저녁에 박 대통령이 차지철, 김재규, 김계원 비서실장과 함께 궁정동 중앙정보부 별관에서 만찬을 하는 자리에서 김재규가 갑자기 차지철을 총으로 쏜 후, 박 대통령마저 살해하였다. 김계원 비서실장이 박 대통령을 즉시 인근의 국군서울병원으로 이송하였으나 도중에 사망하였다. 박 대통령의 나이 62세였다. 이날 김재규는 박정희와 차지철을 살해할 목적으로 총을 미리 준비하였고, 다른 건물에 정승화 육군참모총장을 대기시켰다. 또 미리 자신의 경호원(박선호, 박흥주)에게 자신의 총소리가 들리면 청와대 경호원들을 사살하도록 지시하였다.

박정희와 차지철을 살해한 직후 김재규는 정승화와 함께 육군본부로 갔다. 한편 김계원은 국군서울병원에서 청와대로 돌아와 최규하 총리에게 박 대통령의 사망 소식과 함께 저격범은 김재규라는 것을 알렸다. 김계원이 최규하와 함께 육군본부로 가서 정승화 육군참모총장에게 저격범이 김재규라는 것을 알렸다. 그리하여 정승화는 헌병감 김진기에게 김재규 체포 명령을 내렸고, 10월 27일 오전 0시 40분경에 김진기가 김재규를 체포하자, 정승화는 보안사령관 전두환을 불러 김재규를 철저히 조사하라고 지시했다. 이제 최규하가 대통령 권한대행을 맡아 전국에 비상계엄령을 발동하고, 정승화를 계엄사령관에 임명하였다.

장에서 군부는 물론 입법, 사법, 행정의 주요 인사를 초청하여 국기 하강식을 거행하고, 대통령 경호위원회를 만들어 자신이 위원장, 국무총리 이하 장관을 위원으로 임명하고, 한밤중에 청와대 근처에서 전차 시위를 하고, 청와대가 보이는 롯데호텔 북측 창문에 가림막 설치를 지시하고, 자신의 심복 국회의원들을 시켜 국회를 좌지우지하고, 대통령 비서실장을 제치고 대통령에게 보고하는 등 횡포가 심하였다. 같은 책, 511-519쪽.

김재규는 왜 박 대통령과 차지철 경호실장을 살해하였는가?[34] 김재규는 부산과 마산에 이어 서울 등지에서 대규모 시위가 벌어지면 박 대통령과 차지철의 강경진압으로 엄청난 유혈사태가 예상되는데 이를 막기 위해 두 사람을 살해했다고 주장하였다. 이미 차지철의 지시에 따라 부산에 배치된 특전사 장병들이 시위대원들을 무자비하게 다루어서 수많은 희생자가 나왔다는 것이다. 김재규는 다가오는 유혈사태를 막고 민주화를 위해 박 대통령과 차지철을 살해하는 "1인 혁명"을 할 수밖에 없었다고 주장하였다. 김재규의 이러한 주장에 대해 계엄사령부 합동수사단은 그가 망상에 빠져 대통령이 되려고 박 대통령과 차지철을 살해했다고 발표하고, 김재규를 내란 목적 살인죄 등으로 군법회의에 회부하였다. 3개월간의 재판 끝에 계엄사군법회의는 그의 주장을 받아들이지 않고 그에게 사형선고를 내렸다. 그의 주장을 받아들이는 인사들이 그를 구하기 위해 노력했으나 그는 1980년 5월 24일 사형집행을 받았다.

공화당을 비롯한 정치권에서 박 대통령 시해사건을 바라보는 시각은 크게 둘로 나누어졌고, 이러한 시각 차이가 향후 정치적 행보에 영향을 미쳤다. 한편에서는 박 대통령을 사실상 독재자로 인식하고, 그의 죽음이 이 나라의 민주주의를 회복시킬 좋은 기회로 보았다. 이러한 시각을 편의상 민주화 시각이라고 할 수 있다. 박 대통령 통치하에서 많은 정치적 고통을 받았던 대학생, 재야인사, 야당 정치인들은 이러한 민주화 시각을 공유하였다. 그런데 이들은 동질적인 집단이 아

---

34) 김종필은 김재규의 분노조절장애가 박정희 시해의 원인이라고 주장한다. 같은 책, 487쪽.

니었지만 적어도 한 가지 점을 공유했다. 즉 최대한 빠른 시간 내에 유신헌법을 민주헌법으로 개정하고, 조기에 자유, 공명선거를 실시하여 새 정부를 출범시켜야 한다는 것이다. 다른 한편에서는 박 대통령이 조국 근대화에 앞장선 위대한 대통령이라는 평가와 함께 그가 추구한 산업화와 근대화가 아직 완전히 달성되지 않았기 때문에 기본적으로 현행 정치경제제도를 유지해야 한다고 생각하였다. 물론 박 대통령이 없기 때문에 유신체제의 수정은 불가피하다고 보았다. 이러한 시각을 편의상 산업화 시각이라고 할 수 있다. 군부와 관료사회의 박 대통령 지지자, 공화당 인사, 대기업 소유주들이 이러한 산업화 시각을 공유하고 있었다. 이들의 이해관계가 달라서 서로 협조하기 어려울 정도로 다양하였다. 양대 세력 간의 대립 속에 양대 세력 내 다양한 집단들의 이해관계 충돌로 이제 정국은 한 치 앞을 내다볼 수 없을 정도로 불확실하였다.

2. 박 대통령 사망 직후 공화당의 정치적 행보: 김종필 총재 시대의 개막

박 대통령의 리더십에 전적으로 의존해 온 공화당이 그의 죽음으로 심각한 정치적 위기를 맞았다. 그가 남긴 정치적 공백을 메우기 위해 공화당이 즉각 해결해야 할 과제는 두 가지였다. 첫째, 지난 16년 동안 박 대통령이 맡았던 당총재를 새로 인선하는 것, 둘째, 유신헌법에 따라 박 대통령의 후임으로 임시 대통령을 선출하는 간접선거에 공화당이 후보를 낼 것인가 하는 문제였다. 당헌 17조에 의하면 당총재가 결원이거나, 사고로 인해 당총재가 임무를 수행할 수 없는 경우 당의장, 당정책위원장 순으로 당총재 대행을 하도록 되어 있었다. 그러나 박준규 당의장이나 구태회 정책위원장은 당총재직을 승계할 의사가 없었다. 대신 이들은 당헌 개정을 통해 새로운 총재를 선출하는 것을 찬성하였기 때문에 당헌을 다음과 같이 고쳤다. 즉 당총재 유고 시 당무회의에서 당총재를 새로 선출하도록 하였다. 그 결과 11월 12일, 당무회의는 김종필을 만장일치로 당총재에 선출하였다.[35] 위기 상황에서 당무회의가 일시적으로 단결하였으나, 점차 정치상황이 복잡하게 전개되면서 이들의 단결력이 서서히 무너졌다. 지난 18년 동안 박 대통령 옆에서 2인자에 머물렀던 김종필이 드디어 공화당의 최고 지도자가 되었다. 과연 그가 유신체제에서 유명무실해진 공화당을 살려낼 수 있을 것인가? 더욱이 공화당을 중심으로 집권세력을 결집시켜 정권을 잡을 수 있을 것인가? 그동안 박 대통령이 김종필을 비롯하여 모든 여권 지도자가 독자적인 정치적 기반을 가지는 것을 허용하지 않았다. 그 결과 김종필이 가진 정치적 자원이나 정치세력은 매우 제한적이었다. 다만 그가 공화당을 사전조직하였고, 또 공화당의 당의장으로 박 대통령의 유력한 후계자였으며, 총리를 지냈기 때문에 상징적이지만 그의 정치 위상은 여전히 높았다. 이제 그가 새롭게 정치력을 발휘하여 험난한 정치적 역경을 이겨내야 할 상황이었다.

김종필이 공화당 총재가 된 후 첫 번째 중대한 정치적 과제는 임시 대통령 선출에 공화당이 후보를 낼 것인가 여부였다. 이미 정승화 육군참모총장이 이끄는 계엄사령부가 최규하 대통령 권한대행을 유신

---

35) 김종필, 『김종필 증언록 2』, 63쪽; 일부 학자들이 신현확의 아들, 신철식의 책 등을 인용하여 김종필이 임시 대통령 선출에 불출마하는 조건으로 당권을 주었다는 주장은 전혀 근거가 없다고 본다. 김종필이 당총재가 된 것은 당의장, 정책위의장 등이 스스로 포기하는 바람에 창당 기획자인 김종필이 맡지 않을 수 없었기 때문이다. 정상호, 「1980년 봄을 빼앗아간 신군부와 그 공모자들」, 《역사비평》, 2018, 167쪽; 신철식, 『신현확의 증언—아버지가 말하고 아들이 기록한 현대사의 결정적 순간들』, (메디치, 2017).

표 25 1979년 임시 대통령 선거에 공화당 후보 출마 여부에 대한 당 지도자들의 초기 입장

구분	주요 인사
공천 찬성	길전식, 김종철, 오치성, 장영순, 육인수(5명)
공천 반대	김종필, 정일권, 이만섭, 김창근, 구태회(5명)
유보	이효상, 현오봉, 김용태, 정래혁, 장경순, 이병희, 민관식, 김임식, 문태준, 신형식, 김택수, 유승원, 박준규(13명)

헌법에 따라 임시 대통령으로 선출하기 위해 통일주체국민회의를 개최하기로 결정하였다.[36] 따라서 공화당은 독자적인 후보를 낼 것인가, 그렇지 않으면 최규하 후보를 지지할 것인가를 결정해야 했다. 공화당 최고지도부는 이 문제를 두고 치열한 내부 토론을 벌였는데, 합의에 도달하지 못하고 분열되었다. 당시 당무회의 회의록을 면밀히 분석해 보면, 20명의 당무위원과 3명의 상임고문 중에서 10명이 찬반으로 나누어지고, 13명은 애매한 태도나 불명확한 태도를 보였다. 후보 공천에 반대하는 인사들은 집권세력이 공화당 후보와 최규하 후보로 나누어지는 것은 바람직하지 않기 때문에 공화당이 후보를 내지 않는 것을 지지하였다. 이와 대조적으로 공화당이 후보를 내자고 주장하는 인사들은 당이 공당으로서 선거에 후보를 내는 것은 당연하고, 최규하 후보를 전적으로 믿을 수 없기 때문에 공화당이 다음 선거에서 패배할 우려가 있다고 주장하였다. 당시 당무회의 회의록에 나타난 임시 대통령 선거에 후보를 낼 것인가 여부에 대한 공화당 지도자들의 초기 입장은 표 25와 같다.

그런데 공천 찬성파들이 공화당 국회의원들을 설득하여 의원총회에서 후보를 내기로 결정하였다. 그러나 곧 당무회의가 다시 개최되

---

36) 김종필, 『김종필 증언록 2』, 63-64쪽.

어 최종적으로 후보를 내지 않기로 의원총회 결정을 번복하였다. 당시 당무회의 회의록을 분석해 보면 장장 5시간에 걸친 당무회의에서 치열한 토론을 전개했다가 마지막에 이병희 당무위원이 "계엄사에서 후보를 내지 않도록 공화당에 연락을 하였다"고 공개하였다. 그동안 공천에 찬성한 당무위원들이 강력히 항의하면서 그런 정보를 미리 얘기해 주지 않은 데 대해 분통을 터뜨렸다. 그런데 당무회의가 이런 결정을 내렸으나 대변인을 통해 아직 논의 중이라고 언론에 보도하도록 결정하였다. 그것은 의원총회를 자극하지 않으려는 의도였다. 공화당의 실제 결정과 다른 사실을 언론에 발표하는 것은 국민 기만이 아닐까? 그러나 당무회의와 의원총회가 서로 대립하는 모습을 보여주지 않는 것이 더 중요하였다. 당내 분란을 막으려는 고육지책이라고 할 수 있다. 사실 공화당 의원총회는 김종필 총재가 임시 대통령 선거에 출마하기를 강력히 원하였다. 왜냐하면 공화당이 임시 대통령을 맡아야 정국의 주도권을 잡을 수 있기 때문이다. 그러나 김종필은 임시 대통령에 나가는 것을 원치 않았다.[37] 아마도 유신헌법을 지지하지 않는다는 것을 암시하고 싶었고, 또 임시 대통령이 되어서 다양한 정치세력의 상반된 요구를 충족시키지 못해 자신의 리더십에 타격을 입는 것보다 공화당 총재로서 시국을 주도해 나가고 싶었을 것이다.[38] 그

---

37) 같은 책, 62쪽.
38) 강원택에 의하면 김종필이 자신의 불출마 의사보다 TK(대구-경북) 집권세력의 반대로 임시 대통령 선거에 나가지 못한 것으로 분석했으나, 필자의 해석은 후자의 반대가 있었지만 그의 불출마 의사가 상대적으로 컸다고 생각한다. 김종필은 유신체제 대통령보다 유신 이후 체제의 대통령이 되기를 강력히 원했다. 당시 이러한 정치적 인식과 판단에 기초하여 정치적 행보를 했기 때문에 1987년 민주화 이후 김종필이 정치적 역할을 맡을 수 있었다고 본다. 강원택, 「10·26 이후 정국 전개의 재해석」, 《역사비평》, 2018, 118-157쪽.

는 개헌을 추진하여 유신헌법 대신 새 헌법에 따라 다음 대통령이 되기를 원했다. 그리고 최규하 임시 대통령이 공화당과 협력할 것을 기대했다.

그러나 공화당과 최규하 정부 간의 정치적 협력은 예상보다 원활하지 않았다. 12월에 최규하 대통령 권한대행이 통일주체국민회의를 통해 정식으로 대통령에 선출되어 취임한 후 공화당 대신 주로 계엄사와 의논하여 정국을 운영하였다.[39] 최규하는 정통 직업외교관 출신으로 정치적 기반이나 정치적 수완을 가지고 있지 않았기 때문에 험난한 정국을 혼자 힘으로 헤쳐나갈 수 없었다. 그는 계엄령하에서 막강한 권한을 쥔 계엄사령부의 지시를 사실상 따랐다. 그런데 공화당과 계엄사는 유신헌법 개정에는 의견이 일치하지만 개헌 방식, 개헌 내용, 개헌 시기, 선거 실시 시기 등에 대해서는 의견이 달랐다. 최규하 대통령이 행정부를 중심으로 개헌심의위원회를 발족했는데, 공화당은 별도로 야당과 합의하여 국회 내에 여야 동수로 28인의 "헌법개정심의특별위원회"를 출범시켰다. 행정부의 비협조로 이제 공화당은 집권여당이 아니라 원내 제1당일 뿐이었다. 더욱이 1963년 창당 이래 공화당이 이룩한 근대화의 공적을 인정받지 못하고 유신독재의 도구라는 비난을 받고 있었다.

그런데 공화당과 야당 간의 개헌 협상은 별다른 진전이 없었다. 왜냐하면 야당은 정국 주도권이 공화당이 아니라 계엄사와 최규하 정부에 있다는 것을 알기 때문에 후자를 공격하기 시작하였다. 신민당은 계엄사가 정치활동 금지 조치를 해제하고, 정치적 자유화 조치를 취할 것을 요구하였다. 또 비상계엄을 조기에 끝내고, 언론의 자유를 보

---

39)   김종필, 『김종필 증언록 2』, 65쪽.

장하고, 특히 박정희정권의 정치탄압으로 감옥에 있는 운동권 대학생, 교수, 언론인, 변호사, 정치인들을 조기에 석방하라고 요구하였다. 물론 김대중 전 대통령후보의 가택연금도 풀도록 촉구하였다. 그리고 내년 8월 이전에 국민직선의 자유선거를 통해 새 대통령을 선출하도록 요구하였다. 한편 재야세력은 제도권 야당과 별도로 민주화를 내걸고 행동에 나섰다. 11월 24일부터 28일까지 서울을 비롯한 전국 주요 도시에서 유신체제의 즉각 폐지를 요구하는 집회를 개최하였다. 이것은 당분간 정치집회를 금지한 계엄사의 포고령을 위반한 것이다. 그리하여 계엄사는 정치집회 참여자를 체포하였는데, 11월 24일 서울에서 96명, 27일 서울에서 100명, 11월 28일 광주에서 18명을 체포하였다. 한편 계엄사는 채찍 정책과 함께 당근 정책을 구사하였는바, 12월 9일 국민의 정치적 불만을 완화시키기 위해 긴급조치 9호를 폐지하고, 김대중의 가택연금 해제와 함께 일부 정치범을 석방시켰다. 그리고 12월 21일 최규하 대통령의 취임식을 맞아 다른 정치범도 사면하였다.

집권세력과 반대세력 간의 치열한 공방전이 계속되는 가운데, 군부 내에서 박 대통령을 시해한 김재규 전 중앙정보부장에 대한 사법처리를 비롯한 정국운영 방식을 놓고 심각한 대립이 일어났다. 전두환 보안사령관 겸 합동수사본부장이 하나회를 중심으로 병력을 동원하여 군부를 장악하였다.[40] 12월 12일 밤에 전두환세력이 정승화 계

---

40) 하나회는 당시 육군 내 사조직으로 1960년대 전두환과 노태우가 중령 시절에 육사 11기 동기들과 후배들을 구성원으로 하여 비밀리에 결성되어 활동하였다. 박대통령이 하나회를 묵시적으로 지원했기 때문에 활동할 수 있었던 것으로 알려졌다. 1993년 김영삼 대통령 취임 직후 하나회를 척결하는 조치를 취한 후 유명

엄사령관을 비롯하여 그의 추종세력을 체포한 후 최규하 대통령의 사후 재가를 받았다. 그들의 주장은 정승화 사령관이 박 대통령 시해사건에 연루되어 있기 때문에 조사를 위해 불가피하게 체포하였다는 것이다. 당시 전두환 소장은 군부 동향을 소상히 파악할 수 있는 보안사령관이자, 박 대통령 시해사건 수사 책임자였는데, 우선 이 사건 처리와 관련하여 정승화 사령관과 의견이 달랐다. 전자는 김재규를 처벌하는 것은 물론 관련자에 대한 수사 확대가 필요하다고 보았고, 정승화는 김재규와 개인적인 친분 등이 있어서 다소 온건적인 입장이었다. 특히 전두환은 시해 당시 정승화가 김재규의 초청으로 인근 건물에 있었는바, 적어도 시해사건을 방조한 혐의가 있다고 보았다. 더욱이 전두환은 정승화 사령관이 최규하 대통령을 앞세우고 실권을 계속 행사하려는 것으로 의심하였다. 이런 상황에서 정승화 사령관이 김재규를 구출하기 위해 곧 전두환을 보안사령관직에서 해임하고, 동해경비사령관으로 발령 낼 준비를 하고 있다는 소문이 돌았다.[41] 이에 반발한 전두환 소장이 정승화 사령관 제거에 나선 것이다. 그리하여 전두환은 자신이 속한 육사 11기 졸업생들과 그의 추종자들을 거사에 참여시켰다. 그의 육사 동기인 노태우 소장이 대표적인 인물로 자신의 9사단 병력을 동원하여 정승화 체포는 물론 계엄사를 비롯하여 육군본부, 국방부 등을 무력으로 장악하였다. 이러한 과정에서 군부는 전두환 지지세력과 반대세력으로 완전히 나누어졌는데, 전자가 후자를 무력으로 제압하였다.[42] 12·12 직후 전두환세력은 대규모 군부 인

무실해졌다.

41)   같은 책, 70쪽.

42)   전두환 지지세력은 노태우 외에 박희도, 최세창, 장기오, 유학성, 장세동, 허화평, 차규헌, 허삼수, 김진영, 이학봉, 백운택, 우경윤, 황영시 등이고, 반대세력은

사 개편을 통해 군부 장악에 성공하였을 뿐만 아니라 계엄사를 통해 정국을 주도하였다. 이제 전두환세력이 군부를 장악했으나 최규하정부와 정치권을 장악하는 것은 여전히 과제로 남아 있었다. 그들이 앞으로 새 헌법을 만들어 선거를 실시한 후 민간인들에게 정권을 맡기고 병영으로 돌아갈 것인지, 또는 민간 정치인들의 반대를 무릅쓰고 정권 담당자가 될 것인지 여부는 불분명하였다. 18년 전에 박정희 소장이 5·16을 일으켜 권력을 장악한 후 끝내 계속집권을 추구한 것처럼 전두환세력도 정치적 행보가 비슷하였다.

3. 공화당 내 파벌정치의 재등장

박정희 대통령 사망 직후에 김종필이 당총재가 된 이래 그는 공화당을 활성화시키기 위해 온갖 노력을 기울였다. 1979년 11월 26일, 김종필 총재는 당직자를 거의 전면적으로 개편하였다. 당의장은 자신이 당분간 겸직하고, 신설된 당 부의장에 이병희 전 중앙위원장과 길전식 전 사무총장을 임명하였다. 그리고 신형식 사무총장의 후임으로 양찬우, 구태회 정책위원장의 후임으로 김창근, 현오봉 원내총무 후임으로 김용호를 임명하고, 육인수를 중앙위원장에 유임시켰다. 이번 인사에서 세 명(이병희, 길전식, 양찬우)은 군 출신인 반면 세 명(김창근, 김용호, 육인수)은 민간인 출신으로 민군관계에 균형을 잡았다. 그리고 당총재 상임고문이나 임명직 당무위원을 보면 박정희정권에서 당과 행정부와 국회에서 요직을 지닌 인사들로 구성되었는바, 새로운 인물

이건영, 장태완, 정병주, 하소곤 등이었다.

이 전혀 없었다.[43] 오랜 논란 끝에 1980년 2월에 새 헌법 초안을 마련하였다. 새 헌법 초안은 유신 이전 3공화국의 헌법과 매우 유사한데, 핵심 개헌 조항은 4년 임기에 연임을 허용하는 대통령 직선제, 현행 1구2인 대신 1구1인 선출의 소선거구제, 피의자 구속적부심 제도의 부활 등이다. 그리고 공화당은 새 헌법 초안에 부합하는 대통령과 국회의원 선거법을 만들기 위해 연구위원회를 출범시켰다.[44] 당시 2차 오일쇼크로 인해 한국경제가 휘청거리고, 민생경제가 심각한 어려움에 직면하고 있었는데, 당은 다가올 선거에 대비하여 정책위원회를 통해 당의 지지기반을 확대하기 위해 도시 빈곤층의 경제적 어려움을 덜기 위한 정책을 마련하였다. 당이 최규하정부에 건의한 정책은 생활필수품 가격을 동결하고, 도시 빈곤층을 위해 생활필수품 구매 신용조합을 만들고, 주택 보조금과 건강보험을 제공하는 것으로 매우 파격적이었다.[45] 그리고 1977년 도입한 부가가치세에 대한 상인들의 불만을 해소하기 위해 개선안을 마련하였다. 당정책위원회는 부가가치세의 부정적인 이미지 개선을 위해 명칭을 "거래세"로 바꾸도록 제안하였다.[46] 그리고 당은 다가오는 대선을 위한 선거전략도 수립하였다.[47] 그러나 공화당은 이러한 새로운 정책을 이행하기 위해 힘을 모으기 어려웠다. 왜냐하면 당내 분란이 심해졌기 때문이다.

43) 당총재 상임고문에 정일권, 이효상, 백남억, 박준규, 그리고 당무위원에 당연직 아홉 명 외에 구태회, 현오봉, 김용태, 김종철, 장경순, 김임식, 유승원, 오치성, 장영순, 신형식, 문태준, 이만섭, 정래혁 등을 임명하였다.
44) 민주공화당, 「당무회의록, 3차 회의록」, 1980년 3월 11일.
45) 같은 글.
46) 민주공화당, 「당무회의록 4차 회의록」, 1980년 3월 18일.
47) 민주공화당, 「활동 기본계획」, 1980년 4월.

공화당의 박 대통령 의존도가 너무 높았기 때문에 그의 시해사건 직후부터 박 대통령 없는 공화당의 장래는 불안하기 짝이 없었다. 더욱이 당의 구심점이었던 박 대통령의 사망으로 인해 당내 인사들이 정치적 생존을 위해 각자도생의 길로 들어섰기 때문에 당내 갈등을 조정하거나 통제하기가 어려워졌다. 김종필 신임총재가 처음부터 당내 소장파 의원들의 심각한 정치적 공격에 부딪쳤고, 나중에는 그의 정치적 라이벌로부터 공격을 받았다. 1979년 12월, 17명의 소장파의원들이 당내 정풍운동을 본격적으로 시작하였다.[48] 이들은 부정부패 전력자, 권력으로 치부한 자, 도덕적으로 문제가 있는 정치인들이 스스로 물러날 것을 요구하였다. 이들이 지목한 핵심인사는 세 명으로 대통령비서실장과 중앙정보부장을 역임하면서 치부한 것으로 알려진 이후락 의원, 당 원내총무와 국회부의장을 역임하면서 재벌기업가가 된 김진만 의원, 그리고 대통령 경호실장으로 있으면서 이권을 챙긴 것으로 알려진 박종규 의원이었다. 김종필 총재는 이들의 정치적 요구를 받아들이는 경우 더 큰 정치적 분란이 일어날 것으로 예상했기 때문에 이들의 요구를 받아들이지 않았다. 자신들의 정치적 요구가 받아들여지지 않자, 정풍운동파들은 다시 당내 민주주의 확립, 부정부패 인사 축출, 조기 전당대회 개최, 새로운 정강정책 채택 등을 강하게 요구하였다. 정풍운동에 참여하고 있던 임호 의원이 김종필 리더십을 정면으로 비판한 후, 당직을 사퇴하였다. 자신들에 대한 정치적 공격이 점차 심해지자, 김진만 의원과 박종규 의원은 자진해서 당을 떠나기로 했다. 그러나 이후락은 김종필을 직접 공격하면서, "김종필 총재 선출은 불법"이며,[49] "김종필이 박 대통령 사후 박 대통령을

---

48) 김종필, 『김종필 증언록 2』, 76쪽.

배신하는 정치적 길을 걷고 있다"고 비난하였다. 이 사건 직후 공화당 당무회의는 이후락을 제명하고, 또 세 명의 정풍운동 의원을 제명하였으며, 여섯 명에게 경고 조치를 했다.[50] 동시에 김종필은 당에 대한 장악력을 높이기 위해 자신의 측근들을 고위 당직에 임명했다. 예를 들면 자신과 오랫동안 개인적인 친분 관계를 유지해 온 전례용 씨를 당의장에 임명하였다.[51]

한편 야당진영도 YS(김영삼)계와 DJ(김대중)계로 나누어져 싸웠다. 이들은 오랜 정치적 라이벌로서 1970년 대통령후보 경선 이래 양대 파벌의 경쟁은 더욱 치열하였는데, 지난 7년 동안 후자가 박정권의 탄압으로 신민당 밖에서 재야세력을 주도했지만 여전히 당내 최대 파벌의 하나였다. 1980년 2월, 계엄사가 김대중을 사면·복권시키자, 당내 김대중계는 그를 당에 복귀시켜야 한다고 주장하였다. 양대 파벌 간에 김대중의 당 복귀를 위한 협상이 진행되었으나 합의에 이르지 못했다. 김대중계는 재야세력과 신민당이 통합하여 범야 단일세력을 만들자고 요구했으나, 김영삼계는 신민당이 주도가 되어야 한다고 주장함으로써 양자는 결국 결별했다.[52] 결국 김대중은 신민당에 참여하는 것을 포기하겠다고 선언하고 신당 창당을 추진하였다.

49) 같은 책, 78쪽.
50) 임호, 박찬종, 오유방이 제명되었다. 민주공화당, 「당무위원회 6차 회의록」, 1980년 3월 26일.
51) 이 외에 장영순을 당부의장에, 정래혁을 중앙위원회 위원장에, 민병권을 당총재 상임고문에 임명하였다. 《동아일보》, 1980년 3월 31일자.
52) 전재호, 「한국의 민주화 이행에서 김대중의 역할, 1980-1987년」, 민주화운동기념사업회, 《기억과 전망》, 통권 35호, 2016, 249쪽.

4. 신군부의 집권과 공화당의 강제 해산

여당과 야당이 내부적으로 분열되어 파벌싸움에 몰두하고 있을 때, 전두환 소장을 중심으로 신군부세력은 정권 장악을 위한 일련의 조치를 취해나가고 있었다. 1980년 4월, 전두환 소장이 보안사령관 직책을 유지하면서 추가로 중앙정보부장을 겸직하였다. 대학생을 비롯한 재야세력이 앞장서서 전두환 소장을 비롯한 군부세력의 퇴진을 요구하면서 대규모 시위를 벌였으나 전두환세력은 힘으로 반대세력을 제압하기 시작했다. 5월 17일 밤 12시를 기해 비상계엄령 전국 확대조치에 따라 계엄사는 전국 대학 휴교와 정치적 집회금지에 관한 포고령을 발동하였다. 또 언론 검열, 전직과 현직 대통령에 대한 비판 금지, 유언비어 유포 금지 등을 선포하였다. 전국 각 대학에서 110명의 학생들이 체포되었다.

계엄사는 이 포고령과 함께 여야를 막론하고 현직 정치인들을 부정부패 등을 구실로 체포, 구금하였다. 전두환세력이 박정희 대통령에 대한 충성심이 높았지만, 자신들의 권력 강화를 위해 반대세력뿐만 아니라 집권세력에 대한 대대적인 정치적 숙청에 나섰다. 김종필 총재를 비롯한 여덟 명의 공화당 고위직 인사가 체포되었다.[53] 그리고 박정희정부에서 고위직을 지낸 12명이 체포되었다.[54] 거의 모두가 부

---

53) 김종필 외에 이병희, 길전식, 구태회, 김용태, 신형식, 장영순, 현오봉 등 일곱 명이다. 《동아일보》, 1980년 5월 19일, 6월 25일, 7월 3일, 7월 19일자. 김종필의 체포과정, 보안사 구금, 재산 강제 헌납 등에 관한 자세한 내용은 다음을 참조. 김종필, 『김종필 증언록 2』, 91-103쪽
54) 이후락, 박종규, 김진만, 김종락, 김치열, 이세호, 오원철, 장동운 등이다.

정부패 관련자로 지목되어 "자발적으로" 자신의 재산을 국가에 헌납한 후에 풀려났으며 모든 공직에서 물러났다. 이들이 헌납한 재산 총액이 853억 원으로 천문학적 숫자였다. 한편 전두환세력은 반대세력도 제거하였는바, 김영삼을 자택에 연금시키고, 김대중을 내란음모죄로 법정에 세워 사형선고를 내렸다.[55] 미국의 강력한 항의로 1981년 1월과 1982년 3월에 각각 김대중을 무기징역, 20년 징역으로 감형한 후, 1982년 12월에 미국 망명을 허용하였다. 그는 2년 2개월 만인 1985년 2월에 망명생활을 끝내고 한국으로 돌아왔다.

5월 17일 비상계엄 확대 조치와 함께 신군부가 정권을 잡기 위해 정치권에 이어 시민사회를 탄압하자, 김대중의 고향인 전남 광주에서 유혈사태가 발생하였다. 광주 민주화운동은 5월 18일, 200여 명의 전남대 학생들의 캠퍼스 시위에서 시작되었다. 이들이 조속한 민주정부 수립, 전두환을 비롯한 신군부세력의 퇴진, 계엄령 철폐 등을 요구하며 광주 시내로 진출하자 시민들이 합류하였다. 이들이 계엄사의 포고령을 어기고 가두시위에 나서면서 점차 시위 참가자가 늘어남에 따라 지역 계엄사 군대가 무장한 시위군중들을 진압할 수 없었다. 그리하여 서울의 계엄사에서 사태 수습을 위해 공수부대를 파견하였으나 수만 명의 학생들과 시민들이 자동차 공장에서 200여 대의 차를 탈취하여 무력으로 대항하는 바람에 사태 진압에 실패하였다. 사태 발생 3일째 되는 날인 5월 21일에 시민들의 반격으로 군인들이 광주 외곽으로 철수한 결과 무장 시위대가 광주 시내를 장악하였다. 무장 시위

---

55) 김대중 내란 음모사건에 대한 자세한 설명은 다음을 참조. 김종필, 『김종필 증언록 2』, 237쪽.

대와 군인들이 대치 상태에 있다가 5월 27일, 군부가 대규모 병력을 동원하여 시위대를 진압하였다. 이 과정에서 190여 명의 민간인 사망자와 수백 명의 부상자가 발생하였다.

신군부가 광주 민주화운동을 무력으로 제압한 후, 5월 31일, 국가보위비상대책위원회(약칭 국보위)를 발족시켰다. 국보위가 형식상으로는 대통령 자문기구로서 최규하 대통령이 위원장이지만 실제로는 전두환을 비롯한 신군부가 사실상 국무회의와 행정부를 통제하는 것이었다. 국보위는 대통령 외에 행정부 각료 10인, 군 지도자 14인 등으로 구성되었고, 국보위 산하에 국보위의 위임사항을 심의조정하기 위한 상임위원회와 상임위 산하에 13개(운영, 법제사법, 외무, 내무, 재무, 경제과학, 문교공보, 농수산, 상공자원, 보건사회, 교통체신, 건설, 사회정화) 분과위원회를 두었다. 실세 기구인 상임위 위원장은 전두환 소장이 맡았고, 30명의 상임위원(18명의 현역군인과 12명의 민간 관료) 중에서 신군부 계열이 18명이었다. 이제 전두환은 보안사령관 겸, 중앙정보부장 서리 겸, 국보위 상임위원장으로 명실상부하게 군부, 정보기관, 행정부를 완전히 장악하였다.

국보위는 활동 목표로 안보체제 강화, 경제난국 타개, 정치발전, 사회악 일소를 통한 국가기강 확립을 내세웠다. 국보위는 부정부패를 척결하여 "상호 신뢰와 정의가 살아 있는 새로운 사회"를 건설한다는 명분 아래 사회정화운동을 전개하였다. 그리하여 대대적인 공직자와 언론인 숙청 작업이 벌어졌는바, 300여 명의 중앙정보부 직원과 232명의 고위직 공직자가 부정부패를 이유로 제거되었다. 또 하급직 공무원, 국영기업 및 은행 직원을 포함한 4760명이 쫓겨났다. 이들은 향후 2년간 동일한 직장에 재취업이 금지되었다. 언론인 강제 해직과 언론 통폐합이 강행되었다. 이런 공포정치 아래에서 정치권과 시민사회는 정치적 저항이 불가능하였다.

1980년 8월, 전두환이 마침내 최규하 대통령을 밀어내고 국가수반 자리에 올랐다. 1962년 당시 국가재건최고회의 의장 박정희가 윤보선 대통령 사임 후 대통령직에 취임한 것처럼 전두환은 군대 전역 후 통일주체국민회의를 통해 대통령에 당선되었다. 고무도장에 불과한 통일주체국민회의에서 2525명 중 2524표로 당선되었다. 전두환정부는 신속하게 새 헌법을 만들어 1980년 10월에 국민투표에 부친 결과 91.6%의 찬성으로 통과되었다. 새 헌법에 의하면 현행 국회와 모든 정당은 해산하도록 되어 있었기 때문에 공화당도 17년 만에 정치무대에서 퇴장하였다.

1980년 10월 27일, 공화당의 해산과정은 매우 단순명료했다.[56] 정래혁 공화당 전 중앙위원회 위원장이 공화당 재산 청산위원장이 되었다. 계엄사의 지시에 따라 공화당의 거의 모든 재산이 새로운 관제여당을 만드는 데 사용되었다. 이 관제여당이 나중에 민주정의당(민정당)의 간판을 내걸고, 전두환을 비롯한 신군부가 민간인 신분으로 1981년 대선과 총선에 출마하는 데 정치적 도구로 사용되었다. 일부 전직 공화당 인사들이 민정당에 참여하였고,[57] 매우 소수의 공화당 인사들이 한국국민당 창당에 참여하였다.[58] 이들은 새로운 권력자에게

---

56) 같은 책, 121쪽.
57) 민정당에 참여한 공화당 인사는 정래혁, 남재희, 정석모, 장승태, 임영득, 유기정 등이다. *Korea Herald*, 1980년 10월 29일.
58) 한국국민당에 참여한 대표적인 공화당 인사는 이만섭과 김종철인데, 후자가 초대 총재, 전자가 2대 총재를 역임했다.

충성을 보이거나, 적어도 이들에게 묵종함으로써 정치적으로 살아남았다. 그러나 대부분의 공화당 지도자와 당료들은 신군부가 만든 정치규제법에 따라 향후 7년간 정치활동이 금지되었다. 정치규제법 대상자 567명 중 4분의 1이 전직 공화당 인사들이었다. 이들 중에는 18년 전에 패권정당의 꿈을 안고 공화당 창당에 참여했던 군인들과 민간인들이 포함되어 있었다. 18년 전에 자신들이 정치활동정화법으로 구정치인들의 정치활동을 금지한 것처럼, 이제 자신들이 신군부의 정치규제법에 따라 정치활동을 금지당하였다. 이로써 명목상의 여당이었던 공화당이 공식적으로 문을 닫았다.

제5장
결론:
민주공화당의 패권정당운동 비교 분석

이제 5·16 이후 권력을 장악한 권위주의세력이 계속집권을 위해 공화당을 창당하여 패권정당(hegemonic party)을 만들어 정권의 정통성과 정치적 안정을 도모하려던 원대한 계획이 실패한 원인을 종합적으로 분석해 보자. 1972년 박정희 대통령의 궁정 쿠데타를 통한 유신 선포는 공화당의 패권정당운동이 완전히 실패했다는 것을 의미한다. 군정시기에 박정희 의장의 승인 아래 김종필세력이 구상한 패권정당운동이 유신 이전에 성공했다면 유신은 필요 없었을 것이다. 결국 여러 가지 이유에서 공화당이 패권정당이 되지 못하고 유동적 집권당(fluid government party)에 불과했기 때문에 박정희 대통령은 계속집권을 위해서는 새로운 제도나 조직이나 통치방식을 도입하지 않을 수 없었다. 결국 자신의 영구집권을 위해 유신헌법을 도입한 후 박정희 대통령이 관료적, 강압적 통치에 의존함으로써 공화당은 명목상의 여당으로 전락하였다.

비록 공화당의 패권정당운동이 실패했으나 공화당이 처음부터 패권정당의 가능성이 전혀 없었던 것으로 주장하는 것은 결과론적 해석이다. 공화당의 패권정당 가능성은 실제 존재하였다. 예를 들면 1967년 선거 후에 야당은 "만년야당"으로 전락할지 모른다는 심각한 우려를 하고 있었다. 그리고 공화당은 창당 초기에 패권정당을 수립하려는 열망에 불타고 있었다. 많은 5·16 주체들이 강하고 안정된 대중정당을 창건하기를 바라며 공화당에 참여하기 위해 군복을 벗었다. 그들은 공화당이 "종이 정당(paper organization)"이나 최고지도자의 개인적인 정치도구(political machine)로 전락해서는 안 된다는 것을 충분히 인식하고 있었다. 또 공화당은 처음에 패권정당을 건설할 수 있는 사회조건이 좋은 편이었다. 즉 한국사회는 다른 나라에서 흔히 정당건설에 장애물로 등장하는 인종적, 종교적, 언어적 분열이 없었다. 한편 북한의 위협은 효과적으로 대중을 동원하고 사회를 통제할 수 있는 기회를 제공하였다. 공화당 세력이 패권정당 건설을 추진하던 1960년대 초, 한국사회는 사회경제적 수준이나 사회적 동원(social mobilization)의 수준이 낮았기 때문에 그들의 사회통제와 침투에 저항할 수 있는 노조나 시민단체를 비롯한 자율적인 사회세력들이 별로 없었다. 더욱이 공화당을 조직하고 지도한 박 대통령과 그 측근들은 고도의 경제성장을 이룩하였기 때문에 패권정당 건설을 위해 거대한 물질적 자원을 동원할 수 있었다. 그리고 고도성장을 이룩한 당의 지도력에 대한 국민의 신뢰를 바탕으로 대중 수준에서 당의 지지기반을 확장하고 안정화시킬 수 있었다. 이러한 좋은 조건에도 불구하고 공화당은 패권정당의 열망을 실현하지 못했다. 이미 본문에서 여러 차례 강조한 것처럼 공화당은 1969년 박정희 대통령의 3선 개헌을 계기로 그의 개인적인 정치도구가 되어버렸기 때문에 박 대통령이 당의 운명을 좌우하게 되었다. 그 결과 1972년 박 대통령이 유신을 선포하자, 공화당은 대사형(ambassador-type party) 정당으로 전락하였다. 공화당이 박 대통령에게 무조건 충성하는 정당이 되어버리는 바람에 당의 정치적 위상과 자율성이 거의 회복하기 어려운 수준에 도달하였다.

1. 패권정당운동 비교: 한국의 민주공화당과 멕시코의 제도혁명당

그럼 왜 공화당은 유신 이전에 패권정당으로 발전하지 못했는가? 제1장에서 제시한 패권정당운동의 분석 틀(analytical framework)에 따라 설명해 보자. 그런데 공화당 사례만으로 가설을 증명하기 어렵기 때문에 멕시코의 성공 사례와 비교해서 설명하고자 한다. 멕시코의 경우 제도혁명당(Institutional Revolutionary Party)이 1930년대와 1940년대에 패권적 지위를 수립하는 데 성공했기 때문에 주로 이 시기를 분석하였다.[1]

변수1: 패권정당운동 이전의 정당정치의 경쟁성 정도

패권정당운동에 영향을 미치는 첫 번째 변수는 이러한 정당운동이 등장하기 전에 다원주의적, 경쟁적 정당정치가 얼마나 발전했는가 하는 것이다. 한국의 경우 공화당 창당 이전에 이미 다원적, 경쟁적 정당정치활동이 현저하여 권위주의세력이 구정치인들의 정치적 기반을

---

[1]   멕시코의 제도혁명당은 1929년부터 2000년까지 65년간 모든 선거에서 빠짐없이 승리한 권위주의정권의 집권당이었으나 2000년 대선에서 패배하여 패권의 지위를 상실했다. 2006년에는 총선에서 제3당으로 전락했다가 2009년 총선에서 제1당으로 복귀하고 2012년 대선에서 승리했다. 그러나 2018년 대선에서 좌파연합에 패배하였다.

완전히 제거하는 데 어려움이 많았다. 한국의 군부지도자들이 정권을 장악하고 패권정당을 추진하던 시기에 남한의 정당정치는 아직 제도화되지 못한 것이 사실이다. 즉 대중뿐만 아니라 대부분의 엘리트들은 정당정치로부터 여전히 소외당하고 있었다. 더욱이 쿠데타 이전의 정당정치는 파벌주의와 권위주의로 물들어 있었기 때문에 많은 국민들은 구정치인들을 신뢰하지 않았다. 이런 상황에서 권위주의세력은 국민들의 구정치인들에 대한 강한 불신을 새로운 정당정치를 수립하려는 데 적절히 이용하였다. 우선 권위주의세력은 자신들이 만든 정당이 정치적 패권을 차지하기 위해 기존의 당조직과 구정치인들을 와해시킬 필요를 느꼈다. 정치활동정화법을 만들어 구정치인들의 공직 출마를 비롯한 정치활동을 금지시켰다. 박정희-김종필세력은 군정시기에 정치적 부패를 제거하고 세대교체라는 명분을 내세워 3000여 명 정치인들의 공민권을 6년간 박탈하는 "배제 전략(exclusionary strategy)"을 실시하였다. 그러나 1963년 민정 이양과정에서 공화당 창당을 둘러싼 군부 내 분열이 일어나자, 민간정치인들은 다시 살아날 수 있는 결정적인 계기를 마련하였다. 1963년 2월에 박정희 의장이 일시적으로 민정불참을 선언하면서 정치활동정화법에 묶여 있던 정치인들을 거의 모두 복권시켰다. 한편 공화당에 반대하는 군부지도자들이 새로운 관제여당을 만들기 위해 "범국민정당운동"을 전개하면서 구정치인들을 끌어들였다. 김재춘을 비롯한 공화당 반대파들은 공화당에 맞설 수 있는 정치세력을 단시간에 만들어내야 했기 때문에 범국민정당에 보다 많은 구정치인들을 참여시키는 "포용 전략(inclusionary strategy)"을 채택하였으나 성과가 미미하였다. 왜냐하면 많은 구정치인들이 범국민정당 참여의 전제 조건으로 박 의장의 민정불참을 요구하였으나, 군부지도자들은 이를 수용할 수 없었다. 이들도 박정희 의장을 앞장세워 선거에 나서기를 원했기 때문이다. 범국민정당운동이 지지부진하자 마침내 박 의장이 결단을 내렸다. 공화당 간판 아래 자신의 군부 및 민간인 지지세력이 모두 뭉치기로 결정한 것이다. 여전히 공화당에 반대하는 일부 군부지도자들이 범국민정당운동을 포기하지 않았지만 박정희 의장이 공화당을 선택했기 때문에 대세는 공화당 쪽으로 기울었다. 이 과정에서 공화당은 종래의 배제 전략을 포기하고 범국민정당에 참여했던 많은 구정치인들을 공화당에 입당시켰다. 공화당에 입당한 구정치인들은 반김종필파를 형성하여 김종필세력의 패권정당 야심을 무너뜨리는 데 크게 기여하였다. 박정희 대통령이 처음에는 김종필파와 반김종필파를 모두 소외시키지 않기 위해 노력했으나 점차 당의 사무국을 장악한 김종필파 대신 당내 국회의원들을 장악한 반김종필파에게 지지를 보내는 경우가 늘어났다. 왜냐하면 박 대통령이 국회에서 자신이 원하는 법안을 통과시키려면 국회의원의 지지가 필요했기 때문이다.[2] 권위주의세력이 정당다원주의와 대의민주주의 이념을 완전히 포기하지 않고 야당이나 국회를 유지하면서 패권정당을 수립하는 것이 현실적으로 매우 어려웠다.

멕시코의 경우 군부지도자들이 집권하기 전에 다원주의적, 경쟁적 정당정치가 없었다. 34년에 걸친 디아스(Porfirio Diaz)의 개인 독재체제가 무너진 후 내전을 거쳐 칼레스(Plutarco Elias Calles) 장군이 1929년 민족혁명당(National Revolutionary Party)이라는 집권당을 만들었을 때 멕시코 국민들은 다원주의 정당정치를 경험하지 못했다.[3] 그때

---

2)   길승흠, 「한국의 정당과 의회관계」, 《한국정치학회보》, 17권(1983), 31~47쪽.
3)   그 후 멕시코의 집권당은 1938년에 멕시코혁명당(Party of Mexican Revolution), 1946년에 제도혁명당으로 당명을 바꾸었다.

까지 수많은 군부지도자들이 집권했다가 테러에 희생되었다. 칼레스가 처음으로 군부지도자, 시민지도자, 대지주, 그리고 노조지도자들을 모아 민족혁명당을 창당하였다. 민족혁명당에 참여하지 않은 지도자는 매우 소수였기 때문에 이들을 배제시키는 조치가 필요 없었고, 심각한 정치적 저항 없이 당의 정치적 우위를 확보했다. 이런 점은 한국의 공화당 사례와 매우 대조적이다. 공화당의 경우 민간정치인들이 개인적인 정치적 지지기반을 가지고 있었기 때문에 이들을 제거하는 데 어려움이 있었고, 또 이들을 모두 집권당에 참여시키는 것도 힘들었다. 이들은 1, 2공화국에서 10여 년간 다원주의적, 경쟁적 정당정치와 선거과정에 참여하여 일반 국민 속에 지지기반을 가지고 있었고, 관계, 경제계, 언론계, 학계 등과 연계를 맺고 있었기 때문에 한국의 군부지도자들이 이들을 정치에서 완전히 배제하기 어려웠다. 그러나 멕시코의 경우 사실상 다원주의 정당정치 경험이 없는 상태에서 패권정당운동이 시작되었기 때문에 성공 가능성이 높았다.

변수2: 패권정당운동 참여자들의 이념적 동질성과 응집력

패권정당운동에 영향을 미치는 두 번째 변수는 이 운동에 참여하는 엘리트들의 이념적 동질성과 응집력이다. 공화당 엘리트들은 구체적인 정치적 프로그램에 대한 합의가 약하고, 또 당 간부들의 응집력과 단결력이 미약한 나머지, 내부 갈등이 심하여 외부의 정치적 도전에 효과적으로 대응할 수 없었다. 즉 공화당의 약한 내부동질성은 패권정당을 수립하려는 노력에 큰 장애물이었다. 공화당에 참여한 군부와 민간 엘리트들은 1960년대에 심각히 분열되어 김종필계열과 반김계열로 나뉘어 있었다. 김종필계열은 주로 육사 동기생과 공화당 사전조직에 참여한 젊은 민간 엘리트로 구성되었다. 이와 대조적으로 반김계열은 구정치인과 김종필에 반대하는 군 출신 인사들의 느슨한 연합이었다. 양대 파벌은 공화당 사무국의 위상과 후계자 문제를 둘러싸고 심각히 대립하였다. 공화당 사전조직의 핵심인 김종필계열은 패권정당을 수립하기 위해 강력한 사무국을 조직하였다. 공화당 사무국은 부패의 온상으로 지목받고 있던 국회의원들을 통제할 수 있는 권한과 자율성을 가지고 있었다. 한편 반김계열들은 임명직의 사무국 관료들이 국민으로부터 선출된 국회의원을 통제할 수 없다는 주장과 함께 사무국의 권한을 축소시키려고 노력하였다. 더욱이 반김계열은 자신들의 정치적 영향력 확대를 위해 김종필계열이 장악하고 있는 사무국을 견제해야 할 필요성이 강했다. 1965년 당헌 개정으로 사무국은 인사권과 재정권을 상실하여 공화당은 원외정당에서 원내정당으로 그 성격이 변하였다. 결국 국회의원들이 사무국을 통제하게 되었다. 또 김종필계열과 반김계열은 후계자 문제에 있어서 심각히 대립하였다. 김종필계열은 헌법이 허용한 박 대통령의 중임 후에 김종필을 후계자로 내세우려고 한 반면에, 반김계열은 박 대통령의 3선을 위한 개헌을 강력히 추진하였다. 결국 박 대통령이 3선 개헌을 위해 공화당을 개인의 정치도구로 전락시켰다. 이로써 공화당의 정치적 자율성은 크게 훼손되었다.

한국의 민주공화당처럼 멕시코의 집권당도 당내 지도자와 파벌 간의 경쟁이 치열하였다. 1936년, 당시 대통령 카르데나스(Lazaro Cardenas)가 집권당 창당의 주역이자, 퇴임 후에도 막강한 영향력을 행사하고 있던 칼레스 장군을 제거했을 때, 이러한 당내 파벌경쟁이 최고조에 달했다. 1934년 대선에서 칼레스 장군이 카르데나스를 지지했지만 후자가 칼레스 추종자들을 당과 정부의 요직에서 숙청하자,

칼레스가 카르데나스를 공개적으로 비판했다. 그러자 카르데나스가 칼레스를 미국으로 추방시키고 독자적인 권력기반을 구축했다. 그 결과 당이 창건자의 영향력에서 벗어날 수 있었다. 그런데 멕시코 집권당이 독재자의 출현과 파벌싸움을 방지하기 위해 대통령을 비롯한 모든 연방정부 선출직에 단임제(no-reelection principle)라는 매우 중요한 규칙을 도입했다. 단임제가 대통령을 포함한 모든 공직자의 장기집권이나 지배적인 파벌의 출현을 방지했다. 그리고 1980년대까지 후임 대통령 지명은 현직 대통령의 고유권한이라는 불문율에 도전하는 당내 세력이 없었다.

변수3: 대중주의적(populist) 리더십과 정책

패권정당운동에 영향을 미치는 세 번째 변수는 광범위한 대중 지지기반을 구축할 수 있는 대중주의적 리더십과 정책이다. 무젤리스(Nicos Mouzelis)에 의하면 정당이 유권자와 연계하는 방식에는 대중주의 방식과 연고주의 내지 클라이언트(clientele) 방식이 있다고 주장한다.[4] 전자는 정당의 이념이나 정책을 비롯한 집단적 유인책(collective incentive)에 의존하는 것이고, 후자는 당과 정치인들이 유권자들에게 제공한 선택적 유인책(selective incentive)에 의존하는 것을 의미한다. 공화당은 분명히 전자보다 후자에 의존하였다. 공화당이 대중주의(populist) 지도자, 그리고 복지와 분배 위주의 정책 대신 관료주의적 총통형(führer-like) 지도자와 성장 위주의 정책을 채택했기 때문에

---

4)   Nicos Mouzelis, "On the Concept of Populism: Populist and Clientelist Modes of Incorporation in Semiperipheral Polities," *Politics and Society*, 14: 3, 1985, p. 330.

당은 대중 지지기반을 확보하는 데 어려움이 많았다.[5] 박정희와 김종 필의 정당관은 현저히 달랐다. 박정희보다 김종필이 정당을 건설하는 데 보다 많은 노력을 기울였다. 김종필은 군 출신임에도 불구하고 정 치적 대화에 익숙하였고 훈련된 엘리트로 구성된 정교한 당조직을 통 하여 대중과 결합하는 볼셰비키형의 당-지도자 관계를 추구하였다.[6] 그래서 김종필은 훈련된 젊은 민간 엘리트로 구성된 사무국을 창설 하였다. 그러나 박 대통령은 정당이 최고지도자의 뜻을 받들어야 한 다고 믿었다. 그리하여 김종필을 통제하고 그의 뜻대로 당을 이끌어 나갔다. 터커(Robert C. Tucker)의 표현에 의하면, 박정희는 총통형 지 도자이다. 박정희는 공화당이 그를 위해 봉사해야 한다고 믿었고, 또 그의 추종자들이 충성을 보이지 않을 때 숙청과 같은 강압적 수단을 사용하였다.

한편 박 대통령의 영도 아래 공화당은 처음에 농업의 희생에 바탕 을 둔 공업화 정책과 산업노동자를 희생시키는 저임금정책의 성장 위 주 경제발전을 추진하였다. 공화당 엘리트들은 주로 도시 중산층 출 신이기 때문에 노동자와 농민을 위한 분배지향 정책을 추구하지 않았 다. 이러한 공화당의 정책은 대중적 지지기반의 확장을 위해서는 장 애가 되었다. 공화당은 정부의 권위에 쉽게 복종하는 농촌지역에서 는 상대적으로 우세하였지만, 농업경시정책 때문에 그 지지기반이 점 차 약화되었다. 즉 산업화와 더불어 농촌에서 도시로의 대규모 이농 현상과 농촌개발 경시 때문에 공화당에 대한 농촌의 지지는 점차 줄 어들어 갔다. 더욱이 도시지역에서 공화당의 지지기반은 점차 취약하

5)   Robert C. Tucker, *The Soviet Political Mind*, (New York: Praeger, 1970), Ch. 1.
6)   Ibid.

였다. 왜냐하면 박정희정부가 도시 공장의 열악한 작업 환경, 낮은 임금 등을 비롯한 공업화의 문제점을 효과적으로 해결하지 못했기 때문이다. 특히 도시 유권자들은 농촌보다 정치의식이 높아서 야당성향이 강하였다. 공화당은 경제성장정책을 노동자의 희생에 바탕을 두어 수행하였기 때문에 그들의 지지를 얻기는 어려웠다. 도시의 상층과 중간계층은 전체 유권자의 작은 부분이고, 이들은 정부의 단기적인 경제업적과 정치행동에 민감하였기 때문에 공화당에 대한 이들의 지지는 변덕스러웠다. 결국 1960년대의 놀라운 고도경제성장이 공화당에는 양날의 칼이었다. 단기적으로 공화당은 높은 경제성장 때문에 당의 정치자금 확보에 유리하였다. 그리고 더 높은 경제성장을 위해서 공화당의 계속집권이 필요하다고 유권자에게 호소할 수 있었다. 그러나 장기적으로는 산업화가 가져온 사회변동이 잠재적으로 공화당의 패권기반이 되는 복종적인 정치문화와 농촌의 지지를 붕괴시켰다. 1970년대 초에 급격한 사회경제적 변동에 따라 노동자와 중산층의 정치적 요구가 폭발했다. 그러나 공화당은 정치적 자원과 권한을 거의 가지지 못하였기 때문에 효과적으로 대처할 수 없었다.

멕시코의 경우 제도혁명당이 카르데나스의 대중주의 리더십과 정책으로부터 큰 도움을 받아 일반대중의 막강한 지지를 확보했다. 카르데나스의 토지개혁이 성공하여 수많은 농민들이 제도혁명당 지지자가 되었다. 토지개혁 덕택에 그가 재직한 6년(1934-1940년) 동안 전국의 경작지가 재분배되어 멕시코 국민의 3분의 1이 새 경작지를 가지게 되었다. 카르데나스는 대지주의 토지를 수용해서 농민조합인 "에히도(ejido)"에 무상으로 분배해 공동경작하게 했고, 이 땅에 대한 매매와 임대는 금지했으나 경작권의 상속은 인정했다. 그리하여 경작권을 무상으로 배분받은 농민들은 카르데나스를 아버지처럼 모셨다. 국가가 토지의 소유권을 가지고 있었기 때문에 카르데나스는 집권당 산하에 농민조합을 만들어 이를 집권당의 핵심조직으로 활용했다. 한편 카르데나스는 노동조합도 집권당의 파트너로 만들었다. 그는 노동지도자들이 약 3000개의 노동조합과 60만 명의 노동자들로 구성된 노동자총연맹을 만들도록 장려하고, 노동자들에게 높은 임금과 좋은 작업환경을 만들기 위해 노력하였을 뿐만 아니라 노사분규에는 항상 노동자의 편을 들었다. 그 결과 노동자들이 카르데나스와 그의 집권당을 지지하는 핵심조직이 되었다. 더욱 중요한 사실은 1930년대에 카르데나스가 정부 관리들과 군인들까지 집권당 조직으로 만들었다는 것이다. 지난 반세기 동안 노동, 농민, 군인, 관리들이 집권당의 핵심조직으로 활동했다. 이 네 개 분야의 지도자들이 중앙과 지방에서 자기 분야의 이익을 대변하였다. 그 결과 멕시코 제도혁명당은 지난 반세기 동안 수많은 경제사회적 문제를 이러한 당조직을 통해 해결해 나가려고 노력했다. 당과 지도자들이 매우 광범위한 네트워크를 통해 후견인-수혜자(patron-client)관계를 유지 발전시킴으로써 집권당의 패권적 지위를 유지해 갔다.

변수 4: 정당의 국가기구 통제 정도

패권정당운동에 영향을 미치는 마지막 변수는 당의 국가기구 통제이다. 한국의 경우 공화당이 행정부 우위 현상을 탈피하지 못하여 자율성을 상실하고, 당 본래의 목표를 효과적으로 실현시킬 수 있는 능력을 잃었다. 즉 행정부에 대한 공화당의 미약한 통제는 패권정당 정치를 확립하고자 하는 당의 노력에 심각한 장애가 되었다. 공화당은 점점 행정부에 종속되어 정치적 자원을 사용하는 데 관료에게 더욱 의존하게 되었다. "민정" 초기에는 정치적 자원의 통제를 둘러싸고 공화당과 행정부 사이에 치열한 경쟁이 있었다. 당 우위를 유지하려는 김종필계열은 독립적인 정치자금원을 확보하고, 당 운영에 대한 행정부의 간섭을 차단하려고 노력했다. 그러나 1960년대 후반에 이르면 공화당은 행정부의 시녀로 전락하게 되었는데 그 이유는 다음과 같다. 첫째, 박 대통령은 행정부를 공화당의 간섭으로부터 강력히 보호하였다. 그는 정책결정 과정에서 정치적 고려보다는 관료적 합리성을 우선하였다. 그는 당과 입법부가 행정부를 통제할 수 없고, 단지 지원해 주어야 한다는 것을 의미하는 "행정적 민주주의(administrative democracy)"를 주장하였다. 또 박 대통령은 정치, 그 자체에 대해 부정적 시각을 가지고 있었기 때문에 각료와 고위 당 간부로 구성되는 당정협의회에 정기적으로 참석하지도 않았다. 둘째, 공화당은 행정부를 통제할 수 있는 수단을 거의 사용할 수 없었다. 단지 대통령 탄핵권, 장관 해임건의권, 국정감사권, 그리고 국회의 대정부 질의권과 같은 의회 내 수단만이 존재하였다. 당내 파벌이 때때로 이러한 의회 내 수단을 사용하여 당의 위상을 높이려고 했으나 박 대통령의 강력한 제재로 실패를 거듭하였다. 오히려 박 대통령은 당과 국회를 통제하기 위하여 정보기관을 강화하였다. 셋째, 국가주도의 해외 의존적인 산업화 전략은 행정부 관료의 역할과 권한을 증대시켰다. 관료들이 해외자본과 국내자본의 직접적인 중개역할을 맡았기 때문에 해외자본과 기술을 도입하려는 국내자본가들은 그들의 경제적 이익을 위하여 관료에게 더욱 의존하게 되었다. 이러한 상황에서 공화당은 독립적인 정치자금원을 확보할 기회가 줄어들었다. 넷째, 행정부 지도자들은 공화당에 대한 통제를 강화하기 위해서 자기들을 지지하는 당내의 파벌을 지원하였다.

멕시코의 경우 집권당이 1929년 창당 이래 오랫동안 통치과정에서 지배적인 역할은 아니더라도 중심적인 역할을 하였다. 집권당은 행정부와 긴밀한 관계를 유지하면서 정치자금 수입원을 가지고 있었다. 예컨대 1930년에 모든 연방정부 관리들은 1년에 7일간의 봉급을 집권당에 바치도록 되었다. 이러한 자금을 가지고 집권당은 당조직을 유지관리하고 당료들을 충원하고 선거자금으로 사용하였다. 이 외에 집권당은 1930년대와 1940년대에 연방정부의 관료제를 강화하여 지방유지들의 영향을 차단함으로써 중앙통제를 강화하였다.

지금까지 한국과 멕시코의 패권정당운동을 비교 분석하였다. 이러한 논의에서 알 수 있는 것처럼 패권정당이 성공하려면 네 가지 조건(패권정당운동 이전에 경쟁적 정당정치의 부재, 패권정당운동 참여자의 이념적 동질성과 결속력, 대중주의적 리더십과 정책, 당의 국가기구 통제)이 필요하다는 것을 알게 되었다. 물론 두 가지 사례(한국과 멕시코)만으로 이러한 주장의 타당성을 증명했다고 할 수 없으나, 적어도 패권정당운동을 이해하는 데 큰 도움이 될 것이다.

2. 공화당에 대한 평가

공화당은 1979년 박 대통령 시해사건 후 정권을 장악한 신군부에 의해 강제적으로 해산되었다. 18년 전 공화당은 이 땅에 새로운 정당정치를 정착시키기 위해 군정시기에 비밀리에 비상한 방법을 동원하여 탄생했으나 마침내 비정상적인 방법에 의해 정치무대에서 사라졌다. 비록 공화당이 안정된 권위주의체제를 수립하는 데 실패했으나 박 대통령의 18년 장기집권에 기여한 바가 적지 않았다. 공화당은 초기에 수많은 군부 엘리트와 민간 엘리트들에게 정치참여의 길을 열어준 공로가 있다. 그리고 이들 중에 상당히 많은 엘리트들이 박 대통령의 집권기간 동안 충성을 다하였다. 결국 공화당이 광범위한 대중의 지지를 확보하는 데 실패했으나 박 대통령을 지지하는 엘리트들을 조직하는 데 크게 기여하였다.

공화당은 5·16 직후 근대화의 깃발을 높이 든 군부세력이 민간 엘리트들과 손을 잡고 창당하였다. 적어도 근대화, 산업화에 대한 공화당의 공로는 인정해야 할 것이다. 공화당이 여당으로 있었던 16년 동안 연평균 10% 이상의 고도경제성장을 달성하였다. 물론 이러한 경제성장 과정에서 공화당보다 노동자, 기업, 관료들의 역할이 더 컸다. 그럼에도 불구하고 공화당은 창당 이래 시종일관 근대화와 산업화를 최대의 국가목표로 설정하고, 이들을 뒷받침하였다. 그리하여 창당 당시 한국의 1인당 국민소득이 120달러였으나 해산 당시에는 1860달러로 15배나 높아졌다. 한편 박정희시대에 공화당이 민주주의를 일시적으로 후퇴시켰으나 장기적인 관점에서 보면 산업화를 통해 민주화의 기반을 구축하는 데 기여했다. 무어(Barrington Moore)를 비롯한 많은 학자들이 주장하는 것처럼 "부르주아 없이 민주주의는 불가능하다(no bourgeoisie, no democracy)." 다시 말해 산업화를 통해 튼튼한 부르주아 계급이 형성되어야 민주주의가 지속 가능하다. 제2차 세계대전 이후 많은 신생국에서 볼 수 있는 것처럼 산업화를 통해 부르주아와 중산층이 형성되지 않은 나라에서 일시적으로 민주주의 정부가 들어서도 오래가지 못하는 경우가 많았다. 물론 산업화만으로 민주화가 저절로 이루어지지는 않는다. 따라서 산업화는 필요조건에 불과하고, 민주화의 충분조건은 아니다. 그러나 제2차 세계대전 이후 수

많은 신생국 중에서 한국만큼 산업화에 성공한 나라가 많지 않다. 공화당은 이러한 산업화의 중추세력이었고, 이러한 산업화를 바탕으로 한국은 1987년 이후 30여 년 이상 민주주의를 유지시켜 오고 있다.

공화당의 이러한 공로에도 불구하고 우리나라의 정당발전에 끼친 폐해를 강조하지 않을 수 없다. 1960년대 초반에 많은 정치학자들은 공화당이 추구하는 정치적 목표의 본질을 오해하였다. 즉 공화당을 만든 정치세력이 본질적으로 권위주의세력으로서, 그들이 추구하는 정치적 목표가 근본적으로 비경쟁적 정당제도의 수립이었음에도 불구하고 정치학자들은 박정희 장군과 김종필 중령의 정당건설 노력뿐 아니라 우리나라 정당정치의 제도화 가능성을 높이 평가하였다. 대표적인 정치학자가 정당정치 제도화 이론을 제시한 헌팅턴이다.[7] 그는 정당정치의 경쟁성 유무에 관계없이 정당정치 자체의 제도화에 높은 가치를 두고 전체주의정권이든, 권위주의정권이든, 자유민주주의 정권에 상관없이 이러한 정당정치의 제도화 수준에 따라 정부의 통치능력(governability)을 비교하여 정치발전의 척도로 삼고자 하였다. 다시 말해 헌팅턴은 민주주의보다 정치안정이 더 중요하고, 정치안정을 위해서는 정당의 발달이 필수불가결하다고 주장했다. 그래서 정치세력의 성격에 관계없이 강력한 정당을 만들려는 노력을 높이 평가하여 우리나라, 파키스탄, 엘살바도르의 군부출신 정치지도자들의 집권을 은연 중에 정당화시켜 주었다. 군부지도자들이 자신의 계속집권을 정당화하는 정당체제를 수립하지 못했을 뿐 아니라, 오히려 민간정치인

---

7) Samuel Huntington, *Political Order in Changing Societies*, (New Haven: Yale University Press, 1968), p. 261.

들에 의한 진정한 대중정당 건설을 억압하였다. 그리하여 남미를 비롯한 여러 나라에서 군부가 정권을 내놓은 후, 민주화 과정에서 나타나는 어려운 점의 하나는 정치사회와 시민사회를 연결시켜 주는 자생력을 가진 정당과 자율적인 이익집단들이 매우 허약하다는 것이다. 우리나라도 이러한 어려움을 겪었는데, 이것은 민주공화당이 남긴 부정적인 유산의 하나이다.

3. 공화당이 남긴 정치적 유산

우리들이 새삼 유신 이전 시기(1962-1972년)에 공화당이 패권정당이 되지 못한 원인을 분석하는 이유는 공화당이 남긴 정치적 유산이 여전히 오늘날의 한국 정당정치에 영향을 끼치고 있기 때문이다. 정당정치를 비롯한 정치현상은 경로 의존적(path-dependent)이어서 한국의 민주화 이후에도 민주화 이전의 정당정치 행태가 관행적으로 남아 있다. 정당 내 파벌싸움, 지도자 중심의 정당 간 이합집산, 정당에 대한 국민의 강한 불신, 국회 내 여야의 극한적인 대립, 야당의 잦은 장외투쟁 등이 민주화 이후에도 여전하다. 한국의 경우 남미와 달리 군인들이 군복을 벗고 선거를 정기적으로 실시하여 계속집권함으로써 다른 권위주의정권과 달리 관제여당이 필수적이었다. 그리고 민주화 과정에서 남미의 경우 군복을 입고 통치하던 군인들은 병영으로 돌아갔으나 한국에서는 민간정치인으로 변신한 군부출신 지도자들이 선거에 나가는 것을 조건으로 민주화가 이루어졌다. 그리하여 민주화 이후에도 군부출신 지도자들이 정당정치에 남아 있었고, 또 권위주의 정당정치 관행이 계속되었다. 민주화 이후 지난 30여 년 동안 정당개혁을 위해 부단한 노력을 기울였으나 일반 국민들은 정당이 과거와 다를 바가 없다고 생각한다. 이런 정당정치의 전통이 전적으로 공화당시기에 만들어졌다고 할 수 없지만, 다른 어떤 정당보다도 공화당의 정치적 책임이 크다. 이런 관점에서 공화당의 패권정당운동이 남긴 정치적 유산을 심층적으로 분석하고, 이러한 유산을 청산할 수 있는 방안을 모색하는 것은 오늘날의 민주적 정당발전에도 매우 유용하다.

박 대통령 집권 18년 동안 정당정치는 기본적으로 "민주 대 반민주"라는 구도 아래 전개되었다. 신민당은 공화당을 "반민주"세력이라고 비난한 반면, 공화당은 신민당을 "무책임한" 정치세력이라고 비판하였다. 특히 박정희정권은 야당을 비롯한 반대세력을 정치적으로 탄압하였다. 이에 맞서 야당은 국회 거부, 단식, 농성, 데모 등 장외투쟁을 전개했다. 그리하여 정당정치는 집권세력과 반대세력 간의 극한적인 대립으로 파행의 연속이었다. 이러한 "민주 대 반민주"의 대립은 정당정치에 대한 근본적인 인식의 차이에 기인한다. 박 대통령을 비롯한 군부출신 집권세력은 북한의 도발과 국가안보의 어려움, 경제발전의 중요성과 시급성 등을 강조하면서 모든 정당은 각 당이 가진 부분적인 이익을 넘어서서 국가 전체의 이익에 봉사해야 한다는 인식이 강했다. 더욱이 집권세력은 정당 간의 논쟁이나 정치적 반대는 "비생산적"이며 야당이 국민 의사라는 구실로 정치적 반대를 일삼고 국가의 당면과제를 해결하는 데 장애물이 되고 있다는 인식이 지배적이었다. 이는 정당일원주의(party monism)적 사고방식이라고 할 수 있다.

그러나 박 대통령을 비롯한 집권세력의 정당일원주의는 다음과 같은 요인 때문에 현실정치에 그대로 반영될 수 없었다. 첫째, 정당일원주의에 근거한 일당제를 북한의 공산독재체제와 동일시하는 한국사회에서 박 대통령을 비롯한 권위주의세력이 일당제를 채택하여 국민의 지지를 확보할 수 없었다. 또 한국이 세계자유주의 진영에 소속되어 있고, 특히 미국의 지지가 필요했기 때문에 집권세력은 적어도 제도상으로 일당제가 아닌 다당제를 채택하지 않을 수 없었다. 둘째, 박 대통령을 비롯한 5·16세력이 힘으로 정권을 장악한 후 계속집권을 준비하는 과정에서 미국을 비롯한 자유진영 국가의 지지를 확보하고 국민들로부터 정치적 정통성을 획득하기 위한 노력의 일환으로 군복을 벗고 민간인 신분으로 통치에 나선 결과 정당과 선거의 역할이 상대적으로 중요하게 되었다. 그리하여 박 대통령을 비롯한 권위주의세력은 유신 이전에는 강압적인 수단 외에 야당과 정치적 협상을 통한 타협을 모색하였기 때문에 다른 나라의 권위주의정부에 비해 상대적으로 정당정치의 공간이 확보되었다. 이런 점은 중남미국가의 권위주의정부와 비교해 보면 명확해진다. 중남미국가의 권위주의정부는 일반적으로 군복을 입고 통치하였기 때문에 장기간 정당 활동을 금지시키고 선거를 연기하는 경우가 많았다. 그리고 군사정권을 지지하거나 인정하는 정치인들에게만 정치활동을 허용하였기 때문에 이들은 군사정부의 "들러리" 내지 "앞잡이"라는 부정적 인식이 강했다. 이에 비해 박 대통령을 비롯한 한국의 군부는 군복을 벗은 후 자신들이 사전조직한 공화당에 참여하여 정당정치인으로 변신한 결과 중남미 군사정권에 비해 정당과 선거의 중요성이 높았다. 유신 이전에 박 대통령을 비롯한 집권세력은 중남미 군사정권에 비해 강압적 수단이 아닌 정당을 통한 정치적 통제를 모색하였다. 그리하여 야당의 존재를 허용하는 등 제도적으로 정당다원주의(party pluralism)적 요소를 도입했으나 정당정치의 운영원리는 정당일원주의적 사고방식에 따라 궁극적으로 통치과정에 야당을 배제하는 것이었다. 따라서 박 대통령 통치시기에 나타난 정당정치의 특징은 "제한된 정당 다원주의(limited party pluralism)" 또는 "내재적 정당일원주의(embedded party monism)" 라고 할 수 있다.

박 대통령 집권시기에 야당을 비롯한 반대세력은 공화당을 비롯한 집권세력을 상대로 치열한 정치적 투쟁을 벌였다. 야당을 비롯한 반대세력은 민주주의의 보편성을 내세우며 국민의 자유와 권리와 복지가 우선되어야 한다고 강조하고, 권위주의세력이 내세우는 국가의 전체이익이라는 것은 집권세력이 만들어낸 것으로 국민적인 합의에 근거한 것이 아니라고 주장하였다. 특히 개인이나 집단이나 정당 간에 의견 차이가 있는 것은 당연하며, 또 정당이 비록 전체 속의 부분에 불과하지만 전체의 이익을 실현하는 데 기여한다는 인식이 강하였다. 이는 정당다원주의적 사고방식이다.

집권세력과 반대세력 간의 정당정치에 대한 이러한 근본적인 인식 차이로 인해 박정희 집권시기에 한국의 정당과 선거는 이중적인 성격을 가지게 되었다. 정당과 선거가 집권세력에는 계속집권을 위한 정치적 통제와 조작의 수단인 반면, 야당에는 권력쟁취를 위한 정치적 참여와 도전의 수단이 되었다. 정치적 통제의 수단으로서 정당과 선거의 역할은 박정희 통치 18년 동안 관제여당의 창설, 자의적인 정당 개편, 정치인들의 공민권 제한, 선거제도의 왜곡, 선거부정, 야당 탄압, 소위 공작정치 등으로 나타났다. 한편 정치적 참여와 도전의 수단으로서 정당과 선거의 역할은 야당 통합, 야당과 재야의 연대, 비리와 선거부정 폭로, 선거에서 야당 돌풍, 선거결과의 이변 등으로 나타났다. 박 대통령 집권시기 이러한 정당정치와 선거과정의 이중적인 성격으로 인해 행정부의 독주, 법안의 날치기 통과, 국회 보이콧, 의사당 점거, 농성, 데모 등을 비롯한 야당의 비의회적인 극한적인 정치적 저항 등 수많은 변칙과 파행을 반복했다. 이런 과정에서 정당과 국회에 대한 국민들의 불신이 뿌리 깊게 자리 잡았다. 이것이 공화당이 남긴 정치적 유산이다.

민주화 이후 김종필과
공화당 세력의 정당 활동, 1987-2004

　김종필과 공화당의 정치적 생명은 예상보다 길었다. 1980년 부정
부패자로 몰려 전 재산을 국가에 헌납하고 정계에서 은퇴한 후 7년
동안 칩거해 있던 김종필이 1987년 대선 국면에서 부활한 것이다.[1] 민
주화 조치의 일환으로 정치규제에서 풀려난 김종필이 1987년 12월 대
선을 앞두고 10월에 구공화당 인사와 한국국민당을 기반으로 신민주
공화당을 창당하고 대통령후보로 나섰다. 김종필의 정치적 부활은 거
의 전적으로 민주화의 부산물이었다. 김종필이 군부출신의 권위주의
시대 정치인이지만 박정희시대의 정치세력을 규합하여 1987년 민주
화 이후 2004년 총선까지 정치활동을 전개하였다. 이제 민주화 이후
17년간 지속된 김종필과 공화당 세력의 정치행적을 분석해 보자.

---

1)　김종필의 칩거생활에 대한 자세한 설명은 다음을 참조. 김종필, 『김종필 증언록 2』,
　　(와이즈베리, 2016), 122-129쪽.

1. 김종필과 신민주공화당, 1987-1990

1987년 6월, 전두환의 임기 말에 집권세력과 반대세력 간의 치열한 힘겨루기 끝에 전자가 후자의 대통령 직선제 요구를 받아들임으로써 민주화가 시작되었다. 민주화가 하루아침에 이루어진 것은 아니고, 전두환 대통령 집권기간 내내 대학생과 재야는 물론 야당을 비롯한 민주화 세력들의 끈질긴 투쟁의 산물이었다. 그런데 1985년 총선을 앞두고 야당의 민주화운동이 본격화되었다. 김영삼 전 야당 총재가 가택연금 상태에서 민주화 요구를 내걸고 단식을 하다가 건강에 이상이 생겨 병원으로 이송된 것을 계기로 언론과 야당이 전두환정부의 강압적 통제에 항의하기 시작했다. 일반적으로 전체주의독재와 달리 권위주의정권은 강압적 수단 외에 정치적 협상을 통해 반대세력을 회유하거나 통제하려고 노력한다. 1984년에 전두환정권도 강압정치 외에 정치적 화해조치를 도입한 결과, 김영삼을 비롯한 수백 명의 야당인사들을 정치규제에서 풀어주었다. 가택연금에서 풀려난 김영삼은 김대중세력과 연대하여 민주화추진협의회(약칭 민추협)를 발족시키고 다가오는 총선에 나갈 준비를 하였다.[2] 한편 미국에서 망명생활을 하고 있던 김대중이 정치적 위험을 무릅쓰고 1985년 2월 귀국하여 김영삼이 창당한 신한민주당(약칭 신민당) 지지를 선언함으로써 야당이 활력을 얻었다. 그리하여 1985년 2월 총선에서 신민당이 관제 제1야당인 민한당보다 더 많은 의석을 차지하여 제2당이 되었다. 곧 민한당 인사들이 신민당에 합류함에 따라 야당세력은 더욱 커졌다.[3] 이어

---

[2] 당시 김영삼이 김종필에게 민추협 참여를 요청하였으나 후자가 거절하였다. 같은 책, 125쪽.

[3] 총선 직후 1985년 3월 6일, 전두환정권이 김종필, 김영삼, 김대중을 비롯한 13명

서 김영삼을 비롯한 야당과 재야세력 및 대학생들이 민주주의 회복을 위한 범국민 투쟁을 선언하고, 직선제 개헌을 요구하였다. 처음에 전두환정권은 개헌 불가 입장이었으나 야당의 장외투쟁을 국회로 끌어들이기 위해 국회에 개헌특위를 발족시켰다. 그러나 집권세력의 내각제 개헌 주장과 반대세력의 대통령 직선제 주장이 팽팽히 맞서서 여야 간의 정치적 타협이 불가능하였다. 이런 상황에서 전두환 대통령은 1987년 4월에 기존 헌법에 따라 간선제 대선을 치르겠다고 선언하고, 노태우를 집권당의 대선후보로 임명하였다. 야당은 물론 대학생을 비롯한 재야세력들이 시민들의 지지 아래 여러 달 동안 서울을 비롯한 전국 대도시에서 대규모 시위를 전개하였다. 시위가 점차 과격해지자 집권세력은 무력으로 진압할 수 없다고 판단한 결과, 야당의 직선제 요구를 비롯한 8개 항의 민주화 조치를 약속하였다.[4] 이것이 6·29선언이다. 그동안 김종필과 공화당 세력은 민주화운동에 참여하지 않고, "민족중흥동지회"를 결성하여 때가 오기를 기다렸다. 1987년 6·29 민주화선언 후 전두환정부가 모든 정치인을 사면복권시킨 결과 김종필에게도 정치적 재기의 기회가 주어졌다.

1987년 10월 27일, 여야 합의로 만들어진 헌법이 국민투표에서 압도적인 찬성으로 확정된 후, 공화당의 후신인 신민주공화당은 창당대회를 개최하고 김종필을 대통령후보로 지명하였다. 12월 19일 대선에서 김종필 후보가 8.1% 득표로 4위를 기록하였다. 야당의 분열

의 정치규제를 풀었다. 같은 책, 127쪽.

4) 8개 항의 민주화 조치는 대통령 직선제 개헌, 공정선거, 김대중의 사면복권과 시국사범 석방, 기본권 신장, 언론자유 보장, 지방자치 실시, 정당 활동의 자유 보장, 사회정화 조치 등이다.

에 힘입어 민정당의 노태우 후보가 36.6%로 당선되었다. 김영삼과 김대중은 각각 28.0%, 27.0%를 득표하였다. 선거결과, 과거의 여촌야도 투표행태가 사라지고 지역주의 투표현상이 등장하는 바람에 김종필은 충청의 맹주가 되었다. 김종필은 충남에서 45.0%를 득표하였고, 노태우는 대구–경북에서 66% 이상을, 김영삼은 부산–경남에서 50% 이상을, 김대중은 광주–전남–전북에서 83% 이상을 득표하였다.

신민주공화당과 김종필은 민주화 이후 실시된 첫 번째 총선을 성공적으로 치르었다. 1988년 4월 총선에서 신민주공화당은 306만 표 득표에 35석을 차지함으로써 원내교섭단체를 구성할 수 있었다. 득표 수만 보면 공화당은 통일민주당의 468만 표, 평민당의 378만 표에 비해 무시할 수 없는 득표력을 보여주었다. 그러나 의석 면에서는 소선거구제의 특성상 사표가 많아 2위 평민당(70석), 3위 통일민주당(59석)보다 훨씬 적은 4위를 기록했다. 그렇지만 공화당은 지역구 선거에서 충남 13석을 비롯해 서울 3석, 경기 6석, 강원 1석, 충북 2석, 경북 2석으로 전라도와 부산–경남을 제외하고 전국에서 골고루 의석을 차지하였을 뿐만 아니라 충청을 대표할 수 있는 정당이 되었다. 선거결과를 분석해 보면 공화당은 박정희 추종세력과 충청세력의 정치적 연합이라고 할 수 있다. 공화당 국회의원 당선자 중에는 박정희시대에 당이나 정부에서 고위공직을 했던 인사들이 많았는데, 이병희(공화당 출신 5선 국회의원), 이종근(공화당 출신 4선 국회의원), 김용채(공화당 출신 3선 국회의원), 최각규(농수산부장관, 상공부장관), 김용환(재무부장관), 구자춘(내무부장관) 등이 대표적이다.

그런데 1988년 총선결과에는 두 가지 중요한 정치적 의미가 있었다.[5] 첫째, 총선결과 과거의 민주–반민주 구도는 사라지고 지역주의정당

구도가 등장하였다. 영남기반정당인 민정당은 호남에서 1석도 차지하지 못한 반면, 호남기반정당인 평화민주당(평민당)은 1석(무소속)을 제외하고 모든 의석(31석)을 차지하였다. 한편 통일민주당은 부산에서 1석을 제외하고 모든 의석을 차지하고, 신민주공화당은 충남에서 18석 중에서 13석을 차지하였다. 이로써 4당이 대구–경북, 부산–경남, 호남, 충청에서 각각 지역 패권정당이 되었다. 둘째, 대통령을 배출한 민정당이 역사상 처음으로 원내 과반을 차지하지 못함에 따라 분점(여소야대)정부가 출현하였다. 민정당은 전체의석 299석 중 148석을 차지하여 과반에 2석 모자랐다. 분점정부 상황에서 공화당은 여당인 민정당과 연대하지 않고 평민당–통일민주당과 함께 야3당 연합을 형성하였다.[6] 야3당 연합은 정국의 주도권을 쥐고, 5공 청문회, 광주민주화운동 청문회, 전두환 전 대통령의 백담사 유배 등을 통해 권위주의 청산에 박차를 가하였다. 한편 신민주공화당은 사안별로 민정당과도 협력하였는바, 예컨대 이일규 대법원장과 강영훈 국무총리 동의안, 국가보안법 폐지 논의 중단, 노태우 대통령에 대한 중간평가 중단 등을 들 수 있다.[7]

2. 김종필과 민자당: 3당 합당과 김종필–김영삼 연대, 1990-1995

신민주공화당이 참여한 야3당 연합은 오래가지 않았다. 1990년 1월,

5) 김용호, 「민주화와 정당정치」, 안청시 등, 『전환기의 한국민주주의, 1987-1992』, (법문사, 1994), 87-160쪽.
6) 김종필은 자신이 야3당 연합을 제안하여 성공시켰다고 주장한다. 김종필, 앞의 책, 143쪽.
7) 같은 책, 144-151쪽.

신민주공화당이 여당인 민정당과 야당인 통일민주당과 합당을 하여 민주자유당(약칭 민자당)을 결성함으로써 다시 여당의 일원이 되어 새로운 정치적 역할을 맡았다.[8] 3당은 "구국의 결단"이라는 명분 아래 내각제 개헌에 대한 비밀 합의에 바탕을 두고 개헌 정족수인 3분의 2보다 더 많은 217석을 가진 거대여당을 탄생시켰다. 한국정당사에서 여야가 합당한 것은 처음이었다. 그럼 세 정당은 왜 합당하였나?[9] 민정당은 분점정부 운영의 어려움에서 탈피하고, 단독으로 차기 정권 창출이 어렵다고 판단하여 통일민주당과 신민주공화당을 끌어들인 것이다. 통일민주당의 경우 김영삼 총재가 차기 대선에서 평민당과 협력하기는 어렵다고 판단한 결과 민정당과 협력해서 차기 대선에서 승리하는 길을 선택한 것이다. 한편 신민주공화당은 대선을 통한 집권이 거의 불가능하다는 판단에서 내각제 개헌을 통해 정치적 영향력을 계속 유지하려는 것이다. 3당 합당 결과 지역적으로 호남(평민당)을 제외한 세 지역(대구-경북, 부산-경남, 충청) 연합이 이루어진 것이다. 그 결과 평민당을 비롯한 반대세력은 3당 합당을 "정치적 야합"이라고 비난하였다.

1990년 3당 합당으로 분점(여소야대)정부가 단점(여대야소)정부로 바뀌고, 국회는 종래의 4당 형태(four-party format)가 양당 형태(two-party format)로 변화한 결과 평민당 중심의 야3당연합 대신 새로운 정치연합인 민자당이 국회를 주도하게 되었다. 3당 합당에 항의하여 평민당

---

8) 민정당은 민주당 및 신민주공화당과 별도로 합당 협상을 진행하다가 마지막에 전격적으로 3당 합당을 추진하였다. 청와대와 민정당의 박철언 정무장관, 박준병 당사무총장은 민주당의 황병태 정책위의장, 김덕룡 의원과 협상했고, 홍성철 대통령비서실장과 민정당 박 사무총장은 신민주공화당 김용환 정책위의장과 접촉했다. 3당 합당과정에 대한 자세한 내막은 다음을 참조. 같은 책, 148-163쪽.
9) 3당 합당 배경에 대한 김종필의 설명은 다음을 참조. 같은 책, 162-163쪽.

이 국회를 보이콧하는 바람에 국회가 장기간 공전하였다. 노태우정부 전반기에 볼 수 있었던 여야 간 타협의 정치는 사라지고 정치적 대립과 교착이 빈번해졌다. 한편 3당 합당으로 출범한 민자당은 민정계, 민주계, 공화계로 나누어져 계파 갈등이 계속되었다. 그런데 1990년 10월 말에 그동안 소문으로 나돌던 내각제 합의각서가 신문에 공개되어 민자당은 분당 위기에 봉착하였다.[10] 비밀각서의 주요 내용은 3당 통합 후 1년 이내에 내각제 개헌을 하기 위해 1990년 중에 개헌작업에 착수한다는 것이었다. 내각제에 합의했으나 이를 반대하는 김영삼과 민주계는 내각제 완전 포기 등을 요구하면서 당무를 거부하였다. 내각제 개헌을 적극적으로 지지하는 김종필과 공화계는 "3김 동반 퇴진론"과 "세대교체론"을 주장하면서 김영삼을 공개적으로 비난했다. 노태우 대통령은 민자당의 분당 위기를 수습하기 위해 "내각제 포기"를 약속하였다. 노 대통령은 김영삼과 민주계가 이탈하는 경우 국정운영이 어렵다고 판단한 결과 정치적 양보를 한 것으로 알려졌다.

민자당이 비록 분당 위기를 극복했으나 정당정치는 여전히 불안정하였다. 민자당에는 "한 지붕 밑에 세 가족(민정, 민주, 공화)"이 동거함으로써 갈등이 잦았다. 첫 충돌로 김영삼 최고위원과 박철언 정무장관이 소련 방문 전후에 서로 주도권 싸움을 벌였는데, 결국 박철언 정무장관의 사임으로 마무리되었다. 또 1991년 연초부터 국회의원 뇌물수수사건, 대학생 데모 등으로 어수선한 가운데 민자당이 국가보안법, 경찰법 개정안을 단독으로 통과시켰다. 이에 평민당과 민주당은 장외투쟁을 선언하고 전국 대도시에서 대중집회를 개최하였다.[11] 정

---

10)   내각제 파문에 대한 김종필의 설명은 다음을 참조. 같은 책, 164-171쪽.
11)   민주당은 김영삼 대통령의 3당 합당에 반대한 이기택, 김정길, 노무현, 장석화, 박찬종, 김상현, 홍사덕, 이철 등이 만든 정당이다.

국 수습을 위한 방책으로 노태우 대통령이 지방의회선거를 실시하기로 공고하였다. 1991년 3월 26일 실시한 기초의회선거에서 정당참여가 금지되었지만 친여인사가 75% 정도 당선된 것으로 알려졌다. 야당은 5·16 이후 30년간 중단된 지방선거를 부활시켜 야당의 풀뿌리 조직을 활성화시킬 수 있을 것으로 기대했지만 선거결과에 크게 실망하였다. 6월 20일 실시된 광역의회선거에서도 총 866석 중 민자당이 564석을 차지하고, 신민당(평민당의 후신)과 민주당은 각각 165석, 21석을 차지하는 데 그쳤다. 선거결과, 신민당과 민주당은 야권 통합 없이 내년 총선과 대선에서 거대여당의 독주를 막을 길이 없다는 것을 깨달았다. 양당의 막후협상 끝에 9월 10일 신민당의 김대중 총재와 민주당의 이기택 총재가 양당 통합을 선언하고, 민주당을 출범시켰다.

1992년 총선을 앞두고 여야는 국회의원선거법과 정치자금법 개정에 합의한 후 본격적으로 선거 준비에 나섰다. 김영삼 지지세력이 총선 전 대선후보 가시화를 주장하자, 반대세력은 "단합된 모습으로 총선을 치러야 한다"고 주장하면서 반대하였다. 결국 노태우 대통령이 김영삼, 김종필, 박태준 최고위원과 함께 단계적 후보 가시화에 합의하였다. 즉 3월 이후에 총선을 실시하고, 총선은 김영삼 대표 중심으로 치르고, 대통령후보 선출을 위한 자유경선 방식의 전당대회는 5월에 개최하기로 한 것이다. 세력 면에서 민정계와 민주계가 민자당 내에서 양대 파벌이었기 때문에 김종필과 공화계의 정치적 역할은 상대적으로 미약했다. 총선을 앞두고 발표한 민자당의 지역구 공천자 237명의 명단을 보면 공화계가 27명으로 전체 공천자의 16%로서 합당당시 민자당 내 공화당 국회의원의 비율 14%와 거의 비슷했다.[12] 한편 공화계 의원 중에서 여섯 명(최각규, 최무룡, 박병선 등)이 탈락하였다.

3월 24일 실시된 총선은 민자당과 민주당 간의 양파전이 될 것이라는 예상을 깨고, 현대 재벌 정주영 회장이 정치풍토 쇄신을 내걸고 통일국민당을 창당한 후 경쟁하는 바람에 3파전이 되었다. 공화계를 비롯한 민자당은 정주영과 통일국민당이 여당 지지기반을 잠식하지 않을까 우려하였다. 선거결과, 이러한 우려가 현실이 되었다. 민자당이 과반수에 1석이 모자라는 149석을 얻어서 종래의 218석에 비해 무려 69석이 줄어들었다. 그런데 창당한 지 3개월밖에 되지 않은 국민당이 31석을 차지하였다. 한편 민주당은 97석을 차지하여 종래보다 19석이 늘어났다. 민자당의 패인은 공천 후유증, 여권 무소속의 난립, 국민당에 대한 부적절한 대응, 공명선거 시비 등이었다.

총선 직후 민자당은 대통령후보 선출을 둘러싼 갈등에 휘말렸다.[13] 김영삼이 일찌감치 차기 대통령후보 경선에 출마하겠다고 공식 선언하자, 민정계와 공화계가 반발하였다. 후자는 "김영삼이 총선 패배의 책임을 지고 물러나야 한다"고 주장하였다. 그러나 김영삼 반대파가 마땅한 대안을 개발하지 못한 결과, 5월 19일 대통령후보 선출을 위한 전당대회를 개최하기로 결정하였다. 우리나라 여당 사상 최초의 대통령후보 경선이었다. 민자당 인사들은 계파에 관계없이 개별적으로 다가오는 대선에서 누구를 지지하는 것이 정치적으로 유리할 것인지 계산에 몰두하고 있었다. 그 결과, 민자당 내 세력 재편이 일어났다. 공화계는 물론 민정계도 개인적인 소신과 이해관계에 따라 분열되었다. 공화계는 김종필이 공식적으로 지지 후보를 밝히지 않은

---

12) 당시 민자당 지역구 공천을 받은 정치인이 민정계 160명, 민주계 50명으로 알려졌다.
13) 민자당 대선후보 선출과정에 대한 김종필의 설명은 다음을 참조. 같은 책, 172-179.

채 각자의 판단에 맡겼다. 민정계 대표인 박태준이 노태우 대통령의 지지를 얻지 못해 대통령후보 출마가 무산된 후 이종찬 후보가 나섰으나 결국 김영삼 후보가 승리하였다. 민주계의 헌신적인 노력으로 민정계 주요 인사의 지지를 얻은 것이 승리에 결정적인 요소가 되었다.[14]

한편 노태우 대통령이 1992년에 실시하기로 약속한 지방자치단체장 선거를 연기하는 바람에 야당이 국회 등원을 거부하여 장기간 국회가 표류하였다. 국회 표류에도 불구하고 민자당은 대선을 효과적으로 치르기 위해 김영삼을 노태우 총재의 후임으로 선임하고, 노 대통령을 명예총재로 추대한 후, 김 총재는 김종필 최고위원을 대표최고위원으로 임명하였다. 이제 김종필은 "김영삼 대통령 만들기"에 나섰다. 과거 박정희시대에 집권세력과 반대세력의 지도자로 서로 대립했던 두 사람이 이제 정치적 동지로 변한 것이다. 김영삼 총재는 취임 직후 여야가 오랫동안 반목하던 지방자치단체장 선거를 1995년 6월 이전에 실시한다고 선언하였다. 한편 총선에 관권이 개입했다는 한준수 전 연기군수의 폭로로 관권 부정선거가 정치적 쟁점으로 등장하였다. 이런 정치적 상황에서 노태우 대통령이 9월 18일, 오는 대선에서 철저한 정치적 중립을 지키기 위해 민자당을 탈당하고 선거중립 내각을 구성하겠다고 선언하였다. 노 대통령의 탈당은 김영삼의 정치적 공세에 대한 반격이었다. 후자가 정부의 제2이동통신사업자 선정에 반대하고, 관권부정선거 수습책으로 평양에서 남북협상 중인 정원식 총리 해임과 함께 대폭 개각을 요구하였다. 노 대통령은 이러한 정치적 공세에서 벗어나고, 대선 선거운동이나 결과에 대한 부담을 덜고, 자신이 공명선거를 치렀다는 업적을 내기 위해 탈당과 함께 선거중립

---

14) 원내 총무를 지낸 김윤환의 김영삼 지지가 대표적인 사례이다.

내각 구성을 선택한 것이다. 그런데 노 대통령의 탈당이 민자당 내 김영삼 반대세력의 탈당을 부추겼다. 박태준 대표를 포함한 민정계 인사 외에 김용환, 이자헌 등 공화계 의원들이 탈당하였다.[15] 그러나 민자당 대표최고위원을 맡은 김종필을 비롯하여 대부분의 공화계는 여전히 민자당에 남았다.

1992년 12월 대선 결과 김종필의 지지를 얻은 김영삼 후보가 김대중 후보에게 승리했다. 전자는 41.4%, 후자는 33.4%의 득표율로 약 8% 정도 차이를 보였고, 3위인 통일국민당의 정주영 후보는 16.1%의 득표율을 보였다. 이로써 32년 만에 문민정부가 탄생하였다. 이번 선거에서 호남과 비호남이라는 지역주의 투표현상이 나타났는바, 김영삼 후보는 호남과 서울 외의 모든 지역에서 승리했다. 대선 직후 김대중 후보와 정주영 후보는 정계 은퇴를 선언하고, 통일국민당이 와해됨에 따라 3당형태는 다시 민자당과 민주당의 양당형태로 변모하였다. 1987년 민주화 직후 4당형태가 1990년 3당 합당으로 양당형태가 되었다가, 1992년 총선에서 통일국민당이 약진함에 따라 3당형태로 변했다가 다시 양당형태가 된 것이다. 이처럼 민주화 이후 정치인들의 이합집산으로 정당정치가 매우 유동적이었다.

3. 김종필과 자민련: DJP 연합 후 독자노선, 1995-2004

김종필-김영삼의 정치적 연대는 오래가지 못했다. 1993년 2월에 출

---

15) 이 무렵 채문식, 윤길중, 박철언, 유수호, 이종찬, 장경우, 김복동, 박구일 등이 탈당하여 신당을 창당하거나 정주영의 통일국민당에 참여하였다.

범한 김영삼정부가 군대 파벌인 하나회 축출, 고위공직자 재산 공개, 금융실명제 등을 비롯한 정치경제 개혁조치를 전광석화처럼 단행한 후 집권여당인 민자당 개혁에 착수하였다. 1994년 말부터 민자당 내 최대 계파인 민주계가 김종필 대표는 개혁에 걸림돌이므로 새 인물로 바꿔야 한다는 주장을 내놓았다. 1995년 2월 전당대회를 앞두고 김종필의 2선 후퇴론이 등장하자, 1995년 1월 김종필이 민자당 대표직 사퇴를 선언하였다.[16] 2월에 김종필은 민자당 탈당과 신당 창당을 선언하고 2월 21일에 자유민주연합(약칭 자민련) 창당발기인대회를 개최한 후, 3월 30일 창당대회에서 총재를 맡았다. 신당은 김영삼정부를 "문민독재"로 규정하고, 앞으로 대통령중심제의 폐단을 해소하기 위해 내각제를 추진하는 것을 정치적 목표의 하나로 내세웠다. 처음에 자민련은 현역 의원 9명과 35명의 전직 의원으로 시작했으나, 창당 2개월 만에 신민당과 통합하고, 무소속 의원을 영입한 결과 7월에는 22명의 의원으로 원내교섭단체를 구성하였다.[17] 당시 자민련은 민자당, 민주당에 이어 원내 제3당이었지만 주로 충청권을 기반으로 지역 분할정치의 한 축으로 정치적 영향력을 발휘할 수 있었다.

그런데 1995년 6월, 30여 년 만에 처음으로 실시한 전국 동시지방선거(첫 번째 지방자치단체장 선거와 두 번째로 실시하는 지방의회선거)에서 자민련이 선전함으로써 정치적 장래가 밝아 보였다. 선거결과는 민자

---

16) 김종필은 김영삼과 역사관에 차이가 있었다는 것을 강조한다. 그는 김영삼이 이승만이나 박정희의 공을 인정하지 않는 점에 대해 못마땅했다. 김종필, 앞의 책, 180-195쪽.

17) 처음에 김종필과 함께 민자당을 탈당한 현역 의원(5명)은 정석모, 이종근, 구자춘, 조부영, 이긍규 등이고, 무소속(4명)으로 김용환, 유수호, 정태영, 김진영 등이 합류하였고, 신민당(9명)과의 통합으로 김복동, 한영수, 박구일, 김동길, 문창모, 양순직, 조일현, 강부자, 현경자 등이 합류하였다.

당의 참패, 민주당의 대승, 자민련의 선전이라고 할 수 있다. 원내 제3당인 자민련이 광역자치단체장 4석, 기초단체장 23석, 광역의원 94석을 차지하였다. 한편 원내 제1당인 민자당이 광역자치단체장 5석, 기초단체장 70석, 광역의원 333석을 차지하였고, 원내 제2당인 민주당이 광역단체장 4석, 기초단체장 84석, 광역의원 391석을 차지하였다. 광역자치단체장만 보면 자민련이 제1당인 민자당보다 1석 모자라고, 제2당인 민주당과 동일하게 4석을 차지했으니 괄목할 만한 정치적 성과였다. 지방선거에서 특기할 사항은 자민련이 민주당과 제휴한 것이다. 양당은 강원도지사 선거를 위해 공동 선거대책본부를 구성하고, 또 서울시장 선거에서 자민련이 막바지에 민주당후보를 공식 지지하였다. 그러나 지방선거 후 민주당 내 김대중 지지세력이 이탈하여 새정치국민회의(약칭 국민회의)를 창당함으로써 김종필-김대중 간의 연대는 일시적으로 주춤하게 되었다. 그 결과 1996년 4월에 실시한 총선은 4당(신한국당, 자민련, 국민회의, 민주당) 경쟁구도로 치러졌다. 과거 민자당은 신한국당(김영삼)과 자민련(김종필)으로 나누어졌고, 과거 민주당은 국민회의(김대중)와 민주당(이기택)으로 나누어졌다. 이 총선이 1년 뒤에 실시하는 대선에 미치는 영향이 크기 때문에 각 당은 총선에 총력을 기울였다. 자민련은 총선에서 "흔들리는" 나라를 지켜내고 김영삼의 독재권력을 견제해야 한다고 호소한 결과, 좋은 성과를 얻었다. 자민련은 16.2%의 득표율로 지역구 41석에 전국구 9석을 차지해 모두 50석을 얻었다.

표 26에서 보는 것처럼 민주화 이후 부활한 김종필과 공화당 세력이 자민련 간판 아래 치른 1996년 총선에서 최상의 득표율을 보여주었다. 자민련이 이렇게 선전한 배경에는 반김영삼 정서가 강한 충청

도와 대구 유권자들이 몰표를 주었기 때문이다. 자민련은 대전 의석 7석을 모두 싹쓸이했고, 충남에서 13석 중 12석, 충북에서 8석 중 5석을 차지했다. 강한 충청 지역주의가 표출된 배경은 지난 대선에서 김종필과 충청도가 김영삼 후보를 지지했는데, 김영삼정부가 김종필과 충청도를 홀대했다는 지역정서가 만연했기 때문이다.[18] 한편 대구 유권자들도 지난 대선에서 김영삼 후보를 지지했는데, 김영삼정부가 대구출신 정치인들을 탄압했다는 정서가 작용하였다. 그리하여 총선 결과 자민련이 대구에서 8석을 획득한 반면, 신한국당은 겨우 2석을 차지했다. 자민련 후보로 대구에서 당선된 박준규, 박철언, 김복동 등은 여러 가지 이유에서 김영삼정부에 대해 비판적이었다.

한편 총선에서 자민련의 선전에도 불구하고, 작년 지방선거와 달리 신한국당이 크게 승리한 반면, 새로운 야당인 국민회의와 기존 야당인 민주당이 대패하였다. 신한국당은 34.5%의 득표율로 지역구 121석, 전국구 18석을 얻어 총 139석을 차지한 반면, 국민회의는 25.3%의 득표율로 지역구 65석과 전국구 13석으로 겨우 78석을 얻었고, 민주당은 11.2%의 득표율로 지역구 9석과 전국구 6석으로 모두 15석을 차지해 원내교섭단체 요건에 미달하였다. 야당진영의 분열이 국민회의와 민주당에 패배를 안겨주었다. 총선 후 신한국당은 여당의 지위를 이용하여 무소속 당선자를 영입한 결과, 과반의석을 넘어서는 151명으로 원내교섭단체를 구성하였다. 신한국당의 이러한 세력 확장에 위협을 느낀 국민회의와 자민련도 적극적으로 정치적 연대를 모색하였다.

---

18) 같은 책, 214쪽.

표 26 민주화 이후 김종필과 공화당 세력에 대한 유권자 지지의 변화

연도	선거	당명	득표율	비고
1987년	대선	신민주공화당	8.1%	후보 김종필
1988년	총선	신민주공화당	15.8%	
1995년	지방선거	자민련	7.3%	광역의원
1996년	총선	자민련	16.2%	
1998년	지방선거	자민련	13.8%	광역의원
2000년	총선	자민련	9.8%	
2002년	지방선거	자민련	6.5%	광역의원
2004년	총선	자민련	2.8/2.6%*	

* 전자는 정당투표 득표율, 후자는 지역구 득표율.
* 1992년 총선과 대선에서 김종필은 민자당 소속으로 독자적인 정당이 없었고, 1997년 대선에서는 김대중 후보를 지지하였다.

　총선 직후인 1996년 5월 4일, 김종필이 김대중을 만나 야권 공조에 합의하였다. 두 사람은 신한국당에 부정선거 시인 및 책임자 처벌, 과반 확보를 위한 야권 당선자 영입작업 중단 및 부정선거 방지를 위한 제도적 장치 보장 등을 요구하고, 이러한 요구가 받아들여지지 않을 경우 국회 원 구성 거부 등 중대결단을 내리겠다는 내용의 합의문을 채택했다.[19] 그리고 두 사람이 앞으로 다시 만날 것을 약속했다. 이런 합의를 바탕으로 5월 26일, 국민회의와 자민련이 서울 보라매공원에서 "4·11 총선 민의 수호"를 위한 대중집회를 공동으로 개최하고, 김종필은 김대중과 함께 "신한국당의 인위적인 여대야소 조성은 민의를 무시한 야당 파괴행위"라고 규탄하였다.[20] 이어 9월 보궐선거에서 양당 공조가 이루어져서 자민련의 김용채 후보가 연합공천을 받아 서울

---

19)　심지연, 『한국정당정치사』, 3차 증보판, (백산서당, 2017), 447쪽.
20)　김종필, 앞의 책, 217-218쪽.

노원구청장 선거에 나갔다. 이것이 우리나라 최초의 야권 후보 연합 공천이었는데, 김종필이 김대중과 함께 지원유세를 했다.[21] 1996년 11월 들어 양당은 국회에서 공조를 넘어서서 1997년 대선 공조방안을 논의하기 시작했다. 김종필이 전주를 방문하여 "내년 대통령 선거에서 반드시 수평적 정권교체를 이뤄야 하며, 그러기 위해서는 야권후보가 단일화되어야 한다"고 주장했다. 이후 1년간의 협상 끝에 1997년 10월 31일 대선후보 단일화 합의문이 나왔다.[22] 합의문의 핵심은 대선후보를 김대중으로 단일화하는 대신, 집권하면 양당 공동정부를 구성해 자민련이 총리를 맡고, 1999년 말까지 내각제 개헌을 완료하기로 하되 차기 대통령이 개헌안을 주도적으로 발의하며, 15대 국회 임기 내 개헌을 대선 공약으로 하기로 한 것 등이었다. 3일 뒤에 김종필과 김대중이 참여하는 "야권후보 단일화 합의문 선언 및 서명식"을 가졌다. 1992년 대선에서 김영삼을 지지했던 김종필이 5년 만에 김대중 지지로 돌아선 것이다.

김종필-김대중 연대는 두 가지 정치적 의미가 있었다. 첫째, 1992년 김종필-김영삼 연대가 여당후보인 김영삼을 지지하는 세력편승 동맹(bandwagoning coalition)이었다면, 이번 1997년 김종필-김대중 연대는 야당후보인 김대중을 지지하는 세력견제 동맹(balancing coalition)이라고 할 수 있다. 둘째, 김종필이 충청 지지기반을 활용하여 영호남 간의 치열한 지역경쟁구도에서 두 번째로 캐스팅 보트(casting vote) 역할을 하게 되었다. 김종필-김영삼 연대가 충청-영남을 묶는 비호남 연대였다면, 김종필-김대중 연대는 충청-호남을 묶는 비영남 연대였

---

21) 같은 책, 218쪽.
22) 이 협상의 자민련 대표는 김용환, 국민회의 대표는 한광옥이었다. 같은 책, 51쪽.

다. 과연 김종필이 1992년 대선처럼 1997년 대선에서도 성공할 수 있을까? 모두의 관심사항이었다. 그런데 김종필-김대중 후보 단일화 서명식 직후 박태준이 김대중 지지를 선언함으로써 3자(김대중-김종필-박태준) 연대가 이루어짐에 따라 김대중 후보의 승리 가능성이 높아졌다. 박태준은 1992년 대선과정에서 김영삼과 결별한 후 오랫동안 일본에서 체류하였는데, 1997년 9월 동경에서 김대중과 만난 후 DJP 단일화를 위해 협조하겠다고 약속한 것으로 알려졌다.[23]

1997년 대선에서 김대중-김종필-박태준 연대가 신한국당의 이회창 후보와 맞서게 되었다. 그런데 신한국당 대선후보 경선 결과에 불복한 이인제가 신한국당을 탈당하고 국민신당을 창당하여 출마하는 바람에 3파전이 되었다. 신한국당이 분열로 인한 위기를 극복하기 위해 민주당과 통합을 추진하였다. 민주당은 조순을 대통령후보로 추대했으나 승산이 높지 않은 상태였기 때문에 조순, 이회창, 이인제 간의 후보 단일화를 제의하였다. 3자간 후보 단일화가 불투명한 상태에서 이회창과 조순이 신한국당과 민주당 간의 정당통합과 후보 단일화에 합의하였다. 대선이 겨우 1달 정도 남은 1997년 11월 21일, 양당 합당대회를 개최하고 한나라당을 공식 출범시켰다. 비록 이회창 후보가 민주당과 후보 단일화에 성공했으나 김영삼 대통령과의 관계가 악화되어 후자의 탈당과 함께 김영삼 지지세력의 이탈이 있었다. 특히 대선후보 경선에서 패배한 이수성, 박찬종 등이 이회창 후보에 대해 비판적인 태도를 취함에 따라 어려움을 겪었다. 대선을 앞두고 정치인들의 합종연횡은 계속되었다. 국민통합추진회의(약칭 통추)의 일부는

---

23) 《중앙일보》, 2004년 8월 6일자; 심지연, 앞의 책, 449쪽.

김대중 후보 지지로, 일부는 이회창 후보 지지로 나누어졌다.[24] 통추는 김대중이 민주당을 떠나 새정치국민회의를 창당할 때, 민주당에 잔류했던 인사들이 만들었다.

IMF 외환위기 상황 속에서 치러진 1997년 대선 결과 김대중 후보가 40.3% 득표로 당선되고, 이회창, 이인제 후보가 각각 38.7%, 19.2%를 득표하여 패배하였다. 당선자 김대중과 2위 득표자 이회창 간의 표차는 40만 표에 불과했다. 공교롭게도 이 표차는 충청권에서 김대중 후보와 이회창 후보 간의 표차였다. 이론적으로 보면 충청 출신 이인제가 탈당하지 않고 이회창을 지지했다면 승리할 수 있었다. 한편 김대중 후보는 김종필과 연대한 덕택에 충청지역에서 승리했다. 김대중 후보의 1992년 대선과 1997년 대선의 득표를 비교해 보면 대전 28.7%에서 45.0%로, 충남 28.5%에서 48.3%로, 충북 26.0%에서 37.4%로 증가하였다. 충청의 모든 지역에서 김대중 후보 지지율이 최하 11.4%, 최고 19.8% 증가하였다.

1998년 2월, 김대중 대통령은 자민련과 국민회의 공동정권을 출범시키면서 약속대로 김종필을 총리로, 6명의 자민련 출신을 각료로 임명했다. 정당연합 정권이 내각제에서는 흔히 있는 일이지만, 대통령제에서는 보기 드문 일로서 대한민국 정치사에서도 처음 있는 일이었다. 대통령제는 승자독식(winner-take-all)제도이기 때문에 행정 권력을 나누어 가지기 힘들기 때문이다. 김대중 대통령이 김종필 총리와 함께 대한민국 정치가 가보지 않은 길에 들어선 것이다. 그런데 자민련과

---

24) 통추 멤버 중 김원기, 김정길, 노무현, 박석무, 유인태, 원혜영 등이 국민회의에 입당하였다. 한편 통추 멤버 중 제정구, 이부영, 이철, 김원웅, 홍기훈, 김부겸 등은 한나라당에 합류하였다.

국민회의의 의석을 모두 합해도 국회 내에서 과반의석이 되지 않아 공동정권은 처음부터 어려움을 겪었다. 국회에서 한나라당의 반대로 김종필 총리 임명동의안이 통과되지 않는 바람에 편법으로 총리서리에 취임하였다.[25] 그가 1971-1975년에 총리를 한 적이 있어서 이번이 두 번째가 되었다. 과거 권위주의시기와 마찬가지로 민주화 이후에도 그는 국가 최고지도자가 되지 못하고 이처럼 권력의 2인자에 머물렀다.

한편 김대중 대통령은 김종필 총리 임명동의안부터 국회 다수당인 한나라당에 발목을 잡히자, 분점(여소야대)정부를 단점(여대야소)정부로 만들기 위해 비상한 수단을 동원하였다. 한나라당 국회의원을 빼내오고, 이인제가 창당한 국민신당과 통합하였다. 그 결과 국민회의를 기존의 78석에서 27석을 증가시켜 105석으로 만들었다. 한편 공동정권의 한 축을 형성하고 있던 자민련도 한나라당 의원 영입에 적극 나선 결과 43석을 53석으로 만들었다. 1998년 12월에는 국민회의와 자민련 의석이 합해서 158석으로 과반을 넘어섰고, 한나라당은 165석에서 137석으로 28석이나 감소하였다. 드디어 분점(여소야대)정부가 단점(여대야소)정부로 바뀌었다.

공동정권이 출범한 지 4개월 만에 실시된 지방선거에서도 자민련은 국민회의와 공조한 결과 양당이 전국 16개 시도지사 중에서 10개 지역에서 승리하는 성과를 올렸다. 이번 선거에서도 지역주의 투표현상이 강하게 나타났다. 자민련은 충청지역 3곳 외에 인천에서 당선자를 냈고, 국민회의는 호남 3곳과 수도권 3곳을 석권하였다. 한편 한

---

25) 국민회의와 자민련이 다른 정당으로부터 의원 빼내오기를 통해 과반수 의석을 확보한 후, 1998년 8월에 김종필 총리에 대한 국회 동의안이 통과되었다. 김종필, 앞의 책, 239쪽.

나라당은 영남권 4곳과 강원에서 당선자를 냈다. 국민회의와 자민련이 기초자치단체장과 광역의원 선거에서도 대승함으로써 한나라당이 정치적 위기감을 느끼게 되었다. 특히 1998년 8월의 국회의장 선거에서 한나라당이 과반이 넘는 151석을 보유하고 있었으나 한나라당후보(오세응)가 패배하고 자민련의 박준규 후보가 당선되었다. 한나라당 소속 의원 중 10명 이상이 이탈한 것으로 분석되었다. 국민회의의 도움으로 자민련이 제3당으로서는 의정 사상 처음으로 입법부의 수장을 배출하는 정치적 이변을 낳았다. 한나라당이 국회의장 선거에서 패배하고 난 뒤 분위기 쇄신을 위해 전당대회를 개최하고 조순 총재의 후임으로 이회창을 신임 총재로 선출하였다. 그가 대선 패배 후, 8개월 만에 정치 일선에 복귀한 것이다.

공동정권 출범 후 자민련은 기회 있을 때마다 김대중 대통령에게 내각제 개헌을 요구하였다. 1998년 12월 18일 정권교체 1주년 기념식에서 내각제개헌에 관한 양당의 입장 차이가 뚜렷해졌다. 김대중은 경제위기 극복을 위해 내각제 공론화에 반대한 반면, 김종필은 내각제 개헌이 공동정권의 도덕적 기반이라고 주장하였다. 1999년 1월, 자민련은 대전에서 대규모 집회를 열고 "현 정권은 내각제 합의를 반드시 이행하라"는 결의문을 채택하였다. 김대중 대통령은 내각제 공론화 대신 양당 간의 합당을 추진했다. 김 대통령의 구상은 합당을 통해 내각제 문제를 가라앉히고, 자민련 중심으로 영남권 의원을 영입하여 다가오는 2000년 총선에서 전국 정당을 만들려는 것이었다. 이러한 구상에 대해 자민련 내 비충청권 의원들은 대체로 찬성했으나 많은 충청권 의원들의 강한 반발에 부딪혀 현실화되지 못했다. 이렇게 공동정권이 내각제, 합당 문제 등으로 인해 갈등에 휩싸이자 1999

년 7월, 김 대통령이 김종필 총리를 직접 만나 연내 개헌을 유보하기로 합의하고,[26] 다시 김대중, 김종필, 박태준이 만나 내각제 개헌 유보를 공식 선언함으로써 내각제 논의에 사실상 종지부를 찍었다.

이후 국민회의는 신당 창당에 돌입하였다. 1999년 7월 말, 신당 창당을 선언하고, 9월에는 국민회의 19명, 외부 19명 등 총 38명으로 창당 발기인을 구성했고, 11월에는 신당창당준비위원회를 발족시켰다. 신당의 목표는 다가오는 총선에서 호남 지역정당을 탈피하고, 과반의석을 확보하는 것이었다. 이를 위해 호남과 수도권에 집중된 의원의 분포를 전국으로 넓히고, 개혁 성향의 인물을 영입해 유권자의 지지를 확대한다는 것이다. 신당은 당명을 새천년민주당(약칭 민주당)으로 정하고 개혁적 보수세력과 건전한 혁신세력을 아우르는 것을 목표로 내세워 자민련도 합류할 것을 제의했다. 그러나 12월 김대중과 김종필의 만남에서 자민련이 민주당에 참여하지 않을 것을 명확하게 함으로써 양당은 독자적으로 총선 준비에 나섰다. 김종필-김대중 연대가 일시적으로 중단된 것이다. 더욱이 자민련은 민주당이 국민회의의 후신이기 때문에 내각제 약속을 지켜야 한다고 주장했으나 민주당은 당 강령에 내각제를 넣지 않겠다고 발표했다.[27] 특히 총선을 앞두고 시민단체가 발표한 공천 부적격자 명단에 김종필을 비롯해서 자민련 지도부가 포함되자, 자민련은 "청와대와 민주당이 치밀한 각본을 만들어 자민련을 붕괴시키려는 시나리오"라고 반발하였다. 2000년 2월에는 자민련이 공식적으로 민주당과의 공조를 파기하는 대국민 선언문을 발표했다. 이로써 1997년 11월에 공식 출범한 김종필-김대중 연대

---

26) 내각제 포기 관련 김종필-김대중 회동에 대한 자세한 설명은 다음을 참조. 같은 책, 244쪽.
27) 심지연, 앞의 책, 476쪽.

는 2년 3개월 만에 막을 내렸다. 민주화 이후 김영삼과 김대중을 비롯한 민주화세력은 각각 1992년과 1997년 대선 승리를 위해 김종필과 연대했으나, 집권 후에는 김종필을 "권위주의 잔재"라고 내치는 행태를 반복하였다. 민주화 이후에 군부출신 정치인, 김종필의 정치적 생명이 10년 이상 계속된 것을 볼 때, 민주화 이후 권위주의 정당정치의 잔재를 극복하는 것이 얼마나 어려운 일인지를 상징적으로 보여주었다. 정치적 명분으로 볼 때, 양김은 김종필과 연대할 수 없지만, 대선의 승리를 위해 군부출신 권위주의 지도자, 김종필과 연대한 것이다.

2000년 총선을 앞두고 국회의원 선거제도 변경 논의가 활발했다. 현행 혼합선거제도에서 소선거구제는 지역주의를 지속시키는 측면이 있기 때문에 중선거구제로 변경해야 한다는 주장이 등장하였다. 국민회의와 자민련은 중선거구제를 주장한 반면 한나라당은 소선거구제 유지를 주장했다. 한나라당은 여권의 중선거구제 제안이 취약지역에서 의석을 확보하여 장기집권을 노리는 것이라고 반대하였다. 1999년 10월, 국민회의와 자민련이 1구 2-4인을 선출하는 중선거구제(180명)와 비례대표제(90명)로 270명을 뽑는 선거법 개정안을 확정했다. 그러나 한나라당의 완강한 반대로 양당이 복합선거구제를 검토했는데, 이 역시 한나라당의 반대로 무산되었다.

2000년 4월에 실시된 총선에서 자민련은 총선 후 있을 정계개편에서 캐스팅 보트를 행사할 수 있는 힘을 달라고 호소하였다. 민주당은 "안정 속의 지속적인 개혁"을 내세우고, 한나라당은 "김대중정부와 여당의 독선과 독주를 막을 수 있는 견제의석 확보"를 유권자들에게 호소하였다. 선거결과 자민련은 지역구 12석, 전국구 5석을 합하여 17석을 차지함으로써 원내교섭단체 구성이 불가능해졌다. 총선 전에 자민련의 의석 55석에 비하면 크게 줄어든 것이다. 더욱이 충청 지역에서 한나라당과 민주당의 잠식으로 자민련의 영향력이 크게 위축되었다. 충청지역 24석 중 자민련 11석, 민주당 8석, 한나라당 4석, 한국신당 1석으로, 지난 선거에서 자민련이 거의 독식했으나 이번에는 충청지역 의석의 절반에 미달하는 의석을 차지하였다. 한편 전체 의석을 보면 민주당은 115석, 한나라당은 133석을 차지하여 야당의 승리였다. 그리고 민주당 115석과 자민련 17석을 합해도 한나라당보다 1석이 적었다. 이번 선거에서도 지역주의 투표현상은 여전하였는데, 다만 충청 지역주의가 약해졌다. 한나라당은 영남 65석 중 64석을 차지했고, 민주당은 호남의 29석 중 25석을 차지한 반면, 양당이 모두 상대 지역에서는 1석도 차지하지 못했다. 민주당의 영남 진출 계획이 무산됨으로써 전국 정당화에 실패한 것을 보면 지역 대립구도가 강하게 작용한 것을 알 수 있다.

2000년 총선결과 다시 분점(여소야대)정부가 등장함에 따라 민주당은 과반수 확보가 시급하다고 보고 자민련과의 공조 복원에 나섰다. 자민련도 원내교섭단체 요건이 되지 않아서 위기감을 느끼고 있었기 때문에 민주당과 공조가 필요하였다. 총선 직후 김대중 대통령이 "자민련과의 공조체제는 불변이라는 입장을 갖고 있다"고 밝히고,[28] 박태준 총리의 후임에 자민련 총재인 이한동을 임명하여 공조 복원을 위한 분위기 조성에 나섰다. 또 민주당은 자민련을 위해 국회교섭단체 구성 요건을 20인 이상에서 10인 이상으로 낮추는 국회법 개정을 추진하였다. 국회 운영위에서 국회법 개정 법안이 한나라당의 반대에

---

28) 같은 책, 481쪽.

도 불구하고 날치기 통과되었다. 그러나 한나라당이 본회의 통과 저지를 위해 본회의장 농성에 들어가고, 자민련 출신 이만섭 국회의장이 날치기 통과 거부 의사를 밝힘에 따라 국회법 개정이 불가능해졌다. 이런 상황에서 민주당은 의원 "꿔주기" 방식으로 자민련이 교섭단체를 구성할 수 있도록 하였다. 민주당 의원 3명이 자민련으로 소속정당을 옮김에 따라 자민련이 교섭단체 구성에 필요한 20명이 되었다. 이런 방식에 대해 자민련 상창희 의원이 강력히 반대하면서 탈당하는 바람에 민주당이 추가로 의원 1명을 자민련으로 보냈다. 2001년 1월, 김종필이 김대중과 만나 공조 복원을 정식으로 선언하였다. 한편 민주당은 자민련 외에 민국당과 제휴를 추진한 결과, 민주당(115석), 자민련(20석), 민국당(2석)의 3당 연합이 137석으로 전체 의석 273석의 과반보다 1석이 더 많았다. 이제 분점(여소야대)정부가 단점(여대야소)정부로 바뀌었다. 3당 연합을 뒷받침하기 위해 김대중 대통령은 2001년 3월 26일 개각을 통해 자민련 의원 3명, 민국당 의원 1명을 장관에 임명하였다.

그러나 김종필-김대중 연대는 정치적 이해관계와 이념상의 차이로 오래가지 못했다. 민주당-자민련의 공조가 삐걱거리기 시작한 것은 2001년 4·26 재보궐선거였다. 논산시장 후보 공천을 두고 자민련은 연합공천을 주장한 반면, 민주당은 양당이 별도의 후보를 내자고 주장한 결과 합의에 도달하지 못했다. 더욱이 민주당 원내 총무 이상수가 지구당 개편대회에서 "민주당의 인기가 떨어진 이유가 인적-제도적 법적 청산이 어려운 자민련과 공조하기 때문"이라고 발언함으로써 자민련이 크게 반발하였다.[29] 이처럼 민주당-자민련의 공조가 흔

---

29) 같은 책, 484쪽, 주 81.

들리는 가운데, 2001년 8월 자민련이 각종 정치현안에 대해 한나라당과 사안별로 협조하겠다는 방침을 밝혔다. 민주당과 공조는 유지하지만 민주당을 무조건 지지할 수 없고, 언론사 세무조사, 국가보안법, 금강산 관광 등에 대해서는 한나라당에 동조한 것이다. 그 이유는 보수성향의 자민련이 진보성향의 민주당 정책을 지지할 수 없다는 것이다. 특히 대북문제와 관련하여 자민련은 민주당과 입장이 달랐다. 2001년 8월에 방북한 남한 대표단의 일부가 조국통일 3대헌장 기념탑 개막식에 참석하는 사건이 발생하자, 한나라당이 대표단의 방북을 허가해준 임동원 통일부장관 해임건의안을 국회에 제출하였다.[30] 자민련은 임 장관의 자진 사퇴를 촉구했으나 김대중 대통령이 받아들이지 않자, 자민련이 해임건의안에 동조함으로써 국회 본회의를 통과하였다. 자민련에 이적했던 4명의 민주당 의원이 "공조가 깨졌으므로 자민련에 남아 있을 이유가 없다"며 탈당하였고, 자민련 소속 장관들도 모두 사의를 표명했다.[31] 김대중 대통령의 요청으로 자민련 소속 이한동 총리는 그대로 남았는데, 자민련은 그의 총리직 사퇴와 자민련 복귀를 강력히 요구했으나 소용이 없자, 그를 자민련에서 제명하였다. 10월에 개최된 자민련 제2차 정기 전당대회에서 이한동 총재의 후임으로 김종필 명예총재를 다시 총재로 추대하였다. 2001년 11월 김대중 대통령이 국정 전념을 위해 민주당 총재직을 사퇴함으로써 정국은 그의 후임을 뽑는 대선 국면으로 치달았다.

2002년 대선 국면에서 자민련의 역할은 미미하였다. 76세의 김종필은 나이가 너무 많았을 뿐만 아니라 3김 청산과 세대교체 분위기

---

30) 임동원 장관 해임건의안 사건에 대한 자세한 설명은 다음을 참조. 김종필, 앞의 책, 256-258쪽.
31) 심지연, 앞의 책, 486쪽.

속에서 리더십을 발휘할 수 있을 정도로 정치적 명분과 세력을 가지고 있지 못했다. 2002년 3월 민주당이 도입한 국민경선제에서 다크호스 노무현이 대통령후보가 되자, 유력한 후보였던 이인제가 탈당한 후 2002년 12월에 자민련에 입당하여 총재 권한대행이 되었다. 한편 한나라당은 이회창을 다시 대통령후보로 선출하였다. 민주당 노무현과 한나라당 이회창 간의 2파전이 정몽준의 출마로 3파전이 되었다. 월드컵 유치 성공에 힘입어 2002년 9월, 정몽준은 국민통합21을 창당한 후 대선에 출마하였다. 노무현 후보의 지지도가 떨어지는 바람에 민주당은 노무현과 정몽준 간의 후보 단일화를 추진하였다. 11월 15일, 양당은 여론조사 결과에 따라 후보를 단일화하기로 합의하였다. 두 사람은 한나라당의 이회창 후보와 3자 대결에서는 이길 수 없다는 판단에서 전격적으로 후보 단일화에 나선 것이다. 노무현과 정몽준의 TV 토론 후 실시된 여론조사에서 노무현이 이김으로써 단일후보가 되었다. 이후 노무현의 지지도는 상승세를 타기 시작하여 마지막 순간에 정몽준이 노무현 지지를 철회했으나 당선되었다. 노무현이 48.9%, 이회창이 46.6%를 얻었다. 대선과정에서 자민련이나 김종필의 역할은 거의 찾아볼 수 없었다. 오히려 대선과정에서 노무현 후보가 충청도로 수도 이전을 공약한 후 충청 유권자의 표를 대거 획득함으로써 충청지역 맹주의 필요성이 크게 약화되었다.

노무현정부 출범 후 자민련은 국회 교섭단체를 구성하지 못했기 때문에 정치적 존재감을 드러내지 못했다. 그런데 2004년 탄핵정국에서 자민련 의원 10명 중 8명이 민주당과 한나라당이 제출한 노무현 대통령 탄핵안에 찬성하였다.[32] 탄핵 직후 실시된 2004년 총선에서 자민련은 지역구 4석에 지지율 2.8%에 그쳐 비례대표 1번으로 출마했던 김종필이 낙선하여 정계은퇴를 선언하였다. 이후 자민련과 김종필은 정치적으로 재기하지 못한 채 역사 속으로 사라졌다. 그동안 김종필은 주로 타의에 의해 정치를 일시적으로 그만두었으나, 이번에는 자의로 정치에서 물러났고, 다시 정계로 돌아오지 못했다.

4. 김종필에 대한 평가: "풍운아"에서 "돌아온 탕자"로

흔히 김종필을 정치적 "풍운아"라고 한다.[33] 김종필은 공화당 창당 직후 그의 반대세력에 의해 "자의반 타의반" 해외로 나갔다. 박정희 의장을 비롯한 군부가 공화당 지지를 일시적으로 철회했으나 김종필 세력은 끝까지 공화당을 지킨 끝에 1963년 선거에서 승리하여 박정희정권을 출범시켰다. 그 후 김종필은 박정희 대통령의 후계자가 되기 위해 노력했으나 박 대통령의 3선 개헌으로 꿈을 이루지 못했다.[34] 1971년 6월, 유신 직전에 총리에 임명되어 4년 6개월을 재직했으나 명목상의 2인자에 불과했다. 1979년 박정희 시해사건 후 김종필이 드디어 공화당 총재가 되었으나 6개월 만에 신군부에 의해 강제적으로 정치에서 물러난 후 공화당은 해체되었다.[35]

그런데 1987년 민주화와 함께 김종필이 공화당 세력을 기반으로 정치에 복귀하였다. 어쩌면 "돌아온 탕자"에 비유할 수 있을 것이다. 아버지가 "돌아온 탕자"를 반갑게 맞아들이듯이, 한국의 민주화가 군

---

32) 김종필의 탄핵 반대 입장에 대한 자신의 설명은 다음을 참조. 김종필, 앞의 책, 272쪽.

33) 조갑제, 『내 무덤에 침을 뱉어라 5: 김종필의 풍운』, (조선일보사, 1999).

34) 김종필의 정치역정에 대한 자신의 설명은 김종필, 앞의 책, 119쪽 참조.

35) 권력의 2인자로서 김종필의 처세술에 대한 자신의 설명은 같은 책, 117쪽 참조.

부출신 정치인, 김종필을 품어준 것이다. 그를 반갑게 맞아준 것은 박정희시대가 낳은 산업화 세력과 그의 고향인 충청 유권자였다. 민주화 이후 그의 정치적 변신은 놀라웠다. 1988년 총선에서 충청의 맹주로 등장한 김종필의 신민주공화당은 군소 정당에 불과했지만 헌정사상 초유의 분점정부(여소야대) 국회에서 연합의 잠재력(coalition potential)을 발휘하였다. 2당(김대중의 평화민주당)과 3당(김영삼의 통일민주당)만으로 국회 과반이 되지 않아 민주투사인 양김(김대중, 김영삼)이 김종필과 손잡았다. 아이러니컬하게도 군부출신의 김종필에게 민주화 이후 정치적 공간이 열린 것이다. 이것이 민주화 이후 김종필의 첫 번째 정치적 변신이었다.

이후 김종필의 정치적 변신은 계속되었다. 2차 변신은 그가 대구-경북(노태우)의 산업화세력과 부산-경남(김영삼)의 민주화세력과 연합하여 3당 합당을 이룬 후 다시 여당의 일부가 된 것이었다. 노태우 대통령은 분점(여소야대)정부로 인한 국정운영의 어려움을 극복하고, 차기 정권 창출을 위해 김종필과 김영삼이 필요했다. 한편 김영삼은 혼자 힘으로 대선 승리가 어려웠기 때문에 3자 연합에 합류한 것이다. 한편 김종필은 내각제 개헌을 위해 3자 연합에 참여했으나 김영삼의 반대로 내각제 개헌은 이루어지지 않았다. 1992년 대선에서 노태우의 뒤를 이어 김영삼이 대통령이 됨으로써 32년 만에 문민정부가 탄생하였다. 문민정부의 집권당 내에서 군부출신 김종필의 정치적 지위는 불안하였다.

결국 김영삼세력에 밀려난 김종필은 자유민주연합(자민련)을 만들어 독자 생존의 길에 나섰다. 그의 세 번째 정치적 변신도 성공적이었다. 1995년 지방선거와 1996년 총선에서 충청 유권자의 아낌없는 지지 덕택에 무시할 수 없는 정치세력이 되었다. 민주화 이후 형성된 지역주의 경쟁구도가 김종필을 구원해준 것이다. 그런데 1997년 대선을 앞두고 김종필은 다시 내각제 개헌을 위해 김대중과 대선후보 단일화에 합의하고 적극적으로 도와준 결과 대한민국 역사상 처음으로 정당 간의 평화적 정권교체에 기여하였다. 이것이 김종필의 네 번째 화려한 정치적 변신이었다. 김대중 대통령은 김종필을 국무총리로 임명하고 공동정권을 운영하였으나 2000년 총선에서 자민련은 원내교섭단체에도 미치지 못하는 17석을 얻어 위기를 맞았다. 자민련은 김대중의 도움으로 원내교섭단체를 만들고 일시적으로 공동정권을 운영했으나 2001년 대북정책을 둘러싼 갈등으로 인해 결별하였다.

2003년 김대중 대통령의 임기가 끝난 후 김종필의 정치적 역할이 급격히 줄어들었다. 김종필의 나이(77세)가 너무 많았고, 독자적으로 정당을 꾸려갈 정치적 명분과 세력이 너무 빈약해졌다. 2004년 총선에서 자민련이 3%에 미달하는 득표로 전국구 비례대표 1번인 김종필마저 당선되지 못하는 불운을 겪었다. 결국 김영삼에 이어 김대중이 정치에서 은퇴한 후 김종필도 정계에서 은퇴하였다. 민주화 직후 3김 시대 정당정치의 한 축을 맡았던 김종필의 정치적 역할은 끝나버렸다.[36]

---

36) 김종필의 정계 은퇴 후 충청권 정당으로 국민중심당, 자유선진당 등이 만들어졌으나 그는 참여하지 않았다. 2007년 대선에서는 한나라당 이명박 후보를 지지하였으나 2008년 한나라당 국회의원 후보 공천 결과가 편파적이라고 비판하였다. 2008년 뇌졸중으로 쓰러졌으나 2010년경 거의 정상으로 회복한 후, 《중앙일보》의 도움을 얻어『김종필 증언록』1, 2권을 발간하였다. 2015년 부인(박영옥)과 사별하고, 2018년 향년 92세의 나이로 세상을 떠났다.

부록 1

민주공화당 고위 당직자 명단

(연월일은 임명 또는 선출된 날자)

1. 당총재

초대: 정구영, 1963년 2월 26일

2대: 박정희, 1963년 9월 5일

3대: 김종필, 1979년 11월 12일

2. 당총재 고문: 이갑성, 임영신, 김동성, 윤일선, 최규남, 조정환, 박현숙
   (1963년 4월 20일 임명, 1967년 10월 4일 해촉)

3. 당총재 보좌역: 정구영, 윤치영, 백두진, 최희송, 김정렬, 전례용, 김성진
   (1967년 10월 14일 임명)[1]

4. 당총재 상임고문

(1) 김종필: 1970년 12월 26일 임명, 1971년 3월 18일 당 부총재 취임

(2) 윤치영: 1970년 12월 26일 임명

(3) 정일권: 1970년 12월 26일 임명, 1972년 7월 22일 당의장에 취임

(4) 백남억: 1973년 3월 8일 임명

(5) 이효상: 1979년 2월 20일 임명, 1979년 12월 26일 재임명

(6) 박준규: 1979년 11월 12일 임명

---

1) 윤치영은 1968년 6월 4일 당의장에 취임, 백두진은 1971년 7월 26일 국회의장에
    취임함으로써 당총재 보좌역에서 해촉.

5. 당 부총재: 김종필, 1971년 3월 18일 임명, 1973년 3월 8일 당원직 사퇴

6. 당의장

(1) 초대: 김정렬, 1963년 2월 26일

(2) 2대: 윤치영, 1963년 5월 27일

(3) 3대: 김종필, 1963년 12월 5일

(4) 4대 서리: 정구영, 1964년 6월 10일, 전례용 1965년 8월 24일(당의장 부재로 중앙위원장이 대행)

(5) 5대: 김종필, 1965년 12월 27일

(6) 6대 서리: 윤치영, 1968년 5월 25일

(7) 7대: 백남억, 1970년 12월 26일

(8) 8대 서리: 정일권, 1972년 7월 26일

(9) 9대: 이효상, 1973년 3월 8일

(10) 10대: 박준규, 1979년 2월 19일

(11) 11대: 김종필, 1979년 11월 12일

(12) 12대: 전례용, 1980년 3월 26일

7. 당 부의장(박정희 사후 신설)

(1) 이병희, 길전식: 1979년 12월 26일

(2) 장영순: 1980년 3월 26일

8. 중앙위원장

(1) 1대: 김성진, 1963년 2월 27일

(2) 2대: 전례용, 1964년 12월 31일

(3) 3대: 김성진, 1965년 12월 28일(1969년 11월 20일, 중앙위 의장직을 없앤 후 1970년 11월 19일 부활시킴)

(4) 4대: 이병희, 1971년 2월 27일

(5) 5대: 김성곤, 1971년 6월 9일

(6) 6대: 민병권, 1971년 10월 6일

(7) 7대: 장경순, 1973년 3월 9일(1976년 12월 4일 무임소장관으로 취임)

(8) 8대: 이병희, 1976년 12월

(9) 9대: 육인수, 1979년 2월 20일, 1979년 12월 26일 재임명

(10) 10대: 정래혁, 1980년 3월 26일

9. 정책위원장

(1) 1대: 김용우, 1963년 2월 26일

(2) 2대: 백남억, 1963년 5월 3일

(3) 3대: 이종극, 1963년 12월 6일

(4) 4대: 인태식, 1964년 1월 24일

(5) 5대: 백남억, 1964년 5월 16일(1970년 12월 26일부터 당의장 겸직)

(6) 6대: 길재호, 1971년 6월 9일

(7) 7대: 구태회, 1971년 10월 6일

(8) 8대: 박준규, 1973년 3월 9일

(9) 9대: 구태회, 1979년 2월 20일

(10) 10대: 김창근, 1979년 12월 26일

10. 사무총장

(1) 초대: 김동환, 1963년 3월 1일

(2) 2대: 장경순, 1963년 9월 5일

(3) 3대: 윤천주, 1963년 12월 5일(1964년 5월 11일 문교부장관에 취임)

(4) 4대: 예춘호, 1964년 5월 16일, 1965년 1월 1일

(5) 5대: 길재호, 1965년 12월 31일

(6) 6대: 오치성, 1969년 7월 12일

(7) 7대: 길재호, 1970년 10월 15일

(8) 8대: 길전식, 1971년 6월 9일, 1973년 3월 8일 재임명

(9) 9대: 신형식, 1979년 2월 20일

(10) 10대: 양찬우, 1979년 12월 26일

11. 원내 총무

(1) 초대: 김용태, 1963년 12월 7일

(2) 2대: 김성진, 1964년 4월 25일

(3) 3대: 현오봉, 1964년 6월 11일

(4) 4대: 김동환, 1965년 1월 16일, 1965년 12월 16일 재임명

(5) 5대: 김진만, 1967년 7월 1일

(6) 6대: 김택수, 1969년 4월 11일

(7) 7대: 김진만, 1970년 2월 3일

(8) 8대: 김재순, 1971년 6월 9일

(9) 9대: 현오봉, 1971년 10월 6일

(10) 10대: 김용태, 1973년 3월 8일

(11) 11대: 김용호, 1979년 12월 26일

12. 재정위원장

(1) 초대: 이활, 1963년 4월 30일

(2) 2대: 김유택, 1963년 9월 11일

(3) 3대: 김성곤, 1965년 12월 31일

(4) 4대: 김진만, 1971년 6월 9일(유신 이후 이 자리가 없어짐)

13. 당 기율위원장

(1) 초대: 조병일, 1963년 5월 2일

(2) 2대: 서상린, 1964년 2월 4일

(3) 3대: 조시형, 1965년 4월 1일

(4) 4대: 최두고, 1967년 10월 3일

(5) 5대: 이백일, 1969년 12월 11일

(6) 6대: 김원태, 1971년 6월 24일

(7) 7대: 유승원, 1973년 3월 22일

14. 당 대변인
(1) 초대: 윤주영, 1963년 3월 1일
(2) 2대: 서인석, 1963년 4월 20일
(3) 3대: 노석찬, 1963년 12월 9일
(4) 4대: 신범식, 1964년 5월 20일(임시 대변인 박형규 1965년 6월 10일)
(5) 5대: 신동준, 1966년 1월 8일
(6) 6대: 김재순, 1967년 10월 14일
(7) 7대: 김창근, 1969년 11월 24일
(8) 8대: 신형식, 1971년 6월 9일
(9) 9대: 이해원, 1973년 3월 9일
(10) 10대: 박철, 1976년 3월 12일
(11) 11대: 오유방, 1979년 2월 20일
(12) 12대: 최영철, 1979년 11월 16일

15. 국회의장(공화당 또는 유정회 소속)
(1) 6대, 7대 국회: 이효상, 1963년 12월 7일, 1965년 12월 17일, 1967년 7월
  10일, 1969년 7월 10일
(2) 8대 국회: 백두진, 1971년 7월 26일
(3) 9대 국회: 정일권, 1973년 3월 12일, 1976년 3월 12일
(4) 10대 국회: 백두진(유정회 소속), 1979년 3월 17일(1979년 10월 26일 사퇴)

16. 국회부의장(공화당 또는 유정회 소속)
(1) 6대, 7대, 8대 국회: 장경순, 1963년 12월 7일, 1965년 12월 16일, 1967년
  7월 10일, 1969년 7월 10일, 1971년 7월 26일
(2) 9대 국회: 김진만(유정회 소속), 1973년 3월 12일
(3) 9대 국회: 구태회(유정회 소속), 1976년 3월 12일

(4) 10대 국회: 민관식, 1979년 3월 17일(1979년 10월 26일 백두진 의장의 사퇴로 국회의장 직무대리)

민주공화당 관련 주요 자료

I. 간행물

1. 『격랑을 헤치고: 민주공화당 2년사』, 1964.
2. 『전진은 당과 더불어: 민주공화당 3년사』, 1965.
3. 『민주공화당 4년사』, 1967.
4. 『민주공화당사: 1963-1973』, 1973.
5. 『한국경제의 장기전망: 1967-1986』, 1968.
6. 『새 시대엔 새 생활을』, 1969.
7. 『반공 사적지 현황 조사』, 1976.
8. 『1986 선진조국』, 1978.
9. 《민주공화보》, 125-588호, (1967년 1월 1일-1979년 11월 24일).
10. 《DRP Bulletin》, Jan. 1966-Aug. 1979.
11. The Central Office, 『The DRP, Republic of Korea』, 1965.
12. 홍보부, 『정치 계몽 강연 자료』, 1963.
13. 홍보부, 『민주공화당 조직의 특색과 정당법, 선거법의 합리성과 공정성』, 1963.
14. 홍보부, 『민주공화당의 이념과 성격』, 1963.
15. 홍보부, 『선전 교양 자료집』, 1964.
16. 총무부, 『이념과 정책』, 1963.
17. 정책평가위원회, 《정책 계간》, 1966.

II. 비공개 공식문서

1. 창당 관련 문서
(1) 창당대회 대의원 명단, 1963.
(2) 중앙위원회와 상임위원회 명단, 1963.
(3) 창당 준비 대회 자료, 1963년 2월 1일.
(4) 창당 준비 대회 회의록, 1963년 2월 2일.
(5) 창당 관련 자료, 1963.
(6) 지구당 창당 책임자 명단, 1963.
(7) 지구당 창당 승인 신청서, 1963년 2월 16일-1963년 2월 22일.
(8) 창립 대회 회의록, 1963년 2월 26일.
(9) 창당 대회 대의원 명단, 1963.
(10) 기획총무부, 「대선 기본 계획, 정강 정책, 당헌」, 1963년 1월 1일.

2. 전당대회 관련문서
(1) 3차 전당대회 중앙상임위원회 선출 명단, 1965년 12월 28일.
(2) 4차 전당대회, 1967년 2월 2일.

3. 시도 사무국장 회의 관련 자료
1976년/1977년/1978년/1979년 2월 20일-24일(1979년 시도지부 계획)/1980년 4월 24일-1980년 5월 9일.

4. 세미나
(1) 시도 조직부장 회의, 1974년 3월 29일.
(2) 중앙당 사무국 직원의 지구당 배치 준비 세미나, 1972년 6월 15일-16일/ 전주 지구당 현황. 1972.
(3) 시도 여성국장 세미나, 1975년 4월 25일/직능국 현황과 관리(최찬희, 서울시지부 여성부장)/여성자문위원회의 효과적인 관리 방안(충북지부)/

대도시 핵심당원 조직 및 관리 방안, 1973년 7월 30일(안석순, 부산시지부 조직부장).

5. 조정 위원회, 1974년 1월 7일-1974년 12월 24일.

6. 합동 조정 위원회, 1976년 8월 31일-12월 14일/1977년 5월 3일-5월 10일/1979년 6월 15일.

7. 당정협의회, 1976년 8월 27일-11월 3일/1978년 1월 24일/1978년 8월 24일-12월 13일/1978년 6월 25일/1978년 9월 5일-12월 2일.

8. 부장회의 자료, 1973년 12월 12일-1974년 8월 14일/1974년 12월 31일-1975년 12월 10일/1974년 2월 27일-12월 24일/1975년 2월 22일-3월 24일.

9. 정당 등록 관련 자료, 1963년 1월 22일-12월 16일/1963년 5월 6일-12월 27일/1964년 2월 3일-7월 10일.

10. 기획 관련 자료, 1966년 1월 31일-1970년 1월 31일/1966년 10월 5일-12월 30일/1967년 1월 5일-12월 22일/1967년 12월 26일-12월 27일/1969년 1월 11일-12월 8일/1970년 1월 30일-11월 30일/1971년 9월 7일/1972년 1월 27일/1972년 2월 3일-8월 12일/1975년 1월 15일-12월 26일/1975년 11월 1일-12월 5일/1975년 12월 31일-1976년 12월 24일/1976년 12월 15일-12월 31일/1977년 1월 19일-12월 21일/1978년 2월 28일-1979년 10월 11일/1979년 12월 8일-1980년 1월 11일/1980년 1월 7일-1980년 5월 8일.

11. 당 현황, 1968년 12월 10일/1968년 8월 27일-12월 10일/1973년 5월 9일-12월 12일/1975년 1월 22일-2월 19일/1975년 2월 20일/1977년 1월 28일-2월 14일/1979년 2월 10일-8월 14일.

12. 당무 보고, 1976년 1월 27일-1976년 11월 28일/1977년 1월 4일-1977년 3월 31일.

13. 당규 관련 자료, 1963년/1963년 3월 4일-6월 30일/1965년 3월 11일-1968년 9월 1일/1963년 3월 11일-6월 30일/1971년 1월 4일-1980년 2월 19일/1971년 11월 27일-1972년 6월 28일/1974년 12월 30일-1979년 6월 29일/1975년 8월 25일/1978년 10월 14일.

14. 선거 관련 자료
(1) 제9대 총선, 1973년 1월 24일-2월 20일.
(3) 제10대 총선 대비 기획국 보고서, 1978년 10월 16일/1978년 10월 24일-11월 7일/1978년 12월 10일-12월 12일.
(3) 선거법 위반 사건, 1973년 4월 25일-11월 14일.

15. 당무 회의록, 1973년 1월 5일-5월 31일/1979년 11월 10일-12월 26일/1980년 2월 11일-3월 26일.

16. 도시문제 연구소 관련 자료
(1) 회의록, 1979년 6월 14일/1979년 11월 28일/1980년 1월 5일.
(2) 도시문제연구소 규칙
(3) 1980년 활동계획
(4) 1980년 예산

17. 당헌 관련 자료, 1963년 2월 26일/1963년 5월 27일/1963년 8월 31일/1964년 4월 25일/1965년 1월 28일-2월 18일/1964년 2월 25일/1966년 1월 15일/1967년 10월 4일/1969년 11월 20일/1970년 10월 29일/1970년 11월 19일/1971년 9월 16일/1973년 1월 5일/1973년 3월 24일.

18. 새세대 연구회 회의 자료, 1973년 5월 2일-1974년 12월 4일.

19. 당무 개선, 당 발전 연구 관련 자료, 1973년 3월 4일/1973년 5월 15일/
1973년 5월 22일/1973년 5월 29일/1973년 6월 11일/1973년 7월 6일/
1973년 9월/1975년 10월-1976년 8월/1979년 2월 19일/1979년 6월
14일/1979년 7월 9일/1979년 7월 12일/1979년 7월 16일/1979년 7월 18일.

20. 사무총장 인수인계 관련 자료
(1) 오치성 사무총장에서 길재호 사무총장으로, 1970년 10월.
(2) 길재호 사무총장에서 길전식 사무총장으로, 1971년 6월 10일.
(3) 길전식 사무총장에서 신형식 사무총장으로, 1979년 2월 20일.

21. 기타
(1) 당총재의 시도지부 순방 보고서, 1980년 2월 2일-2월 20일.
(2) 지구당 활동 지침, 1980년 5월.
(3) 최근 경제상황과 개헌안, 1980년 4월.
(4) 현황에 대한 전반적인 분석, 1974년 3월 26일-1974년 10월.
(5) 당원 선서, 1974년 6월.
(6) 당의장의 지구당 순방, 1974년 6월.
(7) 당보 발간을 위한 독립적인 출판사 설립계획, 1975년 1월 25일, 1975년 2월
5일.
(8) 중앙당과 지방당 사무국 관리 평가, 1979년 7월 10일-1979년 9월 20일.
(9) 서울 제5 지구당 개편대회 연설문, 1978년 9월 20일.
(10) 유신활동 기획위원회, 1974년 3월 5일-1974년 3월 26일.
(11) 1979년 연구보고서, 1979년 1월 19일, 1979년 2월 2일.
(12) 긴축안, 1973년 11월 1일.
(13) 정당 자유에 관한 자료, 1979년 3월 3일-1979년 7월 12일.
(14) 10년사 발간 자료, 1972년 4월-1973년 10월.

(15) 전국 사무국 직원 회의 자료, 1979년 6월 11일.

부록 3
참고문헌

한글 문헌

강원택, 2018, 「한국 정당 정치 70년」, 《한국정당학회보》, 17: 2, 5-31.

_____, 2018, 「10·26 이후 정국 전개의 재해석」, 《역사비평》, 118-157.

길승흠, 1983, 「한국의 정당과 의회 관계」, 《한국정치학회보》, 17: 31-47.

김영국, 1971, 「의회 정치가 사는 길」, 《신동아》, (8월): 90-103.

김용태, 1985, 「삼선 개헌은 엄민영의 발상」, 《월간 조선》, (2월): 376-385.

김용호, 1994, 「민주화와 정당정치」, 안청시 등, 『전환기의 한국민주주의, 1987-1992』, 법문사, 87-160쪽.

_____, 1996, 「제13장. 한국의 여당」, 윤정석·신명순·심지연(편). 『한국정당정치론』. 서울: 법문사, pp. 423-464.

_____, 2001, 『한국 정당정치의 이해』. 서울: 나남출판.

_____, 2008, 「한국정당연구의 학문적 정체성 확립을 위한 성찰」, 《한국정당학회보》, 7: 2, 65-82.

김종필, 2016, 『김종필 증언록』, 1, 2, 와이즈베리.

김현우, 2000, 『한국 정당통합 운동사』, 서울: 을유문화사.

김홍기, 1962, 「제3공화국의 이정표」, 《신사조》, (11월): 38-49.

김형욱·박사월, 1983, 『혁명과 우상: 김형욱 증언』, Part I, II, 뉴욕: 한국 독립신문사.

남시욱·박경석, 1967, 「한국 정당의 파벌」, 《신동아》, (2월): 198-221.

박경미, 2010, 「제1공화국의 정당 교체: 자유당과 민주당 형성」, 《한국정당학회보》, 제9권 1호, 5-37.

박명림, 1996, 「제2공화국 정치균열의 구조와 변화」, 백영철(편), 『제2공화국 과 한국 민주주의』, 서울: 나남.

박정희, 1962, 『우리 민족이 나갈 길』, 서울: 동아출판사.

_____, 1969, 『국가와 혁명과 나』, 서울: 향문사.

박찬욱, 1994, 「국회의원과 지역선거구민간의 연계: 제13대 국회를 중심으 로」, 구영록교수 화갑기념논총 편집위원회 편, 『국가와 전쟁을 넘어서: 국제환경의 변화와 한국정치』, 법문사.

서희경, 2020, 『한국헌정사 1948-1987』, 포럼.

손봉숙, 1985, 「한국 자유당의 정당정치 연구」, 《한국정치학회보》, 19: 163-183.

신형식, 1985, 「김성곤은 박정희를 싫어했다」, 《월간 조선》, (3월): 316-337.

신명순, 1993, 『한국정치론』, 서울: 법문사.

_____, 1996, 「정당의 조직」, 윤정석·신명순·심지연(편), 『한국정당정치론』, 서울: 법문사, 109-144.

심지연, 1982, 1984, 『한국 민주당 연구』, Vol. 1, 서울: 풀빛; Vol. 2, 서울: 창 작과 비평사.

_____, 1986, 「해방 후 주요 정치집단의 정치구조와 정책구상에 대한 분석」, 《한국정치학회보》, 제20집 2호.

_____, 2017, 『한국정당정치사: 위기와 통합의 정치』, 3차 증보판, 백산서당.

심지연·김민전, 2006, 『한국정치제도의 진화경로』, 백산서당.

안철현, 「제1~2공화국 정당정치의 전개과정과 특성」, 안희수(편), 『한국정당 정치론』, 서울: 나남, 253-284.

예춘호, 1985, 「강권에 무너진 삼선개헌 반대자들」, 《신동아》, (11월): 198-221.

_____, 1985, 「삼선 개헌: 검은 음모와 배신」, 《신동아》, (8월): 194-209.

_____, 1985, 「박정희는 김종필을 불신했다」, 《신동아》, (9월): 416-433.

_____, 1986, 「공화당 사전 조직과 주체세력의 암투」, 《신동아》, (2월): 300-324.

유혁인·이진희, 1968, 「민주공화당」, 《신동아》, (8월): 88-119.

윤보선, 1991, 『회고록: 외로운 선택의 나날: 4·19와 5·16, 유신독재의 소용
　　돌이 속에서』, 서울: 동아일보사.

윤성이, 1988, 「정당 내 파벌의 행태와 특징」, 윤형섭·신명순(편), 『한국정치
　　과정론』, 서울: 법문사, 162-216.

윤재걸 외, 1985, 「광주 사태」, 《신동아》, (7월): 230-323.

윤천주, 1981, 『정치문화와 통치형』, 서울: 서울대학교 출판사.

윤형섭, 1962, 「정당제도와 선거제도와의 상관관계 연구」, 『정치학논총』, 4:
　　78-119.

＿＿＿, 1986, 「국회의원선거제도의 변혁과정」, 한국정치학회(편), 『현대한국
　　정치론』, 서울: 법문사, 349-426.

＿＿＿, 1988, 『한국정치론』, 서울: 박영사.

＿＿＿, 1988, 「정당제도와 선거제도」, 윤형섭·신명순(편), 『한국정치과정론』,
　　서울: 법문사, 123-161.

＿＿＿, 1989, 「한국정치과정」, 김운태 외, 『한국정치론』, (제2전정판), 서울:
　　박영사, 492-574.

이만섭, 1985, 「개헌 찬성의 5개 선행조건」, 《월간 조선》, (2월): 386-397.

이성춘, 1980, 「민주공화당 17년의 드라마」, 《신동아》, (4월): 436-500.

＿＿＿, 1984, 「김종필은 왜 후계자가 못 되었나?」, 《신동아》, (8월): 156-199.

이영석 편, 1987, 『정구영 회고록: 실패한 도전』, 서울: 중앙일보사.

이영조, 1982, 「민주공화당 창당 과정에 관한 연구」, 서울대학교 석사학위
　　논문.

이웅희·김진현, 1964, 「정치 자금」, 《신동아》, (9월): 108-133.

이정복, 1983, 「정당 체계와 정치적 안정에 관한 연구」, 《사회과학과 정책
　　연구》, 5: 291-313.

＿＿＿, 1985, 「국회의원과 정당의 역할」, 한국의회발전연구회 13차 세미나,
　　서울, 11월 5일.

이정식(李廷植), 1967, 「한국 정당 정치의 사적 전개」, 《사회과학》, 6: 20-35.

_____ , 1991, 「한일정당의 파벌에 관한 비교연구: 민자당과 자민당을 중심으로」,《한국정치학회보》, 제25집 2호.

이정식(李庭植), 2006, 『대한민국의 기원』, 서울: 일조각.

이홍구, 1969, 「한국 정당의 성격과 방향」,《신동아》, (7월): 81-87.

임혁백, 2014, 『비동시성의 동시성: 한국 근대정치의 다중적 시간』, 고려대학교 출판부.

장창국, 1984, 『육사 졸업생』, 서울: 중앙일보사.

장훈·임성학, 2012, 『한국정당정치 연구 방법론』, 서울: 나남.

전인권, 2006, 『박정희 평전』, 서울: 이학사.

전재호, 2016, 「한국의 민주화 이행에서 김대중의 역할, 1980-1987년」, 민주화운동기념사업회,《기억과 전망》, 통권 35호, 243-281.

정상호, 2018, 「1980년 봄을 빼앗아간 신군부와 그 공모자들」,《역사비평》, 158-190.

정진민, 2008, 『한국의 정당정치와 대통령제 민주주의』, 서울: 인간사랑.

조갑제, 1985, 「김재규와 차지철의 암투」,《월간 조선》, (5월): 210-241.

_____ , 1999, 『내 무덤에 침을 뱉어라 5: 김종필의 풍운』, 조선일보사.

조일문, 1970, 「정치 자금의 이론과 현실적 고찰」,《사상계》, (2월): 43-59.

중앙선거관리위원회, 1973, 『대한민국 정당사』, 제1집: 1945년-1972년, 제2집: 1972. 10. 17.-1973. 12. 31, 제3집: 1974. 1.-1979. 12. 31, 서울: 중앙선거관리위원회.

최장집, 1985, 「과대성장국가의 형성과 정치균열의 구조」,《한국사회연구》, 서울: 한길사.

_____ , 1985, 「권위주의체제의 긴장과 이행: 귀레르모 오도넬과의 대담」,《세계의 문학》, 제10권, 4호(통권 38호).

_____ , 1993, 「한국의 정치균열의 구조와 전개」, 『한국민주주의의 이론』, 서울: 한길사.

_____ , 1996, 『한국민주주의의 조건과 전망』, 서울: 나남.

_____ , 2003, 『민주화 이후의 민주주의: 한국 민주주의의 보수적 기원과

위기』, 후마니타스.

한국역사정치연구회 김용직 편, 『사료로 본 한국의 정치와 외교: 1945~1979』,
성신여자대학교 출판부.

해위학술연구원, 2015, 『윤보선과 1960년대 한국정치』, 한국학중앙연구원 출
판부.

신문, 잡지

《동아일보》/《조선일보》/《한국일보》, 1962-1980년

《신동아》/《월간 조선》/《사상계》/《신사조》 등. 1962-1980년

영문 문헌

Ames, Barry, 1970, "Bases of Support for Mexico's Dominant Party,"
American Political Science Review 64(March): 153-167.

Bendix, Reinhard, 1967, "Reflections on Charismatic Leadership," *Asian
Survey* 7(June): 341-352.

Boettcher, Robert, 1968, *Gifts of Deceit: Sun Myong Moon, Tongsun
Park and the Korean Scandal*, New York: Holt, Rinehart and
Winston.

Chalmers, Douglas A., 1972, "Parties and Society in Latin America,"
Studies in Comparative International Development 7: 102-130.

Chang, Dal-Joong, 1985, *Economic Control and Political Author-
itarianism: The Rise of Japanese Corporations in Korean Politics,
1965-1979*, Seoul: Sogang University Press.

Choi, Chang Jip, 1983, "Interest Conflict and Political Control in South
Korea: A Study of the Labor Unions in Manufacturing Industries,
1961-1980," Ph. D. diss., University of Chicago.

Choi, Sung-il, 1973, "The Electoral Reform, the New National Assembly and Democracy in South Korea: A Functional Analysis," *Asian Survey* 13(December): 1092–1101.

Chou, Yangsun and Andrew J. Nathan, 1987, "Democratizing Transition in Taiwan," *Asian Survey* 27(March): 277–299.

Cole, David C., and Princeton N. Lyman, 1971, *Korean Development: The Interplay of Politics and Economics*, Cambridge: Cambridge University Press.

Cole, David C., 1980, "Foreign Assistance and Korean Development," In *The Korean Economy: Issues of Development*, ed., David Cole, Youngil Lim, and Paul W. Kuznets, Berkeley: Institute of East Asian Studies, University of California.

Cumings, Bruce, 1983, "The Origins and Development of the Northeast Asian Political Economy: Industrial Sectors, Product Cycles, and Political Consequences," *International Organization* 38(Winter): 1–40.

Duverger, Maurice, 1964, *Political Parties: Their Organization and Activity in the Modern State*, 3rd. English ed., trans. Barbara and Robert North, London: Methuen(originally published in French in 1951).

Grofman, Bernard, and Arend Lijphart, eds., 1986, *Electoral Laws and Their Political Consequences*, New York: Agathan Press.

Ha, Young-sun, 1984, "American-Korean Military Relations: Continuity and Change," In *Korea and the United States*, ed., Youngnok Koo and Dae-Sook Suh, Honolulu: University of Hawaii Press.

Hahn, Bae-Ho, 1971, "Factions in Contemporary Korean Competitive Politics." Ph. D. diss., Princeton University.

Hahn, Bae-ho, and Ha-ryong Kim, 1976, "Party Bureaucrats and Party

Development," In *Political Leadership in Korea*, ed., Dae-Sook Suh and Chae-Jin Lee, 67-99, Seattle: University of Washington Press.

Han, Ki-Shik, 1974, "Development of Parties and Politics," *Korea Journal* (I) (II) (September, October): 37-50, 41-57.

Han, Sungjoo, 1974, *The Failure of Democracy in South Korea*, Berkeley: University of California Press.

_____, 1978, "South Korea's Participation in the Vietnam Conflict: An Analysis of the United States-Korean Alliance," *Orbis*, (Winter): 893-912.

_____, 1980, "Student Activism: A Comparison Between the 1960 Uprising and the 1971 Protest Movement," In *Political Participation in Korea: Democracy, Mobilization and Stability*, ed., Chong Lim Kim, Santa Barbara, California: Clio Books.

_____, 1986, "Political Institutionalization in South Korea, 1961-1984," In *Asian Political Institutionalization*, ed., Robert Scalapino et al., 116-137, Berkeley: Institute of East Asian Studies, University of California.

Harik, Iliya, 1973, "The Single Party as a Subordinate Movement: The Case of Egypt," *World Politics* 26(October): 80-105.

Henderson, Gregory, 1968, *Korea: The Politics of Vortex*, Cambridge, Mass.: Harvard University Press.

Heo, Uk and Hans Stockton, 2005, "The Impact of Democratic Transition on Elections and Parties in South Korea," *Party Politics*, Vol. 11, No. 6, 674-688.

Hirschman, Albert O, 1969, *Exit, Voice, and Loyalty: Responses to Decline in Firms, Organizations, and States*, Cambridge: Harvard University Press.

Hrebener, Ronald J., ed., 1986, *The Japanese Party System: From One-Party Rule to Coalition Government*, Boulder: Westview Press.

Huntington, Samuel, 1969, *Political Order in Changing Societies*, New Haven, Conn.: Yale University Press.

Huntington, Samuel, and Clement Moore, eds., 1970, *Authoritarian Politics in Modern Society*, New York: Basic Books.

Huntington, Samuel, and Joan M. Nelson, 1976, *No Easy Choice: Political Participation in Developing Countries*, Cambridge, Mass.: Harvard University Press.

Im, Hyung Baeg, 1987, "The Rise of Bureaucratic-Authoritarianism in South Korea," *World Politics* 39(Jan.): 231-257.

Janda, Kenneth, and Desmond S. King, 1985, "Formalizing and Testing Duverger's Theories on Political Parties," *Comparative Political Studies* 18(July): 139-169.

Janda, Kenneth, 1980, *Political Parties: A Cross-National Survey*, New York: Free Press.

Jaung, Hoon, 2010, "Political Parties and Democracy in South Korea," Baogang He, Anatoly Kulik, and Kay Lawson(eds.), *Political Parties and Democracy*, Vol. III. Post-Soviet and Asian Political Parties, 221-241, Santa Barbara, Denver, and Oxford: Praeger.

Jenks, Margaret S., 1979, "Political Parties in Authoritarian Brazil," Ph. D. diss., Duke University.

_____, 1982, "Maintaining Political Control Through Parties: The Brazilian Strategy," *Comparative Politics*(October): 41-72.

Jin, Youngjae, 1995, "Testing Political Party Institutionalization: A Theory and Practice," *Journal of Political and Military Sociology*, Vol. 23, No. 1(Summer), 43-63.

Katz, Richard S., 1980, *A Theory of Parties and Electoral System*. Baltimore: The Johns Hopkins University Press.

Katz, Richard S., and Peter Mair, 1995, "Changing Models of Party

Organization and Party Democracy: The Emergence of the Cartel Party," *Party Politics*, Vol. 1, No. 1, 5-28.

Kaufman, Robert R., 1974, "The Patron-Client Concept and Macro-Politics: Prospect and Problems," *Comparative Studies in Society and History* 16(June): 284-308.

Kihl, Young Whan, 1980, "Linkage and Democratic Orientation of Party Elites in South Korea," In *Political Parties and Linkage: A Comparative Perspective*, ed., Kay Lawson, 75-99, New Haven, Conn.: Yale University Press.

Kim, Byung-Kook and Ezra F. Vogel, (eds.), 2011, *The Transformation of South Korea: The Park Chung Hee Era*, Cambridge: Harvard University Press.

Kim, C. I. Eugene, 1964, "Significance of the 1963 Korean Elections," *Asian Survey* 4(March): 757-773.

_____, 1976, "The Third Republic and the DRP," in *Party Politics and Elections in Korea*, ed., C. I. Eugene Kim and Young Whan Kihl, 19-34, Silver Spring, Md.: The Research Institute of Korean Affairs.

Kim, C. I. Eugene, and Young Whan Kihl, eds., 1976, *Party Politics and Elections in Korea*, Silver Spring, Md.: The Research Institute on Korean Affairs.

Kim, Chong Lim, ed, 1980, *Political Participation in Korea: Democracy, Mobilization and Stability*, Santa Barbara, California: Clio Books.

Kim, Chong Lim, and Seong-Tong Pai, 1981, *Legislative Process in Korea*, Seoul: Seoul National University Press.

Kim, Hee Min, Jun Young Choi, and Jinman Cho, 2008, "Changing Cleavage Structures in New Democracies: An Empirical Analysis of Political Cleavages in Korea," *Electoral Studies*, Vol. 27, 136-150.

Kim, Jae-on, and B. C. Koh, 1980, "The Dynamics of Electoral Politics:

Social Development, Political Participation, and Manipulation of Electoral Laws," in *Political Participation in Korea: Democracy, Mobilization and Stability*, ed., Chong Lim Kim, 59–84, Santa Barbara, California: Cilo Books.

Kim, Kwan-Bong, 1971, *The Korea-Japan Treaty Crisis and the Instability of the Korean Political System*, New York: Praeger.

Kim, Kyoung-Dong, 1976, "Political Factors in the Formation of the Entrepreneurial Elite in South Korea," *Asian Survey* 16(May): 455–477.

Kim, Quee-Young, 1983, *The Fall of Syngman Rhee*, Berkeley: Institute of East Asian Studies, University of California.

Kim, Se-Jin, 1970, "South Korea's Involvement in Vietnam and its Economic and Political Impact," *Asian Survey* 10(June): 519–532.

_____, 1971, *The Politics of Military Revolution in Korea*, Chapel Hill: The University of North Carolina Press.

Kim, Yong-Ho, 1998, "Korea," Wolfgang Sachsenröder and Ulrike E. Frings(eds.), *Political Party Systems and Democratic Development in East and Southeast Asia*, Vol. II, East Asia, Aldershot, Singapore and Sydney: Ashgate, pp. 132–187.

Kirchheimer, Otto, 1966, "The Transformation of the Western European Party Systems," In *Political Parties and Political Development*, ed., Joseph LaPalombara and Myron Weiner, 184–200, Princeton: Princeton University Press.

Koo, Youngnok, and Dae-Sook Suh, eds., 1984, *Korea and the United States: A Century of Cooperation*, Honolulu, Hawaii: University of Hawaii.

Kurlantzick, Joshua, 2013, *Democracy in Retreat: The Revolt of Middle Class and the Worldwide Decline of Representative Government*,

New Haven: Yale University Press.

_____, 1985, *Japan and Korea: The Political Dimension*, Stanford: Hoover Institution Press.

_____, 1967, "Political Parties," Unpublished Paper.

_____, 1975, "The Detent and Korea," In *The World and the Great-Power Triangles*, ed., William E. Griffith, Cambridge, Mass.: MIT Press.

_____, 1980, "South Korea 1979: Confrontation, Assassination, and Transition," *Asian Survey* 20(January): 63–76.

_____, 1981, "South Korea in 1980: The Emergence of a New Authoritarian Order," *Asian Survey* 21(January): 125–143.

Lee, Yoonkyung, 2009, "Democracy without Parties? Political Parties and Social Movements for Democratic Representation in Korea," *Korea Observer*, Vol. 40, No. 1, Spring 2009, 27–52.

Linz, Juan J., 1973, "The Future of an Authoritarian Situation or the Institutionalization of an Authoritarian Regime: The Case of Brazil," In *Authoritarian Brazil*, ed., Alfred Stepan, 233–254, New Haven: Yale University Press.

_____, 1975, "Totalitarian and Authoritarian Regimes," in *Handbook of Political Science*, Vol. 3, ed., Fred I. Greenstein and Nelson W. Polsby, 175–412, Reading, Mass.: Addison-Wesley.

Lipset, Seymour Martin and Stein Rokkan, 1967, "Cleavage Structures, Party Systems and Voter Alignments: An Introduction," Seymour Martin Lipset and Stein Rokkan(eds.), *Party Systems and Voter Alignment*, New York: Macmillan.

McDonough, Peter, 1981, *Power and Ideology in Brazil*, Princeton: Princeton University Press.

Mason, Edward S. et al., 1980, *The Economic and Social Modernization in the Republic of Korea*, Cambridge: Harvard University Press.

Michels, Robert, 1962, *Political Parties: A Sociological Study of the Oligarchical Tendencies of Modern Democracy*, trans., Eden and Ceder Paul, New York: Free Press.

Mouzelis, Nicos, 1985, "On the Concept of Populism: Populist and Clientelist Modes of Incorporation in Semi-peripheral Polities," *Politics and Society* 14: 329–348.

Neumann, Sigmund, 1956, "Toward a Comparative Study of Political Parties," in Neumann (ed.) *Modern Political Parties: Approaches to Comparative Politics*, Chicago: The University of Chicago Press.

Nordlinger, Eric, 1977, *Soldiers in Politics*, Englewood Cliffs, New Jersey: Prentice-Hall.

O'Donnell, Guillermo A., 1973, *Modernization and Bureaucratic-Authoritarianism*, Berkeley: Institute of International Studies, University of California.

O'Donnell, Guillermo A., Phillippe C. Schmitter, and Laurence Whitehead, eds., 1968, *Transitions from Authoritarian Rule*, Baltimore: Johns Hopkins University Press.

Oh, John Kie-Chiang, 1968, *Korea: Democracy on Trial*, Ithaca: Cornell University Press.

Pak, Chi Young, 1968, "The Third Republic Constitution of Korea: An Analysis," *Western Political Quarterly* 21(March): 110–122.

Park, Chan Wook, 1987, "Constituency Representation in Korea: Its Sources and Consequences," Paper read at Northeast Political Science Association Meeting, Sheraton Hotel, Philadelphia, November 12–14.

Panebianco, Angelo, 1988, *Political Parties: Organization and Power*, trans., Marc Silver, Cambridge: Cambridge University Press

344

(originally published in Italian in 1982).

Purcell, Susan Kaufman, 1975, *The Mexican Profit-Sharing Decision: Politics in an Authoritarian Regime*, Berkeley: University of California Press.

Purcell, Susan Kaufman, and John F. H. Purcell, 1980, "State and Society in Mexico: Must a Stable Polity Be Institutionalized?" *World Politics* 32(January): 194-227.

Randall, Vickey, ed., 1988., *Political Parties in the Third World*, Beverly Hills: Sage Publications.

Roth, Guenther, 1968, "Personal Rulership, Patrimonialism, and Empire-Building in the New States," *World Politics* 20(January): 194-206.

Sartori, Giovanni, 1968, "Political Development and Political Engineering," *Public Policy* 17: 261-298.

_____, 1976, *Parties and Party Systems: A Framework for Analysis*, Cambridge: Cambridge University Press.

Scalapino, Robert, 1962, "Which Route for Korea?" *Asian Survey* 2 (September): 1-13.

Scott, James, 1969, "Corruption, Machine Politics, and Political Change," *American Political Science Review* 63(December): 1142-1158.

Scott, Robert, 1964, *Mexican Government in Transition*, Urbana: University of Illinois Press.

Shefter Martin, 1977, "Party and Patronage: Germany, England, and Italy," *Politics and Society* 7(4): 403-451.

Shin, Doh Chull, 2018, "The Deconsolidation of Liberal Democracy in Korea: Exploring its Cultural Roots," *Korea Observer*, Vol. 49, No. 1, Spring 2018, 107-136.

Skidmore, Thomas E., 1988, *The Politics of Military Rule in Brazil, 1964-1985*, New York: Oxford University Press.

Stepan, Alfred, 1971, *The Military in Politics: Changing Patterns in Brazil*, Princeton: Princeton University Press.

_____, 1978, *State and Society: Peru in Comparative Perspective*, Princeton: Princeton University Press.

Story, Dale, 1986, *The Mexican Ruing Party: Stability and Authority*, New York: Praeger.

Suh, Dae-sook, and Chae-Jin Lee, eds., 1976, *Political Leadership in Korea*, Seattle: University of Washington Press.

Tucker, Robert C., 1970, *The Soviet Political Mind*, (2nd ed.) New York: Praeger.

Urwin, Derek W., 1973, "Political Parties, Societies and Regimes in Europe: Some Reflections on the Literature," *European Journal of Political Research* 1: 179–204.

U.S. Senate, 1976, *Hearings Before the Subcommittee on Multinational Corporations of the Committee on Foreign Relations*, Washington D.C.: Government Printing Office.

Wriggins, W. Howard, 1969, *The Ruler's Imperative: Strategies for Political Survival in Asia and Africa*, New York: Columbia University Press.

Yang, Sung Chul, 1981, *Korea and Two Regimes: Kim Il-Sung and Park Chung Hee*, Cambridge, Mass.: Schenkman Publishing Co.

Yi, Hu-rak, 1963, "Why is A Pan-National Party Necessary?" *Koreana Quarterly* 5(Summer): 1–16.

Ziring, Lawrence, 1971, *The Ayub Khan Era: Politics in Pakistan, 1958-69*, Syracuse: Syracuse University Press.

찾아보기

김용호

서울대학교 정치학과에서 학사와 석사 학위를 받은 후 미국 펜실베이니아 대학(University of Pennsylvania)에서 정치학 박사를 받았다. 외교부 외교안보연구원(현 국립외교원)과 한림대를 거쳐 2002년부터 2017년까지 인하대 정치외교학과 교수로 재직하다가 정년퇴임하였다. 영국 옥스퍼드 대학교 St. Antony's College 인촌 펠로우(1996-1997년), 한국정당학회(2004-2005년)와 한국정치학회(2006년) 회장, 중앙선거관리위원(장관급, 2014-2020년) 등을 지낸 후 현재 경희대 평화복지대학원 특임교수 등을 맡고 있다. 저서는 『2016 총선에서 배우다』(편저, 푸른길, 2016), 『외교영토 넓히기: 대한민국 수교역사』(대한민국역사박물관, 2016), 『북한의 협상 스타일』(인하대 출판부, 2005), 『한국정당정치의 이해』(나남, 2001), 『비교정치서설』(공저, 법문사, 1990), 『민주주의 이론서설: 미국 민주주의의 원리』(역서, 법문사, 1990) 등이 있다.

민주공화당 18년, 1962-1980년
― 패권정당운동 실패의 원인과 결과

대우학술총서 624

1판 1쇄 찍음 | 2020년 9월 16일
1판 1쇄 펴냄 | 2020년 9월 30일

지은이 | 김용호
펴낸이 | 김정호
펴낸곳 | 아카넷

출판등록 | 2000년 1월 24일(제406-2000-000012호)
주소 | 10881 경기도 파주시 회동길 445-3
전화 | 031-955-9510 (편집)·031-955-9514 (주문)
팩시밀리 | 031-955-9519
책임편집 | 이하심
www.acanet.co.kr

© 김용호, 2020

Printed in Paju, Korea.

ISBN 978-89-5733-694-6 94340
ISBN 978-89-89103-00-4 (세트)

이 도서의 국립중앙도서관 출판예정도서목록(CIP)은
서지정보유통지원시스템 홈페이지(http://seoji.nl.go.kr)와
국가자료공동목록시스템(http://www.nl.go.kr/kolisnet)에서 이용하실 수 있습니다.
(CIP제어번호: 2020035907)